高职学生关键能力培养的模式变革研究

张扬 著

新华出版社

图书在版编目（CIP）数据

　　高职学生关键能力培养的模式变革研究 / 张扬著 .
北京：新华出版社，2025.1.-- ISBN 978-7-5166
-7866-4

　　Ⅰ . G718.5

　　中国国家版本馆 CIP 数据核字第 2025QZ9665 号

高职学生关键能力培养的模式变革研究

作者：张扬

出版发行：新华出版社有限责任公司

　　　　　　（北京市石景山区京原路 8 号　邮编：100040）

印刷：山东华立印务有限公司

成品尺寸：170mm×240mm 1/16　　　　**印张：**22.25　**字数：**223 千字

版次：2025 年 3 月第 1 版　　　　　　**印次：**2025 年 3 月第 1 次印刷

书号：ISBN 978-7-5166-7866-4　　　　**定价：**89.00 元

微店　　　　视频号小店　　　抖店　　　　京东旗舰店　　　　请加我的企业微信

  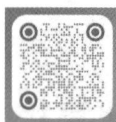 

微信公众号　　喜马拉雅　　　小红书　　　淘宝旗舰店　　　　扫码添加专属客服

序

  在时代洪流中，教育始终是推动社会进步与发展的重要力量。而在教育的宏伟画卷上，职业教育以其独特的重要地位，勾勒出技能人才培养的另一篇华章。随着经济全球化和产业升级的不断深入，社会对高素质技术技能人才的需求愈发旺盛，而职业教育作为培养这类人才的关键阵地，其内涵建设与质量提升变得尤为紧迫。正是基于这样的时代背景与迫切需求，本专著以其独特的视角深入探讨了职业教育领域中的核心议题——技能人才关键能力培养的模式创新及实践路径，旨在为深化职业教育内涵、实现高质量发展提供理论指导和实践借鉴。

  高职教育旨在培养适应社会经济发展的应用型人才，而关键能力作为个体在职业生涯中持续发展的基石，其重要性日益凸显。在当今日新月异的社会环境下，产业结构不断调整，高职学生若仅具备专业知识与技能已难以满足职场的多样化需求。而关键能力的培养能够使学生更好地适应职业变化，能增强就业竞争力，为个人的终身发展奠定基础。从社会经济发展的宏观视角来看，随着我国经济的转型升级，新兴产业迅猛发展，传统产业也在加速数智化转型。这一变革过程对高职人才的综合素养提出了更高要求，不仅需要他们熟练掌握专业技能，更须具备创新思维、团队协作、解决问题等关键能力，以应对复杂多变的工作任务和职业挑战。

关键能力培养研究为高职教育提供了明确的方向和目标。它有助于高职院校深入理解现代企业对人才的需求，从而有针对性地调整人才培养方案、优化课程设置、改进教学方法，确保培养出的学生既具备扎实的专业基础，又拥有适应产业变化、社会发展所需的关键能力。这对于提高高职教育的人才培养质量，增强其与社会需求的契合度具有重要的引领作用。

本专著的撰写，不仅是对高职教育领域关键能力培养问题的探讨，更是对实践模式的创新尝试。张扬以其敏锐的学术洞察力深入分析了高职学生关键能力培养的现状、问题与挑战，并在此基础上，提出了具有实践指导意义的培养模式——产业学院模式。这不仅是他个人学术研究的结晶，更是对当前职业教育改革的一次重要探索和有益尝试，通过实证研究所进行的模式探索，为我们呈现了一幅关于高职学生关键能力培养的全景图。作为张扬的博士研究生导师，我见证了他在求学道路上的不懈努力与执着追求。在攻读博士学位期间，他在兼顾繁忙工作与家庭责任的同时，全身心地投入到学术研究中，克服了重重困难，最终完成了这本具有重要价值的专著。他的求学经历不仅是其个人成长的见证，更是对所有在职求学者的激励与鼓舞。

一、求学之艰：在多重角色间寻找平衡的艺术

张扬在攻读博士学位的过程中，面临着来自工作、家庭的多重压

力。他当时任职上海工商职业技术学院副校长，肩负着学院发展的重任。他将工作中遇到的实际问题和挑战作为研究的切入点，努力探索解决之道。特别是在参与校企合作项目的过程中，他深刻认识到传统高职学生关键能力培养模式的局限性，促使他更加坚定地深入研究如何构建更为有效的培养模式。

同时，作为典型的 80 后，上有老，下有小，他承担着照顾家人的责任，但他始终没有放弃对学术的追求。他合理安排时间，充分利用碎片化的时间进行学习和研究，常常在家人休息后，挑灯夜战，查阅文献、分析数据、撰写文章。这种在工作与家庭之间穿梭忙碌，却始终坚守学术初心的精神，实属不易，更难能可贵。

二、知行合一：学术探索与工作实践的相辅相成

张扬的研究与工作实践经验紧密结合，他在学校的工作经历为其研究提供了丰富的素材和实证基础。在调研中，他深入了解高职学生的特点和需求，了解企业对高职人才的期望与要求。他发现，以学校为中心的培养模式导致学生关键能力与企业实际需求脱节，课程设置与教学方法难以有效培养学生的关键能力。这些实践中的观察和发现成为他研究的重要出发点，促使他从理论层面深入思考如何构建更符合高职教育发展规律，以及学生需求与社会需求的关键能力培养模式。

在理论研究方面，张扬广泛涉猎国内外相关文献，对关键能力、高职学生关键能力培养、校企合作模式等领域的研究进行了全面的梳

理与分析。他综合运用多种研究方法构建理论研究框架，基于理论研究成果提出高职学生关键能力培养模式变革的方向和策略，并将其付诸实践。

在工作中，他积极推动产业学院的建设与发展，将研究中的理念和模式付诸实践。而实践与理论又总是相辅相成的，实践中的探索与创新为他的理论研究提供了宝贵的经验和实证支持。他通过对实践过程和效果的观察与反思，不断修正，不断完善理论研究成果，使其更具现实指导意义。

三、研究成果：对高职教育的贡献与展望

（一）理论模型与实践模式的构建

本专著创新性地建构了高职学生关键能力培养的理论模型与实践模式。张扬从个人发展、教育发展和社会发展三个逻辑层面深入剖析了高职学生关键能力培养模式变革的必要性，为研究奠定了坚实的理论基础。在实践模式方面，他详细阐述了基于产业学院的高职学生关键能力培养模式，包括培养目标从"制器"向"育人"的转变，强调学生全面发展与终身学习能力培养；教育过程注重从"层次"向"类型"的转型，突出职业教育特征与优势；师资队伍建设强调"知识"与"技能"并举，打造"双师型"教师团队；评价体系倡导"学历"与"能力"并重，构建多元评价机制。这一实践模式为高职教育改革提供了具体的实践参考。

（二）行动研究方案的设计与实施

本专著设计了基于产业学院模式的高职学生关键能力培养的行动研究方案，并在上海工商职业技术学院PICH现代服务学院进行了实践探索。通过行动研究，深入观察和分析了产业学院在培养学生关键能力过程中的实际运行情况，及时发现问题并提出改进措施。在行动研究的第一轮中，他发现部分学生无法融入关键能力培养的学习环境和氛围，部分教师无力承担学生关键能力的培养责任，以及关键能力的考核评价实施过程存在不确定性等问题。针对这些问题，在第二轮行动中，他提出将学院"四有人才"培养指标体系嵌入人才培养过程，使关键能力培养更加具象化、可操作化，有效提升了学生关键能力培养的质量和效果。这一行动不仅为上海工商职业技术学院的人才培养提供了有力支持，也为其他高职院校提供了可借鉴的经验和范例。

（三）对高职教育发展的推动作用

张扬的研究成果对高职教育的持续发展具有一定的推动作用。他的研究丰富了高职学生关键能力培养的理论体系，为后续研究提供了新的视角和思路。他提出的模式变革和行动研究方案为高职院校深化校企合作、产教融合提供了切实可行的路径，有助于提高高职人才培养的质量和适应性。同时，他的研究也为教育行政部门制定相关政策提供了参考依据，有助于推动高职教育政策的创新与完善。

尽管在高职学生关键能力培养研究方面取得了一定成果，但我们仍需清醒地认识到，随着社会经济的不断发展，职业教育改革的持续深入，未来还有许多问题和挑战需要进一步研究和解决。一方面，随着新兴科技的不断涌现，尤其是人工智能等技术在职业教育领域的应用，正悄然改变着教育的面貌。如何将这些技术与关键能力培养有机结合，创新培养模式和方法，是亟待研究的课题。另一方面，如何进一步完善关键能力评价体系，确保评价的科学性、准确性和客观性，也是未来研究的重要方向。此外，在全球化背景下，如何培养具有国际视野和跨文化交流能力的高职人才，以适应国际市场的需求，同样需要深入探索。

希望更多的教育工作者能够关注高职学生关键能力培养这一重要课题，相信在广大教育工作者的共同努力下，高职教育将在培养适应社会经济发展需求的创新型、复合型技术技能人才方面发挥更加重要的作用，为我国经济社会的可持续发展提供坚实而可靠的人才支撑，共同书写职业教育新篇章。

华东师范大学终身教授

2025 年 2 月

摘 要

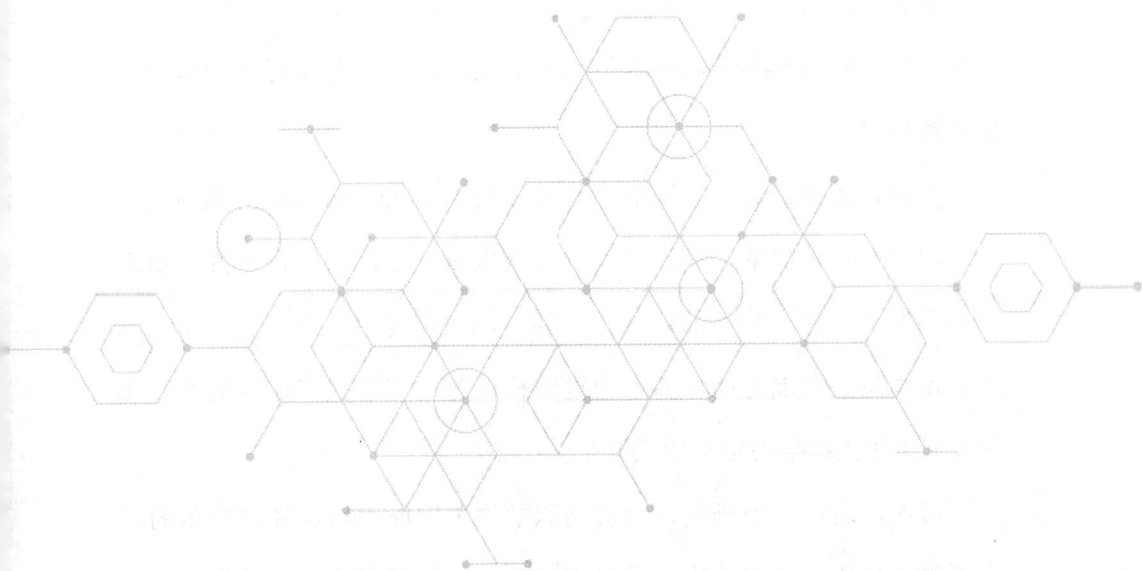

职业教育培养什么人才、如何培养人才已经成为深化职教内涵建设、实现高质量发展的两个元问题。新时代高素质职业人才的劳动技能迭代朝向关键能力的提高，传统的高职教育受到挑战。因此，探索高职学生关键能力培养的有效模式，成为时代的新命题与研究的新课题。本研究就此提出三大问题：一是高职院校学生关键能力的培养现状如何？二是新时代高职学生关键能力培养模式如何变革，并行之有效？三是有效的高职学生关键能力培养创新模式应如何运行和推广？围绕三大问题，本研究按照"先破后立"的思路，以"发现问题—分析问题—解决问题"的逻辑线索展开研究。具体方法步骤如下。

首先，就高职学生关键能力培养、高职产业学院人才培养的现有研究进行文献梳理与分析，通过对现有研究的评价与反思，为本研究做好铺垫。

其次，依据国际主流职业教育人才关键能力结构标准的共同点，设计问卷与访谈提纲，通过问卷与访谈定量、定性相结合的方式调研高职学生关键能力培养的现状。发现"以学校为中心"的现行模式无法满足学生关键能力的培养，通过分析现行培养模式存在的问题，表明高职学生关键能力培养模式变革势在必行。

再次，通过理论研究，分析高职学生关键能力培养模式变革的三重逻辑和高职人才培养模式的发展趋势，阐释技能形成、情境学习、职业能力三个理论及其与研究问题的关系，形成理论分析框架，为培养模式变革探索奠定理论基础。

又次，通过比较分析国内职业教育学生关键能力培养的成功案例，为高职学生关键能力培养模式的变革提供实践经验借鉴。

从次，基于理论基础和经验借鉴，提出高职学生关键能力培养的产业学院模式，采取行动研究法，进行产业学院学生关键能力培养的实践探索。通过行动的设计、实施、改进，得出成果经验，证明产业学院是高职学生关键能力培养模式的发展方向。

最后，为了能更好地完善高职学生关键能力的培养，推广产业学院培养模式，从制度、组织和个人层面分别提出对策与建议。

通过上述研究步骤，本研究得出的结论总结归纳如下。

第一，"以学校为中心"的高职学生关键能力培养模式缺乏成效。由于现行模式关键能力培养的满意度不高，模式创新成为关键能力培养亟待突破的问题。

第二，校企合作成为高职生关键能力培养模式变革的正确方向，并具备坚实的理论依据。理论证明高职生关键能力有效培养的模式必须在政策制度的引导下，通过情境化学习，助力学生终身发展。基于理论基础，模式变革的正确方向为校企合作。

第三，实践证明高职生关键能力培养模式的变革需要选择合适的校企合作模式。国内案例经验显示，关键能力是职教人才培养重点，校企合作是共同举措。因此，培养模式变革的成功与否在于能否选择契合校企实际需求的合作模式。

第四，基于产业学院的"融入职场"式的高职生关键能力培养模式成为正解。理论和实践已证明关键能力培养必须通过某种校企深度合作的模式，在制度政策框架下，改革培养目标、课程教学、师资队伍、考核评价，通过情境化学习培养关键能力，促进学生终身发展。校企合作、产教融合的产业学院恰是破题之正解。

第五，基于产业学院的高职学生关键能力培养模式变革行动研究总体成功。通过以 S 高职产业学院为研究对象的行动研究，总结出一套基于产业学院的高职学生关键能力有效培养模式。受限于有限的时间和庞大的工作量，行动研究虽不完美，但基于两轮实践结果，经验成果值得复制推广，该行动研究可谓总体成功。

第六，高职学生关键能力培养在制度、组织与个人层面仍有完善空间。制度层面，政府应加强政策保障；组织层面，校企双方应合力构建关键能力培养的产业学院模式；个人层面，高职学生应立足终身发展角度为职业生涯做好准备。

综上所述，本研究创新性建构了高职学生关键能力培养的理论模型与实践模式，并设计了基于产业学院模式的高职学生关键能力培养的行动研究方案。限于关键能力培养的复杂性及研究样本的局限性，本研究尚处于起步阶段，未来将提升研究的广度与深度，持续关注高职学生关键能力培养的理论研究和实践探索。

关键词：高职教育；产业学院；关键能力；人才培养模式

Abstract

The questions of what kind of talent should be cultivated and how to cultivate such talents have become the fundamental questions of the high-quality developing of vocational education. In the new era, about the labours' capability training, it has been changed to focus on labours key competencies. The traditional vocational education has been challenged, therefore, how to explore a creative mode of cultivate the students' key competencies of vocational colleges in China has become a new task for research in the new era. Basically, the research raises 3 main questions, specifically: What is the current situation of key competencies cultivating modes for vocational college students? How to explore the creative modes for more effectively cultivating the key competencies of vocational college students in the new era? How to oprate and promote the effective modes of key competencies cultivating for vocational college students? Around the 3 main questions, the essay based on the thought of "crash-then-law", and followed by the lgocial clue of "find problem-analyse problem-solve problem" to make the research. The detailed procedures and methodologies are mentioned as below:

First of all, through the literature searching of domestic and overseas research about key competency, the essay provides the literature review of research on key competency, research on the key competency cultivating of vocational college students, and research on talents cultivating based on higher vocational industrial college mode. It establishes the foundation for the research.

Secondly, according to the common points of international standard of key competency for vocational college studnets, the survey and interview outline are designed. Then, the research tries to indicate the exisiting situation of key competency cultivating for vocational college students in China via the questionnaire survey and interviews. It indicates that the existing "School-centred" mode of key competency cultivating is NOT effective enough to meet the requirements. Through the analysis of problems of the current mode to show that the reform is necessary.

Thirdly, through the theoretical analysis, the essay presents the key competency cultivating for vocational college students accords not only the demands of individual, but also the demands of education and society, followed by generalizing the trends for mode of talents cultivating for higher vocational education. Based on it, it provides the theory of Skill Formation, the theory of Situational Learning and the theory of Occuptiaonl Competency. In order to analyze their relations with this research questions, it completes the theoretical analytical framework for the essay. This part becomes the theoretical foundation for the reform of exploring the creative key competency cultivating mode for vocational college students.

Next, according to the theoretical research on the creative mode exploring about the key competency cultivating of vocational college students, this part compares and contrasts the domestic case study about the key competency cultivating for higher vocational students. Both the theory and practice provides the experiences to reform of mode.

After that, based on the theoretical foundations and practical experience, the research presents the industrial college mode for key competency cultivating of vocational college students. The action research method is utilized based on previous statements. Through the action plan designing, implementing, modifying, the achievenments proves the industrial college mode is the answer of mode reform.

Last but not the least, for better improve and promote the industrial college mode for key competency cultivating of vocational college students, some suggestions are raised from institutional perspective, organizational perspective as well as individual perspective.

According to the research phases showed as above, the achievements of the research are summarized and listed as below:

Firstly, "school-centered" key competency cultivating mode for vocational college students is NOT effective enough. Because the satisfication for existing mode is low, the reform of mode has been the core mission for key competency of vocational college students cultivating.

Secondly, there is theoretical basis to prove the collaboration between colleges and enterprises is the correct direction about reform of key competency cultivating for vocational college students. The theories prove that the effective mode of key competency cultivating for vocational college students must follow the guide of governments' restrictions, and help students study via real situation to assist them for the lifelong development. The theoretical foundationas shows the collaborations between colleges and enterprises arre the correct direction for mode reform.

Thirdly, the practice experiences prove that reforming of key competency cultivating for vocational college students should select suitable mode. The domestic experiences shows, the key competency is a key point for students' caultivating and collaboration between colleges and enterprises is a common way. Thus, whether the cultivating mode is successful or not is decided by the collaboration meet the requirements or not for both college and enterprise.

Fourthly, the industrial college which provides the "workplace" situation is the correct way of key competency cultivating for vocational college students. The theroies and practices both prove the exsiting mode is not able to effectively cultivate the key competency for students. A tight and deep collaboration between colleges and enterprises shold be built. Only in such collaboration program, the talent fostering target, the currirulumm & teaching, the faculty and the assessment system could be changed, and then the students are able to build their potential for career development by key competency fosting throught the real-situationalized learning. Industrial college is the answer.

Fifth, the action research of industrial college modes for effectively cultivating key competency of vocational college students is overall successful. The industrial college in S vocational college is set up as the target of research, the achievements and experiences proves the industrial college mode is workable. Because of the limited time and large work load, the action research is not perfect; however, based on the 2 round practices, the acheievement could be copied and promoted. Therefore, the action research is overall successful.

Lastly, the key competency cultivating mode for vocational college students has more spaces for improvement. Including the government should enhance the policies and registrations guarantee, the colleges and enterprises should establish the industrial college mode of key competency cultivating, and the individual college students should prepare for the career development based on the awareness of lifelong developing.

In conclusion, the research essay creatively establishes the theorecical model and practice mode of key competency cultivating for vocational college students, as well as designs the action research plan of industrial college mode for key competency cultivating for vocational college students. Honestly, because of the complexity of key competency cultivating and limitation of research samples, this research is still at the very beginning phase and will improve the width and depth of research, in order to continusly focues on both theoretical research and practice explore for key competency cultivating of vocational college students.

Key Words: Higher Vocational Education; Industrial College; Key Competency; Talents Cultivating Mode

目 录

第一章

————

绪 论

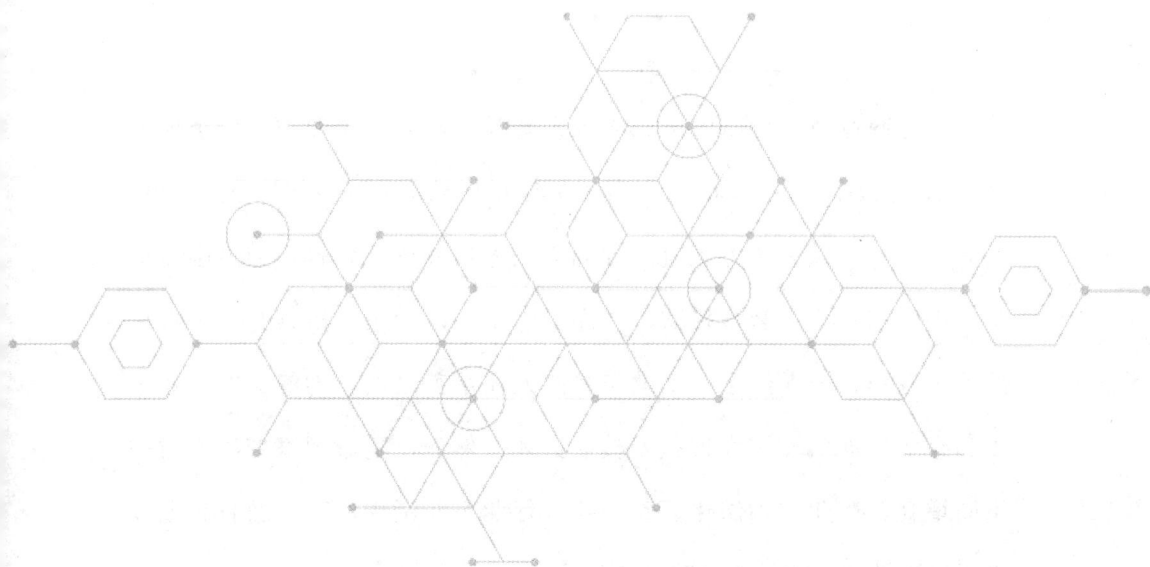

　　本章主要分析研究选题的背景和缘起，提炼本研究所要深入探讨的主要问题，分析其理论意义与实践意义，就我国高职学生的关键能力以及高职院校产业学院的现有研究文献进行梳理、归纳和评论，对关键能力、产业学院、人才培养等相关概念进行界定，在此基础上，提出本研究的研究目标和研究内容，列明所运用的研究方法与研究技术路线。

第一节　研究缘起与研究意义

　　高等职业教育自新中国成立以来就是我国教育事业的重要组成部分，尤其是改革开放40余年来，其发展取得了长足的进步与显著的成果。高职院校一直以来致力于就业导向的人才培养模式建设，通过学习借鉴先进国家的职业教育模式，"洋为中用"，走出一条具有中国特色的校企合作、产学结合、工学交替的人才培养之路，为国家的产业进步和经济发展培养了大批技术技能人才。然而，随着国家经济实力的不断增强，产业结构深化调整，新兴行业不断涌现，高职教育长期以来引以为傲的人才技能培养越来越无法满足新时代、新职业、新企业、新岗位对人才能力的需求，这些能力更多指向一种社会能力和方法能力，诸如人际交流、团队协作、沟通表达，等等。因此，在新时代的关键节点上，如何抓住时代契机，适应时代对人才需求的变化，深化人才培养模式创新与变革，培养兼具专业技能和职业关键能力的复合型技术技能人才，成为当代高职教育转型发展成功与否的关键之路。

一、研究缘起

（一）新时代高职教育人才培养面临新挑战

纵观全球，人才能力的竞争与劳动力素质的竞争成为各国国力竞争的重要体现。经过 20 余年的发展，我国职教体系的规模已达到全球首屈一指的水平，职业教育完成了跨越式发展，未来的发展将步入新的历史阶段。习近平总书记指出，实体经济是我国经济的支柱，专业好、能力强的技术技能型人才需求旺盛，职业教育作为培养大国工匠的重要途径，前景广阔、使命重大、大有可为。[1] 加快构建现代职业教育体系的进程中，新时代职业教育要培养什么样的人才、如何培养人才，成为深化职业教育内涵建设、高质量发展的两个元问题。

国际劳工组织在报告中指出：一个国家的整体经济水平由该国劳动力的新技术技能拥有和使用情况决定，劳动者自身素质及其新技术的具备程度直接影响一个国家的经济水平和成就。在促进经济发展诸多因素中，劳动者技能水准是其中最为关键的因素。在发达国家技术工人构成中，高级、中级、初级技工占比分别为 35%、50% 和 15%。一

[1] 赵婀娜，张烁，丁雅诵. 我国职业教育为高质量发展提供人力资源支撑 [N]. 人民日报，2021-4-12.

项研究提出，当处于工业社会时代时，最高效的工人较普通工人而言，可以生产的产品超出 20% 至 30%；过渡到信息社会时代时，工人的个人能力与素质对产出造成的影响越来越大，以软件开发工作为例，最顶尖的程序员比普通程序员可多做 5 倍甚至 10 倍的工作。[1]2020 年第二季度中国人力资源市场信息监测中心的统计数据显示，我国劳动力市场中，专业技术人员和高级技能人员的用工需求缺口较大，各技术等级或者专业技术职称的求人倍率均大于 1。[2]

随着我国步入新发展阶段，产业升级和经济结构调整不断加快，经济发展从注重规模和速度转向注重质量和效益，技术技能人才在各行各业中的市场行情也随之水涨船高。在产业革命和技术变革的浪潮下，提升产品和服务质量的路径，科技实力是其一，同时产业工人的整体素质也是较大的制约因素。我国现存劳动力的技能水平无法完全胜任现代化岗位的需要，高技能劳动者在数量总体不足的同时还存在劳动力技能的层次错配、类型错配等一系列问题。高质量技术技能人才的严重匮乏，已成为新常态下制约我国国力提升和产业发展的瓶颈问题。

在人才素质受限、高质量技术技能人才匮乏的同时，随着"中国制造 2025"战略的提出，智能化产业的发展与深入推进，智能设备和机器被广泛应用，影响研发、生产、销售、管理、服务等各个环节，

---

[1] 李凤伟，常桦. 就业力——赢在起跑线的七种能力 [M]. 北京：中国纺织出版社，2004.
[2] 匡瑛，李琪. 适应劳动技能迭代需要发展职业本科 [N]. 中国教育报，2021-9-14 (5).

传统的生产、服务等行业结构和秩序在重构、迭代。部分职业与岗位
不断被人工智能替代，许多工作与岗位日益呈现复杂性、团队协作性
和多工种复合性的特点。人工智能的替代性，导致传统的职业教育的
育人目标相应变化；新时代技术技能型人才的需求，对劳动力的能力
结构提出新的更高要求，并引发新一轮劳动技能的迭代；数字化时代
信息的更迭加速，对劳动力的素养与终身发展提出更高要求。职业教
育需进一步提升适应性和服务能力，为人的终身学习与发展奠定更为
坚实的基础。

（二）高职学生关键能力培养符合社会转型、教育改革、个人发展的需要

教育部《"十四五"规划和 2035 年远景目标纲要》明确要求，要
增强职业技术教育适应性。高职教育作为中国劳动力培养和职业教育的
主体之一，要肩负起培养更多高素质技术技能人才、能工巧匠、大国工
匠的使命。职业教育强调学生职业技能的培养，绝非只是技术的培训，
而是必须将职业技能的提升和职业精神的树立并重，要使学生不仅拥有
一技之长，还要具备敬业精神与职业素养。同时，要培养更多德才兼备
的技术技能人才，为实现职业教育高质量发展奠定人才基础；要树立终
身教育与学习的理念，做到学以致用、学以养德、学以增智，培养越来
越多的高素质复合型技术技能人才，为全面建设社会主义现代化国家、
实现中华民族伟大复兴的中国梦提供人才支撑。

宏观层面，随着社会的转型，对人才需求的变化，在构建新时代

职业教育体系、培养高素质职业人才的进程中，劳动技能迭代朝向创新素质和高阶能力的提高，关键能力培养成为时代和实践的新使命。过去的能力、技能等概念已不再适用新时代对人才的多元需求，关键能力逐渐成为衡量职业教育人才培养质量的指标。微观层面，关键能力的培养对高职毕业生来说，不仅局限于就业择业时有更好更多的选择，还在此基础上，对其整个职业生涯的发展提供可持续的竞争力，包括面对转变工作环境、工作内容，晋升管理层等过程中表现出的知识迁移、迅速适应的一种胜任力。

（三）高职学生关键能力培养的阿喀琉斯之踵

随着学术界对关键能力研究的不断重视与深入，其重要性越发得到全社会的关注，越来越多的学者参与高职教育关键能力的研究，其中有的关注高职学生关键能力的指标体系架构，有的关注高职学生关键能力培养的作用、路径、方式。然而，不少研究无论是在指标体系构建还是培养方式探究的过程中，往往就关键能力谈关键能力，缺乏对高职教育特征的把握。笔者早年在新加坡高校从事企业管理咨询与培训工作，对其注重包括全日制和非全日制学生在内的所有学生，以及受训企业人员的关键能力培养倍感好奇与触动。从学校的课程设置，到培训教学的方式方法，再到来自业界资深人士的教师，确保了接受关键能力培训或教育的学生能够有效获得相关能力，并使之对自身所处的职场和个人职业生涯发展发挥深远的影响。通过长期的观察和学习，笔者深刻认识到该国政府通过职业教育与培训对劳动力关键能力培养的重视，是新加坡这个国家迅速崛起并可持续发展的重要源泉之一。反观彼时的中国，对职业教育的"偏见"，对知识的"灌输"和"填鸭"，这些问题是笔者最早萌生要在关键能力培养方面做出研究的出发点。对于我国来说，当前，赶上了职业教育的"春天"，正是研究高职教育人才关键能力培养的好时机，深化产教融合、校企合作，深入推进办学理念、育人模式、治理体系等方面改革，加快构建现代职业教育体系恰恰是当代高职教育转型发展的显著特征。然而，在如今高职教育飞速发展的时代形势下，缺乏一套可借鉴、可参考、可复制的高职学生关键能力有效培养模式，成为高职学生关键能力培养的阿喀琉斯之踵。通过本研究，笔者衷心希望可以探索出一条切实可行的关键能力培养之路，助力职教转型发展，弘扬工匠精神，扭转社会对技术技能人才的传统观念，提升其社会地位，为职业教育高质量发展，建设职教大国、职教强国贡献绵薄之力。

二、研究问题

在加快现代职教体系构建的进程中，新时代，职业教育要培养什么样的人才、如何培养人才，成为深化职业教育内涵建设、高质量发展的两个元问题。在构建新时代职业教育体系、培养高素质职业人才的进程中，劳动技能迭代朝向创新素质和高阶能力的提高，关键能力的培养成为时代的、实践的新使命。过去我国传统的职业教育格局受到新挑战。因此，探索高职学生关键能力的创新变革模式，有效培养高职学生的关键能力，成为时代的命题与理论研究的新课题。本研究就此提出的三大问题主要可概括为：

一是当前高职院校学生关键能力的培养现状如何？包括高职院校、用人企业、在校学生对当前高职学生关键能力培养实践的满意度如何？现行的高职学生关键能力培养模式呈现怎样的特征？最重要的是，现行的培养模式是否存在困境？存在怎样的困境或问题？

二是新时代如何创新行之有效的高职学生关键能力培养模式？高职学生关键能力培养模式变革的理论依据是什么？是否有值得参考和借鉴的国际、国内经验案例？

三是有效的高职学生关键能力培养模式应如何运行和推广？校企合作共建的产业学院是否成为培养高职学生关键能力的有效模式？应如何组建和运行？如何从制度、组织及个人层面确保高职学生关键能力的培养行稳致远？

三、研究意义

（一）理论意义

当前，学术界在关键能力培养方面的研究多集中于关键能力内涵的理解、结构框架和指标体系的构建，以及相关的教学改革与课程体系建设等。在职业教育领域，对高职学生关键能力培养的研究是符合现代职业教育发展需要的，但针对高职学生关键能力的研究则相对较晚较少，目前，国内对于高职学生关键能力及其培养途径的研究较不充分，以至于在具体的人才培养过程中对其关键能力的培养未达到良好效果，究其原因是多样的，但脱离校企合作，仅仅以学校自身为主的培养模式绝对是重要原因之一。随着越来越多的人认识到关键能力培养的重要性，将其作为高职学生的人才培养目标基本上在学术界已形成共识。因此，对高职学生关键能力培养模式创新与变革问题的研究顺应了新时代高职教育改革和高职人才培养的目标和要求，具有一定的理论研究价值。

（二）实践意义

一方面，随着社会、市场、雇主对人才要求的不断提升，被雇用的劳动力的素质和能力越来越被重视，这就要求培养技术技能型人才的高职院校必须重视人才的关键能力培养，意味着市场倒逼高职院校进行人才培养模式的改革。与此同时，作为高职院校最明显特征的校企合作，长久以来无法真正做到有效的、高效的校企深度融合，这已成为校企合作机制深化的瓶颈，亟待突破。而另一方面，学生个体也越发重视其个人职业生涯的发展，随着社会竞争的日益激烈，个人职业生涯的发展也充满着不确定性和自主选择的各种可能性，作为高职院校，有责任也有义务加强学生关键能力的培养，以满足学生不同阶段职业发展的不同需求。本研究聚焦高职学生关键能力培养模式创新与变革的方向与道路，通过对现有培养模式存在问题的剖析和创新模式的运用与推广，既为高职院校人才培养模式改革提供有效借鉴，进而为人才市场的供给和需求匹配提供有效途径，又为学生个体的职业生涯发展提供了可持续发展的动力，这就是本研究的实践意义所在。

第二节　核心概念界定

　　"关键能力""产业学院""人才培养"均为本研究重要的概念，从字面意思看亦均有不同的理解和解释，需要就本研究的范畴和要求对上述核心概念进行界定，以利于后续研究。

一、关键能力

　　从概念起源来看，关键能力这个词来源于西方。严格意义上讲，其英文单词为"Key Competency"。"Key"在英语中有"关键的""重要的"等多种含义。从直译的角度看，"Competency"可以译为"能力""胜任力"或"竞争力"。因此，该名词可直接被译为"关键能力"，同时中外不同的研究也将其译为核心胜任力、核心竞争力、核心能力、核心素养等。究其内涵，大同小异，故本研究统一称为"关键能力"。"关键能力"这一名词，最早是由德国经济学家戴尔特·梅腾斯（D. Mertens）于1972年提出。梅腾斯认为"关键能力"与专业技能不同，它是一种知识、态度、技巧或能力，与工作岗位所需技能无直接关联，对诸如职业生涯、个性发展等人生经历的各个方面和阶段都发挥了关键的作用，也是胜任人生中不可预见变化的一种能力，可谓"进入日益复杂和不可预测世界的工具"。[1] 通常情况下，关键能力被认为是跨越专业的知识技能和能力，鉴于其普适性而不易被科技发展而淘汰。[2]

相较"关键能力"而言，"核心素养"一词则出现得较晚，其最早在20 世纪 90 年代，由经合组织（OECD）和欧盟理事会的研究报告提出。他们认为，核心素养是指跨越众多工作领域与生活范畴的，促进成功生活和健全社会的重要能力和素质，具体包括使用工具互动、自主行动、在异质群体中互动三个维度。[3] 欧盟国家普遍认为核心素养是个体获得成功、融入社会和胜任工作的必备能力，将知识、态度、能力融为一体，具有可迁移性，并提出八项终身学习核心素养，包括使用母语交流、使用外语交流、数学能力与基本的科学技术能力、信息素养、学会学习、社会与公民素养、主动意识与创业精神、文化意识与表达。[4] 与欧盟国家不同，美国提出关注 21 世纪的职场需要，将关键能力视为 21 世纪所必备的能力，[5] 主要包

---

[1] Mertens D. Schlüsselqualifikation, Thesen zur Schulung fü eine modern Gesellchaft[J]. Mitteilungen aus der Arbeitsmarkt-und Berufsforschung, 1974, 7(1):36-43.

[2] 徐朔．"关键能力"培养理念在德国的起源和发展 [J]．外国教育研究，2006，33（6）:66-69.

[3] Maclean R., Wilson D. International Handbook of Education for the Changing World of Work[M]. Dordrecht: Springer Netherlands, 2009: 2572.

[4] Gordon J., Halasz G., Krawczyk M., et.al. Key competences in Europe: Opening Doors for Lifelong Learners across the School Curriculum and Teacher Education[R]. Social Science Electronic Publishing, 2009:4.

[5] Voogt J. & Roblin N.P. A Comparative Analysis of International Frameworks for 21st Century Competences: Implications for National Curriculum Policies[J]. Journal of Curriculum Studies, 2012, 44(3):299-321.

括"学习与创新能力""信息、媒体与技术能力" "生活与职业能力"三个方面。[1]澳大利亚、英国等主流职业教育强国对于"关键能力"或"核心素养"都有各自的解释，如英国认为关键能力是劳动者适应未来生活所必需的学习、工作、生活资质，包括交流、数字应用、信息技术、与人合作、学业自我提升、问题解决等几大类；[2]澳大利亚则认为关键能力是劳动者有效参与工作形态与工作组织所必需的能力。[3]

尽管各国家或地区由于各自教育体系和文化传统不尽相同，存在对于关键能力的表述和所包含的基本能力认识的差别，但对其本质特征和内涵已取得基本共识：即关键能力强调各行各业普遍应具有跨专业、跨职业、跨领域的社会能力和方法能力，而非某一特定职业、岗位或某一具体学科、专业所具备的理论知识与实践技能。关键能力是个体在职业生涯中持续学习和发展的基础，使其面临就业、晋升、转岗等多样性职业选择时具有更强的竞争力和胜任力，有助于适应社会变化和个人终身发展的一种能力。这种能力具有一定的普适性、可迁移性、持久性、价值性、难以模仿性和整合性。[4]

基于此，在本研究中，关键能力主要指高等职业技术学院学生能够适应和胜任职业岗位及其不可预见的变化，从而取得良好职业生涯发展所应

[1] 邓莉．美国 21 世纪技能教育改革研究 [D]．上海：华东师范大学，2018．
[2] 关晶．关键能力在英国职业教育中的演变 [J]．外国教育研究，2003（1）:32-35．
[3] 桑雷．高职学生职业核心素养及其培养研究 [D]．江苏：南京师范大学，2020．
[4] 何冬妮．校企合作模式下高职学生职业关键能力培养的研究 [D]．广西：广西师范大学，2017．

具备的与专业技能不直接相关的能力。

鉴于本研究不对高职学生关键能力进行指标体系新的构建，因此综合借鉴现有研究，将关键能力大致可概括为四项能力要素，第一，基础能力，指一般的办公能力和普通技术使用能力；第二，人际交往与团队合作能力，指服务、沟通、小组讨论与合作等能力；第三，理性思考与判断能力，指活动策划与组织、创意创新、信息搜集与分析、问题解决等能力；第四，个人品格能力，指诚信、爱岗、自信、敬业、自我约束等能力。

二、产业学院

《关于深化产教融合的若干意见》2017 年由国务院办公厅正式发布，该文件明确指出，企业与高职院校合作建立产业学院的形式将受到支持和鼓励。该文件的出台意在解决我国技术技能人才培养所需的产业企业环境资源问题。[1] 我国学术界，早在 2006 年就开始出现以"产业学院"为主题的研究了，且集中于高职教育与发展领域。[2] 由于学界对产业学院的内涵、类型、职能、组织模式等各方面的研究并未形成统一的观点。单从内涵来看，可以分为基地说、实体说、机构说、学员说、模式说、平台说、组织说等；[3] 单就合作组织模式来看，又可以分为"1+1"模式、"1+N"

[1] 邓泽民，李欣. 职业教育产业学院基本内涵及界定要求探究 [J]. 职教论坛，2021，37（4）：44-50.
[2] 周继良. 现代产业学院的组织属性与制度创新 [J]. 内蒙古社会科学，2021，42（3）：197-204.
[3] 邓泽民，李欣. 职业教育产业学院基本内涵及界定要求探究 [J]. 职教论坛，2021，37（4）：44-50.

模式、"1+1+N"模式和"N+N"模式等多种类型。[1] 从内涵研究的发展趋势来看，当前学界的研究比较倾向于将产业学院的内涵界定为组织。黄彬、姚宇华认为，产业学院是高校、企业、行业、政府等其中部分或全部主体的资源进行交叉、融合、共享而形成的系统组织。[2] 殷勤表示，产业学院作为大学组织的创新形式，将学校、企业、行业、政府多方主体集合在一个组织中，通过合作共同参与建设与发展。[3] 聂梓欣、石伟平提出，高职院校的产业学院是由院校、企业、政府联合投资组建的职教组织，它具有利益与风险共分、资源与价值共享的特征。[4] 从现代组织理论来看，高职产业学院有别于传统高职的组织结构和形态，其更为复杂多样。从组织角度来界定，产业学院的内涵主要表现的是其组成目的和组成模式，着重体现各构成主体间的联系及其在组织中各自的作用。

本研究所指的产业学院是高职院校与企业直接深度合作组建的产业学院，属于"1+1"的合作模式。该模式强调合作目标以及职能不仅是企业为学生提供实践机会和实习岗位，为专任教师提供培训和企业调研机会，为学校提供实践类课程和师资；而是在此基础上，校企双

[1] 王艳，李宇红．高职院校产业学院办学模式类型研究 [J]．2022（4）：101-105.

[2] 黄彬，姚宇华．新工科现代产业学院：逻辑与路径 [J]．高等工程教育研究，2019（6）：38.

[3] 殷勤．依托产业学院全面推进现代学徒制人才培养模式改革——以中山职业技术学院为例 [J]．职业教育研究，2019（10）：18.

[4] 聂梓欣，石伟平．高职产业学院建构的组织战略分析：理念、模式与路径 [J]．教育与职业，2021（15）：41-47.

方建立一种更为紧密的校企共同体。在政策引导鼓励下，企业和学校双方均有意愿和利益，从而激发各方主体的合作积极性。在这样的校企共同体下，创立新的体制机制，探索新的所有制结构，创新管理模式和治理结构，促进专业课程建设、教学方法创新、师资队伍培养、评价体系改革等，继而改革人才培养方案、革新人才培养模式。产业学院将确保企业方作为办学主体之一，参与学校日常行政管理，全方位参与教学管理和学生管理，从而深度参与人才培养的全过程。

三、人才培养

广义的人才培养包括各级各类学校对人才进行教育、培训的过程，以及社会中的人才教育和培训。狭义来说就是专指学校对人才的教育和培训。[1] 一般情况下，人才在被选拔后需通过相应的教育和培训才能转化成不同职业和岗位所需的人才。[2] 本研究所指的人才培养特指高等职业教育院校对人才的教育与培训，具体是指，高等职业教育机构教育工作者根据社会或职业的要求，依据接受高职教育者的身心发展特点及规律，以职业教育理念为指导，有组织、按计划、设定目的地对接受高职教育者传授相关职业、专业所需的知识和技能，并在过程中培养其品德素养和关键能力，发展其智力、体力、审美与个性，

---

[1] 罗怡. 高职院校校企合作人才培养模式的问题与对策 [D]. 广西：广西师范大学，2016.

[2] 刘鹏岳. 中德中等职业教育人才培养模式比较研究 [D]. 辽宁：沈阳师范大学，2021.

将其培养成符合行业标准与职业要求的专门人才的过程。该过程体现
了人才培养的理念、目标、内容、方法、教师、评价。基于此，本研
究探讨的高职教育人才培养，着重从培养目标的设定、课程体系的设计、
教学方法的实施、师资队伍的组成以及评价体系的构建等维度展开。

第三节 文献回顾与评论

　　本节将聚焦关键能力、高职学生关键能力培养、高职产业学院现有研究文献的梳理与分析，通过理解、借鉴现有相关研究的成果，为本研究的开展寻求依据和思路。

一、关于关键能力的相关研究
（一）关于关键能力内涵的相关研究

　　世界各国对于关键能力的内涵研究呈现多种诠释：德国最著名的成果就是"关键能力"概念的提出，1972 年德国联邦劳动市场与职业研究所所长、经济学家戴尔特·梅腾斯（D.Mertens）在《职业适应性研究概览》中提出关键能力是时代发展的变革力量和改造未来社会的手段，学生的职业能力培养应通过职业技术教育的课程加以实现，特别是强调学生在对接职业工作、应对岗位变更时的知识迁移等关键能力。1974 年梅腾斯又撰文《关键能力——现代社会的教育命题》，正式提出"关键能力"的概念。梅腾斯认为"关键能力"与专业技能不同，它是一种知识、态度、技巧或能力，与工作岗位所需技能无直接关联，对诸如职业生涯、个性发展等人生经历的各个方面和阶段都发挥了关键作用，也是胜任人生中不可预见变化的能力。是职业或行业通用性的能力，与生产、经营、服务等岗位均有间接关系，对于岗位工作的效能将产生重要影响的职业化能力的总称。[1]梅腾斯认为在职业教育与培训中，应包含的关键能力包括基础能力、职业拓展性要素、信息获取与加工能力、时代关联性要素。[2]

然而，梅腾斯关键能力概念的发展并不是一帆风顺的，阿诺德（Arnold）认为关键能力理论存在"迁移和认知问题"，表现在当想要把知识用于实践时，知识迁移无法自动进行，只有当所学知识和所用知识有共同元素存在时才能有效发生。[3]查贝克（Zabeck）更是直接提出"关键能力悖论"，即当关键能力越被定义为普遍而非专项的能力，该能力的迁移则越难以实现，但如果关键能力与具体情境联系越紧密，则与其初衷形式相距越远。[4]

德国学者雷茨（Reetz）和劳尔·恩斯特（Laur Ernst）在梅腾斯之后为关键能力理论发展做出了巨大贡献，使其脱离了理论空谈。雷茨主张关键能力是通过实践行动方能习得的，能力本身可以作为学习目标之一，

[1] Arocena P., Nunez I., Villanueva M. The Effect of Enhancing Workers' Employability on small and medium enterprises: Evidence from Spain[J]. Small Business Economics, 2007, 29(1-2):191-201.

[2] Mertens D.Schlüsselqualifikation, Thesen zur Schulung fü eine modern Gesellchaft[J]. Mitteilungen aus der Arbeitsmarkt-und Berufsforschung, 1974, 7(1):36-43.

[3] Arnold R. Weiterbildung-notwendige Utopie oder Stiefkind der Gesellschaft?[A]. Dieckmann H. Lernkonzepte im Wandel- Die Zukunft der Bildung[C]. Stuttgart, 1998: 208-234.

[4] Zabeck J.Shlusselqualifikationen, ein Schlussel fur eine antizipative Berufsbildung[A]. Achtenhangen F.Duales System zwischen Tradition und Innovation[C]. Koln, 1991: 47-64.

与原本的学习目标联系在一起在具体学习中获得，即"做中学"。[1]恩斯特强调企业真实工作情境是知识技能的作用场域。至 20 世纪 80 年代，在关键能力的研究基础之上，逐渐形成了职业行动能力的概念，它涵盖关键能力的要素，具体包括专业能力、方法能力、社会能力和个性能力。[2]

关键能力在美国的称谓是"基本技能"。1992 年，美国 SCANS (Secretary's Commission on Achieving Necessary Skills) 报告指出，任何个人从事任意职业都需要具备以下三种素质和五种能力：三种素质包括学生的基本技能、思维能力和个人品质；五种能力包括合理利用和支配资源的能力、理解系统复杂关系的能力、沟通与团队合作的能力、技术选择和技能实施的能力以及信息搜集与处理的能力。[3]关键能力在澳大利亚则被称为"关键资格"，这一名称突出了关键能力内涵中实践性学习、工作和生活的关联性。劳动者得以在不同职业之间完成迁移均得益于其自身具备的关键能力，此类能力也是终身教育体系的重要组成条件，是劳动者终身职业发展的潜力所在，比如，新的工作情境中的迁移性能力，包括自我沟通、团队交流、协作合作，等等。[4]在英国，关键能力被称为"核心

---

[1] Reetz L.Wissen und handeln–Zur Bedeutung konstruk–tivistischer Lernbedingungen in der kaufmannischen Berufsbildung[A].Beck K. Berufserziehung im Umbruch. Didaktische Herausforderungen und Ansatze zu ihrer Bewaltigung[C]. Weinheim, 1996: 173-188.
[2] 徐朔."关键能力"培养理念在德国的起源和发展[J]. 外国教育研究, 2006 (6) :66-69.
[3] Maclean R.,Ordonez V. Work, Skills development for employability and education for sustainable development[J]. Educ Res Policy Prac, 2007(6):123-140.
[4] Grant C.D., Dickson B.R. Personal skills in Chemical engineering graduates the development of skills with degree programmer to meet the needs of employers [J]. Education for chemical engineers, 2006(10):23-29.

技能"，表示与职业相关的通用性能力和主观性能力。英国继续教育部门提出关键能力是个人承担社会工作时的一种综合性能力，其局限性在于过于强调关键能力的可见性和静止性，割裂了生活化的情境沟通。[1]

从我国目前的研究来看，相较于职业教育发达国家和地区，对于关键能力的研究相对而言起步较晚，直至目前对其内涵亦有不同解读，尚未形成完全统一的观点和释义。从 20 世纪 90 年代起，我国有诸多学者对其进行了初步定义：邓泽民 [2]、陈宇 [3] 等学者指出关键能力是个体将学到的理论知识与实践技能，以及在过程中习得的经验和态度在特定的职业情境中进行整合和迁移的能力，它是人在社会中谋生和发展的基本能力。赵志群则认为，关键能力是个体多维情境中的理性思维和态度的能力形态，是进行系统化工作的方法论基础，也是人胜任工作的能力，是知识、态度、心理以及经验的整合，是复合与通用的能力集合。[4]

相较于研究早期相对片面或浅层次的解析，随着时间推移和认识的深入，对于关键能力的本质内涵解释和概念也有了相应的发展。姜大源认为关键能力是一种当职业环境发生变化时让人得以迅速做出应对以及适应变化带来的新情况或新环境，同时获得新知识和新技能的一种能力。[5] 徐国

---

[1] Turner D. Employability skills development in the United Kingdom[J]. Australian National Training Authority, 2002 (03):21.

[2] 邓泽民，陈庆合，刘文卿. 职业能力的概念、特征及其形成规律的研究 [J]. 煤炭高等教育，2002（2）：104-107.

[3] 陈宇. 职业能力以及核心技能 [J]. 职业技术教育，2003（33）：26.

[4] 赵志群. 职业教育与培训学习新概念 [M]. 北京：科学出版社，2003.

[5] 姜大源. 职业教育学研究新论 [M]. 北京：北京教育科学出版社，2007.

庆则在前人研究的基础上提出的关键能力不同于只适用于某一职业岗位的能力，而是超越该岗位具体岗位知识和专项技能范围的一种能力，如果针对社会能力与方法能力来说，关键能力是一种发展趋势，针对专业能力而言，关键能力则更为抽象。[1] 李怀康认为，职业能力的另一种形态表现即关键能力，它是胜任工作岗位并达成工作要求的一种能力，是生理和心理相关联的行为特征，而不仅仅是纯粹的专业技能和经验积累。[2] 杨黎明进一步提出，关键能力的提出与普及符合高职教育从就业导向转变为学生终身学习与发展的需求变化，并具有渐进性发展的特征。[3]

进入 21 世纪的第二个 10 年，随着市场经济的不断发展以及产业结构的调整变化，对关键能力的研究除了理论层面的进一步深入，也在实践层面逐步展开。童晓燕认为劳动者面对快速变化的市场，既能够把握当前工作，也能够适应其他工作环境和工作任务的能力是市场对人才的新需求。[4] 郭广军等学者提及了关键能力对就业者职业生涯发展起到了关键性作用，是就业者具有的一种可迁移的职业能力。[5]

差不多同一时期，"核心素养"一词逐渐热起来，引起了学术界的探讨。里兴（Rychen）和萨尔加尼克（Salganik）负责完成了经济合作与发

[1] 徐国庆．职业教育课程论 [M]．上海：华东师范大学出版社，2015.
[2] 李怀康．职业核心能力开发报告 [J]．天津职业大学学报，2007（1）：4-8.
[3] 杨黎明．关于学生职业能力的发展 [J]．职教论坛，2011（3）：4-15.
[4] 童晓燕．职业教育中关键能力的培养研究 [D]．江苏：苏州大学，2010.
[5] 郭广军，刘兰明，龙伟等．新形势下我国职业院校学生关键能力定位与培养体系研究 [J]．中国职业技术教育，2017（5）：3.

展组织（OECD）的 DeSeCo 项目，[1] 后通过张娜对该项目，即"素养的界定与遴选：理论和概念基础"的介绍，包括项目背景、发展轨迹、主要内容、界定与遴选核心素养的过程等，[2] 使得"核心素养"的概念在国内逐步火热起来。刘坚等学者针对 21 世纪核心素养教育的全球经验做了系统介绍，从名词确定、研究问题、研究对象、研究过程与方法、思考与讨论等方面做了全方位的研究设计。[3] 对核心素养国际研究经验的介绍，有助于国内相关研究进一步明确学生核心素养培养产生的背景与意义。

2014 年，教育部在《关于全面深化课程改革落实立德树人根本任务的意见》的文件中提出："研究制定学生发展核心素养体系和学业质量标准。"随着国家政策层面对于我国学生核心素养的关注，学术界开始掀起学生发展核心素养的研究热潮。在施久铭看来，核心素养被认为是一种跨专业、跨学科的素养，它不只适用于某专业或学科、指定场域或情境，也不局限于特定人群，而是适用于一切情境和所有人的普遍素养，对于学生来说是最有价值的东西。[4] 通过辛涛等学者进一步的剖析来看，从本质来讲，核心素养就是个人在当前和将来社会中应当具备的关键能力；在学科属性方面，核心素养并非一门专业或学科的知识，也并非针对特定问题和领域，

[1] Rychen D.S. & Salganik L.H. Definition and Selection of Competences (DeSeCo): Theoretical and Comceptual Foundations: Strategy Paper[M]. Swiss Federal Statistical Office, 2002:15-16.
[2] 张娜. DeSeCo 项目关于核心素养的研究及启示 [J]. 教育科学研究，2013（10）：39-45.
[3] 刘坚，魏锐，刘晟等 .《面向未来：21 世纪核心素养教育的全球经验》研究设计 [J]. 华东师范大学学报（教育科学版），2016，34（3）：17-21.
[4] 施久铭 . 核心素养：为了培养"全面发展的人"[J]. 人民教育，2014（10）：13-15.

它更多是强调个人通过主观能动性以某种方式获取知识和技能；从个人终身发展与适应未来方面看，核心素养是对个人具有重要意义的能力或素养；在发挥的作用方面，核心素养的作用超过了学校与职业的范畴，不但满足学习、生活、工作的基本需要，而且使学生向着更健全的个体发展前进，能够让学生个体更顺利地适应社会变迁所带来的变化，从而促进整个社会更为良性平稳地运行。[1]

研究发现，"核心素养"一词最早是由中国台湾地区的学者首先翻译使用的，大陆学者最初更多地译为"关键素养"或"关键能力"，后来大陆的研究随着《中国学生发展核心素养》的出台，亦逐步增多。综合国内外研究来看，关键能力或核心素养，抑或其他一些相近的中文译名，无论是哪种翻译，从相关外文词汇的含义及其所处语境来看，它们各有合理之处，也各有值得商榷之处，但究其内涵和本质而言，它们是趋同的，均强调了能力的迁移性和通用性。[2] 第一，关键能力不仅是胜任岗位所需要的综合能力，更是面对职业生涯变化所需具备的迁移性能力；第二，关键能力对个体职业生涯可持续发展具有关键作用；第三，关键能力有显性也有隐性，但它们具有共同特征，即普适性、实用性、可迁移性、持续性、整体性。[3] 除此之外，从现有研究来看，核心素养的研究偏重基础教育领域，

[1] 辛涛，姜宇，刘霞. 我国义务教育阶段学生核心素养模型的构建 [J]. 北京师范大学学报（社会科学版），2013（1）：5-11.
[2] 沈章明，许营营. "核心素养"的生成逻辑与发展方向：基于相关政策文本的分析 [J]. 外国教育研究，2019，46（11）：3-28.
[3] Wiek A.,Withycombe L.& Redman C.L.Key Competencies in Sustainability:A Reference Framework for Academic Program Development[J].Sustainability Science,2011,6(2):203-218.

高等教育和职业教育领域相对较少；关键能力则相对而言更多地出现在包括高职教育在内的职业教育领域。

（二）关于关键能力指标结构的相关研究

从关键能力指标体系方面的研究来看，国际主流国家在归纳关键能力的内涵之后，都进一步深入了其结构与指标体系的研究。德国这方面的研究呈现了渐进式的过程，基于 70 年代的关键能力理论研究，至 20 世纪 80 年代和 90 年代，逐步形成了包括专业能力、方法能力、社会能力、个性能力和参与能力的职业行动能力框架。[1]进入新千年，德国形成了职业能力结构的二维研究，分为横向和纵向解构职业能力结构。横向维度层面包括专业能力、方法能力和社会能力；纵向维度层面包括基本职业能力和综合职业能力。[2]

美国的关键能力结构与指标体系的研究主要基于职业生涯发展规划研究。20 世纪 80 年代初的一项研究提出关键能力的七项能力说，包括学会学习、理论知识、个人发展、交流沟通、团队合作、适应能力、个人影响力。[3]90 年代初，美国 SCANS 报告指出，任何个人从事任意职业都需要具备以下五项能力和三项素质：五项能力包括合理利用和支配资源能力、理解系统复杂关系能力、团队协作与沟通能力、技术选择和技能实施能力以

---

[1] 庞世俊. 美、英、德、澳四国综合职业能力内涵的比较 [J]. 中国职业技术教育，2009（4）：67-69.

[2] 姜大源. 当代德国职业教育主流教学思想研究——理论、实践与创新 [M]. 北京：清华大学出版社，2007.

[3] 沈潇文. 基于能力框架的 HRST 能力建设研究——以 ICT 专业为例 [D]. 浙江：浙江大学，2009.

及信息获取与处理能力。三项素质包括学生的基本技能、思维能力和个体品质。[1]

澳大利亚关于关键能力结构的研究主要集中于能力标准框架。20世纪90年代起，澳大利亚开始施行核心能力导向教育，提出了关键能力指标与结构，具体包括信息组织处理能力、思想交流能力、活动执行与管理能力、人际交往与团队协作能力、数学应用能力、问题处理能力、科技学习与应用能力、思维能力和文化理解能力。[2]经过一段时间的发展，澳大利亚又对关键能力做出了一分为二的概括，即将其分为硬技能（Hard Skill）和软技巧（Soft Skill）。同时，将原本关键能力指标中的信息组织处理能力归入了硬技能范畴，将问题处理能力和人际交往与团队协作能力纳入软技巧范畴，并额外增设了自我管理、科学价值取向、忠诚、进取、敬业等与人品和价值观相关的能力指标。[3]

英国在20世纪末制定了国家层面权威的大学毕业生职业技能与能力指标框架并实施。其框架主要包括数字运用能力、沟通交流能力、信息技术运用能力、团队合作能力、问题解决能力、自我学习和绩效提升能力。[4]

---

[1] Maclean,R.,Ordonez, V..Work,Skills development for employability and education for sustainable development[J].Educ Res Policy Prac,2007(6):123-140.

[2] 徐中意. 澳大利亚培训包的优势及其对我国高职课程改革的启示[J]. 比较教育研究，2009，31（6）：83-85.

[3] Australian National Training Authority. Guidelines for Course Development, A guide to developing VET course for accreditation under the Australian Quality Training Framework, 2002:4.

[4] 黄日强, 黄永明. 核心技能——英国职业教育的新热点[J]. 比较教育研究, 2004(2): 82-85.

　　除了主流职业教育发达国家根据自身国情与市场、产业需求对关键能力的指标结构的建立有其自身的特点以外，也有国外学者在自身研究领域研究构建新的关键能力指标体系，如里克曼（Rieckmann）邀请全球可持续发展领域的 70 位专家，通过德尔菲专家咨询法针对个体可持续发展建立了十二大指标的关键能力体系，其中系统性、批判性、预测性三类思维能力在其看来是最关键的能力。[1]

　　我国对关键能力指标和结构的研究始于世纪之交，从具体研究发现，关键能力的研究在我国多与职业能力研究有所交叉，多数研究认为关键能力包含于职业能力。

　　基于德国关键能力、职业行动能力研究成果，姜大源教授将职业能力的结构解构为专业能力、方法能力、社会能力。在此基础上，蒋乃平提出在原有三种能力基础上应加入实践能力，同时四种能力可分为基本从业能力和跨职业能力。[2]2007 年《职业核心能力培训测评标准（试行）》颁布，该套标准包括信息处理能力、人际沟通能力、问题解决能力、数字应用能力、自发式学习能力和创新能力六个能力象限，每个象限又分为初、中、高三个级别，共同构成了职业能力体系结构。[3]李怀康在此标准上增加了外语应用能力，构成了第八个能力象限。[4]陈宇从就业角度分析，提出特定、

[1]Rieckmann M.Future-oriented Higher Education: Which Key Competencies Should be Fostered Through University Teaching and Learning[J].Futures, 2011, 44(2):127-135.

[2] 蒋乃平．对综合职业能力内涵的再思考 [J]．职业技术教育，2001（10）：18-20.

[3] 劳动和社会保障部职业技能鉴定中心．职业核心能力培训测评标准（试行）[M]．北京：人民出版社，2007.

[4] 李怀康．职业核心能力开发报告 [J].高等职业教育（天津职业大学学报），2007(1)：4-8.

通用、关键三个能力层次，其中关键能力属于隐性能力。[1]庞世俊提出职业能力包含基本职业能力和综合职业能力，其中综合职业能力即关键能力。[2]张弛则认为职业能力是知识、技能、态度和价值观整合化一的能力集合，包含生存能力、生长能力和生成能力，其中生长能力和生成能力都对应了关键能力的含义。[3]

在核心素养研究方面，面对国际研究中核心素养指标体系构建的热潮，我国也随即展开了学生发展核心素养体系构建的研究和实践。2016年《中国学生发展核心素养（意见稿）》公布，意见稿中列出了九大综合素养：社会责任、国家认同、国际理解、人文底蕴、科学精神、审美情趣、学会学习、身心健康、实践创新，并分别对其进行了划分，细化出25项素养。同年9月，在北京师范大学举行的研究成果发布会上正式公布了《中国学生发展核心素养》报告，以培养"全面发展的人"为核心，分为文化基础、自主发展、社会参与三个方面，综合表现为人文底蕴、科学精神、学会学习、健康生活、责任担当、实践创新六大素养，再细化为国家认同等18个基本要点。文化性是人存在的根基和灵魂；自主性是人作为主体的根本属性；社会性是人的本质属性。[4]《中国学生发展核心素养》颁布后，学界的研究开始转向如何培养核心素养。王烨晖与辛涛[5]、

[1] 陈宇. 职业能力以及核心技能 [J]. 职业技术教育，2003（33）：26.
[2] 庞世俊. 职业教育视域中的职业能力研究 [D]. 天津：天津大学，2010.
[3] 张弛. 职业能力概念框架的构建 [J]. 职教论坛，2015（25）：12-16.
[4] 董翠香，田来，杨清风. 核心素养导向的体育与健康教学设计 [M]. 上海：上海教育出版社，2020.
[5] 王烨晖，辛涛. 基于核心素养的课程改革之关键问题 [J]. 人民教育，2017（Z1）：37-40.

蔡清田[1]、张建桥[2]等研究都从专业或学科发展、课程建设、教学改革等方面具体探讨了核心素养的教育并提出了相应的建议，为核心素养或关键能力培养的实践打下了基础。

二、关于高职学生关键能力的相关研究

从文献研究来看，目前，国内学界关于我国高职院校学生关键能力的研究主要包括三个方面的内容。其一，关于高职院校学生关键能力内涵的研究；其二，关于高职院校学生关键能力指标体系的研究；其三，关于高职院校学生关键能力培养路径的研究。

（一）高职院校学生关键能力内涵的相关研究

在高职院校学生关键能力内涵研究方面，不同学者从不同视角出发提出了不同观点。唐小俊认为，随着新时代的到来，人才质量及其素质能力被寄予更高的期望，由于高职教育高质量发展和社会经济转型升级，人才的创造性思维、决策能力、交往合作能力、社会责任感，以及全球化逻辑被认为是人才关键能力的主要象限，这些跨学科、跨专业的能力将助力高职教育所培养的人才在未来充满复杂与不确定性的情境妥善解决问题，立于不败之地。[3] 韩天学等认为，高职学生关键能力可以划分为品格和能力两个维度，具体包括理想信念、职业品质、社会能力和方法能力等。[4] 乔

[1] 蔡清田. 领域／科目核心素养的课程发展 [J]. 上海教育科研, 2017（2）: 5-8.
[2] 张建桥. 培养学生核心素养亟待教学转型 [J]. 中国教育学刊, 2017（2）: 6-12.
[3] 唐小俊. 职业核心素养：内涵分析及培养路径 [J]. 江苏教育研究, 2017（27）: 70-73.
[4] 韩天学, 张辉, 齐大鹏. 高职学生核心素养培养的探索与实践——以上海思博职业技术学院为例 [J]. 高教论坛, 2018（10）: 104-107.

为认为，如果将关键能力设为育人目标，则高职教育不能满足于培养"合格的职业人"，而应立志于培养"全面发展的人"；关键能力同时也是一种教育理念，使高职教育实现从"制器"到"育人"的转变。[1] 姚长佳与张聪慧则将高职院校学生关键能力基本等同于中国学生发展核心素养，即前述的三个层面与六个要点。[2]

（二）高职院校学生关键能力指标体系的相关研究

在高职院校学生关键能力指标体系研究方面，大多数是基于高职院校层面的实践探索，如通过德尔菲法制定一套用于院校自身的学生能力培养指标体系，而在高职领域的探索中又以专业或专业群为基础来设定或建立指标体系。在为数不多的针对高职院校学生关键能力指标体系的研究中，曾旭华等三人，将高职学生职业能力划分出基本职业能力和关键职业能力2 个一级指标，包括岗位任职等 7 个二级指标，进而细分出表层性等 22 个三级指标。[3] 方健华认为，职业院校学生职业核心素养包括职业意识、职业理想、职业人格、职业关键能力 4 个一级指标，以及职业认同与选择等27 个二级指标。[4] 张小娟基于灰色关联度评价模型指出，高职院校学生关键能力包括知识素养、能力素养、共情素养、态度价值观 4 个一级指标，

[1] 乔为. 核心素养的本质与培育：基于职业教育的视角 [J]. 职业技术教育，2018（13）：20-27.

[2] 姚长佳，张聪慧. 高等职业教育经管类专业核心素养与课程改革路径探究 [J]. 中国职业技术教育，2019（8）：52-57.

[3] 曾旭华，皮洪琴，李福东. 高职学生职业能力指标体系构建综合评价方法探讨 [J]. 职业技术教育，2012, 33（17）：9-13.

[4] 方健华. 中职学生职业核心素养评价及其标准体系建构研究 [D]. 南京：南京师范大学，2014.

以及专业知识水平等 17 个二级指标。[1]彭冲与仲文丹认为，职业核心素养分为职业道德素养、职业理想与信念素养、职业能力素养 3 个一级指标，以及职业道德内容等 9 个二级指标。[2]罗欢则认为高职学生的关键能力应该建立在传统对关键能力的理解基础上，即一级指标为职业能力、认知能力、合作能力、创新能力 4 个，二级指标为职业资格认证等 14 个，再配以相应的权重来构建关键能力的培养体系。[3]

（三）高职院校学生关键能力培养路径的相关研究

在高职院校学生关键能力培养路径研究方面，既有理论研究也有实践研究。在理论研究方面，关键能力的培养往往包含于职业能力培养的讨论范畴。石伟平提出围绕职业任务和情境开发职业能力，继而开发职业标准，以及开发评定办法、培养方式和学习计划。[4]邓泽民等认为，职业能力的提升需通过课程与教学培养学生学会学习、知识迁移的意识，再通过实习实训的训练。[5]姜大源从整合能力观和全面发展的职业能力观出发，指出职业能力培养源于情境又超越情境。[6]徐国庆从课程改革角度提出职业能力培养要以行动为载体，因此课程结构、内容和教学过程需要职业化、工

[1] 张小娟．基于灰色关联度的职业院校学生核心素养评价模型及应用 [J]．南方职业教育学刊，2018，8（6）：65-69.
[2] 彭冲，仲文丹．基于"生活德育理念"下中职生职业核心素养的调查研究 [J]．职业，2019（11）：101-102.
[3] 罗欢．高职教育学生关键能力评价指标体系窥探 [J]．劳动保障研究，2019(1)：58-59.
[4] 石伟平．职业能力与职业标准 [J]．外国教育资料，1997（3）：59-64.
[5] 邓泽民，陈庆合，刘文卿．职业能力的概念、特征及其形成规律的研究 [J]．煤炭高等教育，2002（2）：104-107.
[6] 姜大源．基于全面发展的能力观 [J]．中国职业技术教育，2005（22）：1.

作化。[1]陈智慧认为职业能力培养需重视文化课程的熏陶作用。[2]

在实践研究方面则多由教育管理者或教师从课程设计、课堂教学，特别是通过教育教学方法的改变角度提出观点。卢晓春等认为，要培养高职学生关键能力首先应从课堂教学设计入手，将关键能力作为培养目标，通过合作学习方法以及建立以能力培养为导向的评价体系。[3]高玉萍提出可参照德国模式，采取行动导向教学法，开设专门的能力培养课程，通过工学结合和实践活动来培养高职学生关键能力。[4]陈向阳认为，应推动关键能力向课程标准的转化，并充分体现方向性、专业性、科学性。[5]岳振海强调实践教学中的案例学习、合作学习等操作性强的现场教学或活动形式是高职学生关键能力培养的重要手段。[6]张志军与郭莹认为，高职学生关键能力的培养路径包括校园文化熏陶、课程教学讲授、走入企业感悟、实习实训训练、顶岗实习检验、步入职场训练这几个方面。[7]也有不少学者提出了更为全面的培养路径或手段：例如，周兵提出，职业学校要将职业

---

[1] 徐国庆. 职业能力现实化视野中的我国职教课程改革基本命题 [J]. 职教论坛, 2010（12）：4-9.
[2] 陈智慧. 基于职业能力发展的高职教育文化基础课的改革——以"应用写作"课程为例 [J]. 中国高教研究, 2010（10）：92-93.
[3] 卢晓春, 胡昌送. 突出发展高职学生关键能力的教学设计理论与实践 [J]. 广东技术师范学院学报, 2008（2）：94-98.
[4] 高玉萍. 德国职业教育关键能力的培养及对我们的启示 [J]. 常州工程职业技术学院学报, 2010, 10（1）：15-17.
[5] 陈向阳. 让"核心素养"成为江苏职业教育课程标准的灵魂 [J]. 江苏教育, 2016（7-8）：20-24.
[6] 岳振海. 高职"两课"与学生关键能力的培养 [J]. 中州大学学报, 2006（1）：103-105.
[7] 张志军, 郭莹. 高职学生职业核心素养培育路径探究 [J]. 中国职业技术教育, 2017(4): 52-56, 65.

关键能力融入人才培养目标、融入课程计划、融入校企合作、融入学校文化、融入考评机制。[1]陈丽如认为，应通过校内协同创立高职学生职业能力培育崭新面貌，通过校外协同搭建高职学生核心素养培养渠道。[2]曹媛则认为，高职学生职业关键能力的培育路径包括优化培养方式、完善培养机制、构建符合要求的新课程体系。[3]

三、关于校企合作培养高职学生关键能力的相关研究

基于校企合作视角就高职学生关键能力培养的研究总体上并不多，在为数不多的相关研究中主要是从校企合作人才培养路径的角度对关键能力培养进行探讨，包括培养目标设定、课程设计、教学方法、师资结构及评价机制。

在培养目标设定方面，樊艳君和夏全星认为，通过校企合作，需进一步明确关键能力培养的重要性，确定关键能力作为高职人才培养的目标之一。[4]何冬妮认为校企合作的高职人才培养方案中应加入关键能力的培养模块，同时需要明确培养标准、培养手段和评价方式，要将高职学生关键能力培养规范化。[5]

---

[1]周兵.教育三要素视角下的中职生职业核心素养培育研究[J].中国农村教育,2019(7):34-37.

[2]陈丽如.高职院校学生职业核心素养培育探析[J].教育与职业,2019(6):56-58.

[3]曹媛.高职学生职业核心素养培育路径探究[J].广西民族师范学院学报,2019,36(1):138-140.

[4]樊艳君,夏全星.加强校企合作培养高职学生的职业关键能力[J].职教论坛,2011(13):42-45.

[5]何冬妮.校企合作模式下高职学生职业关键能力培养的研究[D].广西:广西师范大学,2017.

在课程设计与实施方面，李村和葛超强调通过校企合作开设专门的通识课程或选修课以培养学生的职业素养等关键能力。[1] 而陈楚瑞等[2]、杨欣[3] 则认为通过校企合作加强课程的综合性，将关键能力的培养渗透于各门专业课程中更为重要。孟皎进一步提出在校企合作框架下，构建专业课程、实训课程、能力课程三合一的理实一体化课程体系，有助于解决关键能力的理论学习与实践养成脱节的问题，助力学生实现关键能力内化于心、外化于行。[4] 刘红英和汤海滨认为，加强校企合作有利于知识、技能和能力的有机结合，打破传统的以知识为核心的课程体系，构建模块化的课程模式，让学生通过更多的实践活动等形式有针对性地训练自身的专业技能与关键能力，也就是说既要通过建设专门的关键能力培养课程模块以培养学生的关键能力，同时也应在专业知识和技能学习的模块中渗透关键能力的培养，双管齐下，达到培养效果。[5]

在教学方法方面，张志军和郭莹[6]、保慧和孙兵[7] 均强调了通过校

[1] 李村，葛超. 构建校企合作模式提升学生职业能力 [J]. 职教论坛，2010 (2)：73-74.
[2] 陈楚瑞，戴馥心. 校企合作背景下高职学校学生职业核心能力培育与职业素养提升策略 [J]. 肇庆学院学报，2018, 39 (6)：81-85.
[3] 杨欣. 校企合作模式下学生职业关键能力培养模式构建 [J]. 黑河学院学报，2018 (11)：116-118.
[4] 孟皎. 校企合作背景下高职学生核心素养培育路径研究 [J]. 济南职业学院学报，2022 (1)：13-15.
[5] 刘红英，汤海滨. 浅谈高职学生关键能力的培养 [J]. 山西财经大学学报，2010, 32 (2)：276-278.
[6] 张志军，郭莹. 高职学生职业核心素养培育路径探究 [J]. 中国职业技术教育，2017 (4)：52-56, 65.
[7] 保慧，孙兵. 依托产教融合型企业提升高职学生职业素养的路径研究 [J]. 教育与职业，2022 (6)：84-89.

企合作，一方面可以完善校内实训中心的建设，通过企业参与实践教学，构建模拟真实职业情境的教学环境，培养学生的关键能力；另一方面，通过学生步入职场进行顶岗实习，构建校外实践育人平台，以真实的职业场域和工作过程锻炼学生的关键能力。张弛认为校企合作在培养高职学生关键能力的过程中除了在校内外实践教学环节发挥了重要作用以外，在理论教学部分也产生了"催化剂"的作用，企业参与育人，将更关注人才学习的效果，尤其是理论知识教学的部分，本就不是高职学生的特长，因而更有必要通过灵活运用多种教学方法，如问题导向法、案例教学法、项目教学法等提升学生的学习效果。[1]

在师资结构方面，现有研究主要围绕"双师型"教师队伍建设展开，但切入点不尽相同。何冬妮[2]、关庆等[3]主要站在高职院校教师角度，强调了在校企合作模式下，院校教师定期赴企业一线进行业务实践学习的重要性，他们认为院校教师只有在实践过程中才能培养自身对关键能力培养的意识和能力，有利于在教学中更好地体现关键能力的培养。张弛则认为院校教师除了赴企业实践培训以外，还可以通过与企业专家就横向科研课题与技能大赛指导训练等方面的合作提升自己的能力。[4]此外，还有一些研究除了站在高职院校教师的角度谈到了教师下企业实践的必要性以

[1] 张弛. 基于企业视角的高技能人才职业能力培养研究 [D]. 天津：天津大学，2015.

[2] 何冬妮. 校企合作模式下高职学生职业关键能力培养的研究 [D]. 广西：广西师范大学，2017.

[3] 关庆，李英丽，吕雨梅. 等. 基于职业能力培养的校企合作育人模式探索 [J]. 卫生职业教育，2021,39（18）：69-71.

[4] 张弛. 基于企业视角的高技能人才职业能力培养研究 [D]. 天津：天津大学，2015.

外，还谈到了通过校企合作，高职院校可聘用企业专家来校任教，从而以自身实战经验更好地引导学生关键能力的塑造。[1]

在评价机制方面，何冬妮等强调在校企合作下，应进一步强调学生关键能力的评价，在具体评价方法方面需要减少传统的终结性评价，增加过程性、展示性评价的比重。[2]陈楚瑞和戴馥心则提出应把关键能力纳入学生考核的"硬指标"，并由校企双方共同参与评价，从而使得人才培养质量评价更具规范性与实效性。[3]

四、关于高职产业学院的相关研究

我国学界对高职院校产业学院的研究起步较晚，至今不过10余年。周继良做出归纳，关于产业学院的研究主要涉及四个方面：一是产业学院的内涵意义，二是产业学院的校企协同育人模式，三是产业学院的组织制度创新和形态特征，四是产业学院核心组成要素。[4]根据李艳、王继水的研究，他们认为产业学院的研究经历了三个阶段，2007—2013年属初始阶段，本阶段主要是通过实践经验初步构建起产业学院初始模型和理念；2015—2017年属成长阶段，本阶段主要是通过产业学院的运行经验对产业学院理论讨论与理想模型的归纳阶段；2018年至今属发展阶段，本阶段更

[1] 陈楚瑞，戴馥心. 校企合作背景下高职学校学生职业核心能力培育与职业素养提升策略[J]. 肇庆学院学报，2018, 39（6）：81-85.
[2] 何冬妮. 校企合作模式下高职学生职业关键能力培养的研究[D]. 广西：广西师范大学，2017.
[3] 陈楚瑞，戴馥心. 校企合作背景下高职学校学生职业核心能力培育与职业素养提升策略[J]. 肇庆学院学报，2018, 39（6）：81-85.
[4] 周继良. 现代产业学院的组织属性与制度创新[J]. 内蒙古社会科学，2021, 42（3）：197-204.

加倾向于从微观层面对产业学院的运行问题进行理论深化研究。综合三个阶段的研究来看，他们认为产业学院的研究领域主要集中在内涵、核心要素、建设方式与建设成效四个方面。[1] 就上述学者对我国产业学院现有研究的归纳，可谓大同小异，从文献检索来看，也印证了其观点。

对产业学院内涵的阐释，总体来说大部分学者基于功能定位，即校企合作共建共享的合作平台或办学组织。[2] 李艳与王继水从架构定位出发，认为产业学院定位是利益相关主体的契约集合，是一种正式的制度安排。[3] 许文静则将其定位成综合实体组织，比如，院校、企业、行业、政府中的两方或几方主体合作共同创办的实体组织，在该组织中可实现资源、利益、技术的权利共享以及风险、人才培养等责任共担。[4] 产业学院的核心要素包括产权归属、治理架构与管理体系、资源整合能力、人才培养模式等。产权结构和治理结构方面的研究主要从体制机制的角度探索产业学院的运行组织架构和运营机制，包括如何在办学过程中不断完善自主运行机制、人事管理包括收入分配和绩效激励约束机制、监督评价、信息公开等制度和机制建设，以保证产业学院行稳致远。[5] 产业学院的建设路径研究相对比较统一，首先就相关专业或产业进行人才需求现状调研，然后进行资源

[1] 李艳，王继水. 我国产业学院研究：进程与趋势——基于 CNKI 近 10 年核心期刊的文献研究 [J]. 中国职业技术教育，2020（3）：22-27.
[2] 吴显嵘. 基于产教融合的高职产业学院建设机理及路径研究 [J]. 中国职业技术教育，2018（29）：5-11.
[3] 李艳，王继水. 我国产业学院研究：进程与趋势——基于 CNKI 近 10 年核心期刊的文献研究 [J]. 中国职业技术教育，2020（3）：22-27.
[4] 许文静. 整体性视域下产业学院内部结构的治理逻辑研究 [J]，中国职业技术教育，2018（29）：12-16.
[5] 李艳，王继水. 我国产业学院研究：进程与趋势——基于 CNKI 近 10 年核心期刊的文献研究 [J]. 中国职业技术教育，2020（3）：22-27.

重整，再次完成组织建设，最后完成实体建制，在不断实践中摸索完善。

建设成效方面的研究主要都是从单一主体的角度出发，即产业学院是否使得学校育人取得成效，比如，人才培养模式是否有所改革、课程与教学具体如何受益、校园文化是否丰富，等等。但对于企业参与产业学院办学所获得成效方面的研究甚少。人才培养模式作为产业学院组建的核心目的，理应成为研究的重点，但实际上，即便是单从学校主体出发来讨论校企合作组建产业学院的人才培养成效的研究亦不丰富，大多研究均为基于自身实践经验的总结。曹元军等提出在学习专业与产业企业融合、实践教学与产业基地融合、校企课程与产业技术融合、专业教师与产业大师融合、治理结构与产业要求融合的"五融合"基础上构建高职产业学院，可以有效实现人才培养的"五业贯通"，即"专业、职业、产业、就业、创业"五贯通。[1] 刘育峰[2]、沈洁等[3]、杨欣斌[4]、高鸿与赵昕[5]、成宝芝等[6] 基于产业学院的体制机制优势讨论人才培养质量，包括如何通过合作由校企共同制定人才培养目标，企业如何参与产业学院实践教学，如何实现

[1] 曹元军，李曙生，朱健. 以"五融合"构建高职产业学院"五业贯通"人才培养模式 [J]. 教育与职业，2022（2）：36-40.
[2] 刘育峰. 产业学院背景下人才培养模式研究 [J]. 成人教育，2010，30（3）：56.
[3] 沈洁，徐明华，徐守坤. 现代产业学院创新型工程人才培养探索 [J]. 中国高等教育，2021（12）：56-58.
[4] 杨欣斌. 基于特色产业学院的校企双元育人模式探索 [J]. 中国职业技术教育，2019（31）：10-13.
[5] 高鸿，赵昕. 基于产业链与人才链深度融合的高职产业学院建设研究 [J]. 职教论坛，2021，37（4）：33-38.
[6] 成宝芝，徐权，张国发. 产教深度融合的产业学院人才培养机制探究 [J]. 中国高校科技，2021（Z1）：98-102.

师资等资源共享，如何进行"1+X"证书合作等。有的研究深入具体专业，阐述如何就某具体专业开发人才培养方案，改变原有课程体系、教学形式和考核方式等从而达到育人目标，如基于"岗位关键能力"的"三阶段螺旋递进式"人才培养模式；[1] 又如产业学院模式培养高职学生的职业胜任力。[2] 黄艾[3]、郭湘宇[4] 等在产业学院通过体制机制变化改革人才培养模式的探讨之余，也谈及了通过企业文化与校园文化的碰撞、融合，对高职人才的培养起到了正面作用。

五、研究评价与反思

从国内外对于关键能力的相关研究现状来看，主要从关键能力的内涵和结构角度做出理论和实践的探索，也结合部分高职院校专业或课程体系等方面的设置以探究关键能力培养模式。

就内涵而言，尽管关键能力的翻译有所不同，国内外对其的字面解释和侧重也各有不同，但从本质来说，还是比较趋同的，即表示职业生涯发展过程中的迁移性和通用性能力。就结构而言，国内外研究存在一定的共性：其一，在经济结构调整与转型的大背景下，越来越多的关键能力指标

[1] 楼平，赵远远，吴湘莲. 企业学院视角下"三阶段螺旋递进式"人才培养模式构建——以嘉兴职业技术学院自动化专业为例 [J]. 职业技术教育，2015, 36（32）：23-25.

[2] 刘海明. 高职学生参加产业学院意愿及影响因素分析——基于学生视角的实证研究 [J]. 教育发展研究，2021, 41（19）：77-84.

[3] 黄艾，祝志勇. 构建产业学院提升高职人才培养质量的专业建设机制研究与实践 [J]. 职教论坛，2015（18）：65-69.

[4] 郭湘宇，周海燕，廖海. 产教融合视角下"双主体、深融合"产业学院建设 [J]. 教育与职业，2021（8）：62-65.

结构关注人际交往、团队合作、沟通表达、理性思维方面的能力；其二，关键能力结构以及具体职业、岗位关键能力的指标体系越来越受到研究重视，相关的研究成果也日渐增多。

总体而言，关键能力的相关研究近年来从理论上取得了较大发展，并有研究逐步尝试将理论与教育教学实践相结合，形成了该领域内理论结合实践的良好研究现状。从现有研究来看，国内对关键能力或核心素养的研究取得了长足发展，这种进步不但是理论研究层面的，也在教育实践层面进行了许多有益的理论应用尝试。学界对于高职院校学生职业关键能力培育的重要性基本达成共识，但关于如何更为有效地培养关键能力仍然众说纷纭。综合来看，现有研究仍然存在以下五个方面的不足。

一是将职业院校学生职业关键能力与中国学生发展核心素养混为一谈。实际上，中国学生发展核心素养更偏重于通用能力，而职业教育中的关键能力更加关注的是与职业密切相关的能力或素养，其概念内涵边界要小于前者。

二是在探讨职业院校学生职业关键能力议题时，没有充分考虑产业之间的类型差异，比如，制造业、服务业、文化创意产业等。其实，不同产业类型职业关键能力应有一定程度的差异存在。

三是现有研究多是基于院校实践探索的经验总结或理论性讨论，缺乏系统的实证研究，由此很难提出有信服力的高职学生关键能力内容以及培养模式。

四是当前关键能力的研究呈现宏观、微观层面两极分化现象，部分研究倾向于宏观层面顶层设计，部分研究则只关注微观层面具体专业和课程体系的操作策略，对于中观层面高职院校具体的培养模式研究不足。

五是研究视角方面，现有高职学生关键能力培养研究多从高职院校角度出发，注重学校场域，缺少以企业、行业视角，透过在工作场域下建立的真实工作情境进行关键能力培养的相关研究。

本研究将在以往研究的基础上，充分利用实证研究方法，更多地从中观层面入手，深入探索高职院校学生在校企合作模式中，其关键能力培养的有效性，做好宏观与微观研究之间的桥梁纽带，承上启下，贯彻顶层设计思维，推动高职学生关键能力培养模式的创新和变革，进而促进高职教育的进一步深化转型和发展。

第四节 研究设计

在研究问题的提出和国内外现有研究现状分析的基础上,本研究设计包括对目标的罗列、内容的梳理、方法的选择以及技术路线的分析。

一、研究目标

目标一:通过问卷调研、深度访谈、定量、定性相结合的方式调研高职学生关键能力的培养现状及其问题。

目标二:通过理论研究,探寻高职学生关键能力培养模式变革的理论依据。

高职学生关键能力培养的模式变革研究

目标一：我国高职学生关键能力培养的现状及其问题

目标五：高职学生关键能力培养模式的改进策略

核心目标：
探索高职学生关键能力培养模式的变革之路

目标二：高职学生关键能力培养模式变革的理论依据

目标四：基于产业学院的高职学生关键能力培养模式变革的实践探索

目标三：高职学生关键能力培养模式变革的经验借鉴

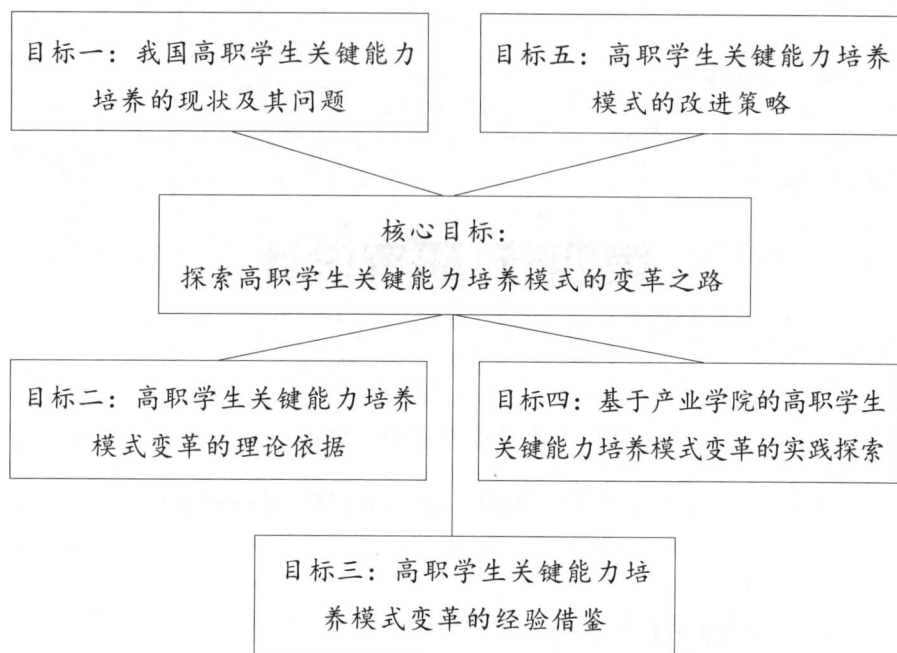

图 1-1 研究目标体系图

目标三：通过国内具体案例经验分析，探寻高职学生关键能力培养模式变革的经验借鉴。

目标四：通过行动研究，实践探索高职学生关键能力培养的校企合作产业学院模式，从校企合作产业学院的各个维度总结归纳出一套关键能力的有效培养模式，具体包括治理结构与管理模式、人才培养目标设定与课程设置、课堂教学与学生管理、师资队伍建设、考核评价体系等各维度。

目标五：在前述研究的基础上，对高职学生关键能力培养分别提出制度层面、组织层面和个人层面的对策与建议，完善高职学生关键能力的培养，推行高职学生关键能力培养的产业学院模式。

二、研究内容

本研究根据"发现问题—分析问题—解决问题"的逻辑顺序撰文。从高职院校学生关键能力培养的现状调研入手，剖析现状的问题和现行培养模式的困境，首先通过理论分析、国内经验借鉴探寻高职学生关键能力培养的模式变革原因和方向，然后通过行动研究实践探索高职学生关键能力培养的产业学院模式，最后从制度、组织和个人层面对关键能力培养提出相应的对策建议。

1. 当前我国高职学生关键能力的培养现状。 包括当前高职院校、用人企业、在校学生对高职学生关键能力的认知水平和培养满意度，以及现行培养模式的主体、具体培养措施、特征及其存在的问题。

2. 高职学生关键能力培养模式变革的理论依据。 强调高职学生关键能力培养模式变革的三重发展逻辑，在此基础上结合技能形成理论、情境学习理论和职业能力理论，通过分析三个理论与本研究问题的关系得出本研究的理论分析框架，最后从高职教育人才培养模式变革的发展趋势加以论述，为高职学生关键能力培养模式变革奠定理论基础。

3. 高职学生关键能力培养模式变革的经验借鉴。 通过对三个职教关键能力培养的国内典型案例进行剖析，为高职学生关键能力培养模式变革寻求实践经验借鉴。

4. 高职学生关键能力培养模式变革：基于产业学院的行动研究。 就笔者所在的 S 高职校企合作共建的产业学院的人才培养模式进行行动研究，通过两轮行动，探索出一套高职学生关键能力的有效培养模式。

5. 高职学生关键能力培养的改进策略。从制度层面提出政府应如何在高职学生关键能力培养方面做出的支持、指导、监督、保障工作，再从组织层面提出学校与企业如何通过产业学院等校企合作模式有效培养高职学生关键能力，最后从个人层面提出高职学生应如何立足终身发展角度学好关键能力，为职业生涯发展做好准备。

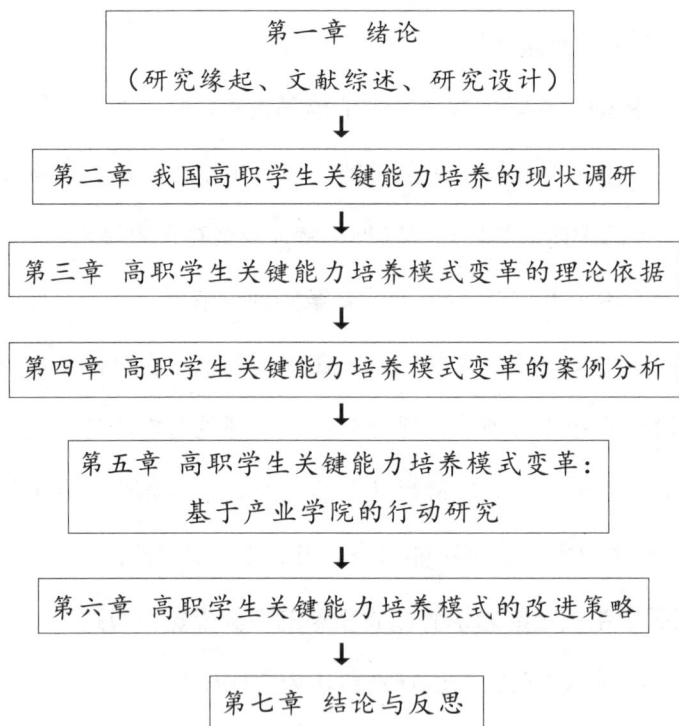

```
┌─────────────────────────────────┐
│         第一章  绪论              │
│ （研究缘起、文献综述、研究设计） │
└─────────────────────────────────┘
                ↓
┌─────────────────────────────────┐
│ 第二章  我国高职学生关键能力培养的现状调研 │
└─────────────────────────────────┘
                ↓
┌─────────────────────────────────┐
│ 第三章  高职学生关键能力培养模式变革的理论依据 │
└─────────────────────────────────┘
                ↓
┌─────────────────────────────────┐
│ 第四章  高职学生关键能力培养模式变革的案例分析 │
└─────────────────────────────────┘
                ↓
┌─────────────────────────────────┐
│ 第五章  高职学生关键能力培养模式变革：ᅠ│
│         基于产业学院的行动研究        │
└─────────────────────────────────┘
                ↓
┌─────────────────────────────────┐
│ 第六章  高职学生关键能力培养模式的改进策略 │
└─────────────────────────────────┘
                ↓
┌─────────────────────────────────┐
│      第七章  结论与反思            │
└─────────────────────────────────┘
```

图 1-2 研究内容结构图

三、技术路线

依照图 1-3 所示，本研究按照"是什么、为什么、怎么做、应如何"的研究思路展开研究工作。本研究从"实然"入手，通过批判"实然"，先破后立，在理论依据和实践经验的基础上，通过行动研究探索高职学生关键能力培养模式的创新变革之道，并从宏观、中观、微观层面分别提出对策建议，提出理想中的"应然"状态。

首先确定"是什么"，即通过问卷、访谈调研得到我国高职学生关键能力培养的现状，重点了解培养现状的满意度和呈现出的显著特征，分析当前培养模式存在的困境问题。然后分析"为什么"，由于现行培养模式存在问题，高职学生关键能力的培养模式变革探索有其必要性和重要性，分别从理论层面和实践层面进行阐释。接着尝试"怎么做"，即在理论基础和实践经验的基础上，通过 S 职业技术学院校企合作产业学院人才培养模式创新的行动研究，探索出一套高职学生关键能力培养的创新模式。最后阐述"应如何"，即在行动研究基础上，进一步从制度、组织和个人层面提出对高职学生关键能力培养的改进对策与建议。

研究选题：高职学生关键能力培养的模式变革研究

研究思路	研究内容	研究方法
文献综述	国内外职业教育学生关键能力培养的研究现状及其分析	文献研究法
是什么（突然现状）	我国高职学生关键能力培养的基本现状调研及其困境问题	问卷调查法 访谈法
为什么（理论层面）	高职学生关键能力培养模式变革的理论依据	文献研究法 访谈法
为什么（实践层面）	高职学生关键能力培养模式变革的经验借鉴	文献研究法 比较研究法
怎么做（行动实践）	高职学生关键能力模式变革：基于产业学院的行动实践探索	案例研究法 行动研究法
应如何（应然提出）	高职学生关键能力培养的改进策略	访谈法 概括归纳法

图1-3 研究技术路线图

四、研究方法

1. 调查法： 一是问卷调查法，本研究通过调查问卷的设计与发放，以高职管理者、用人企业、高职在校学生为对象进行调研，通过问卷统计和数据分析获知高职学生关键能力培养现状的满意度情况和现行模式所呈现的特征，并通过定量定性相结合的方式加以分析。二是访谈调查法，本研究将通过设计半结构性深度访谈提纲，与高职院校管理者、教师、校企合作企业管理者进行访谈，通过剖析得出高职学生关键能力培养现状及其问题所在。

2. 案例研究法：本研究将以国内典型的职业教育校企合作关键能力培养模式为例，分析不同类型的职教校企合作模式下学生关键能力培养的成效，归纳其优缺点，及其对我国高职学生关键能力培养模式的变革实践经验和借鉴。

3. 行动研究法：以上海 S 职业技术学院校企合作产业学院作为研究对象，基于行动研究，通过校企紧密合作，构建校企共同体，以培养学生关键能力，在发现问题、制定策略、付诸行动、调整方案的历程中，实现预期理论成果与实践的集合，通过实践经验的积累和教训的总结，对理论进行验证和修正，探索行之有效的高职学生关键能力培养产业学院模式。

五、研究创新

随着有关高职学生关键能力越来越被重视，对于关键能力及其培养的研究也越来越多、越来越深入，但如何行之有效地培养关键能力，究竟什么路径、什么方法、什么模式才能很好地培养出高职学生的关键能力，这既是一个新题，也是一个难题。尤其是针对本研究的界定，针对校企合作产教融合下的产业学院如何有效培养学生的关键能力的研究涉猎者甚少。因此，本研究作为教育博士的论文研究较为妥帖，既有一定的理论意义和创新意义，也具有实践意义和指导意义。

1. 建构了高职学生关键能力培养的理论模型与实践模式。通过理论研究，以及国际、国内经验比较分析，就培养高职学生关键能力的模式创新变革提出相应的改进策略，并结合行动研究的实践成果，构建基于产业学院的高职学生关键能力培养模式。

2. 设计了基于产业学院模式的高职学生关键能力培养的行动方案。以自身工作经历为契机，设计基于校企合作产业学院以培养高职学生关键能力的行动研究方案，并付诸实践，以探索高职学生关键能力有效培养的校企合作模式及在此基础上的具体措施和成果。

第二章

———

我国高职学生关键能力培养的现状调研

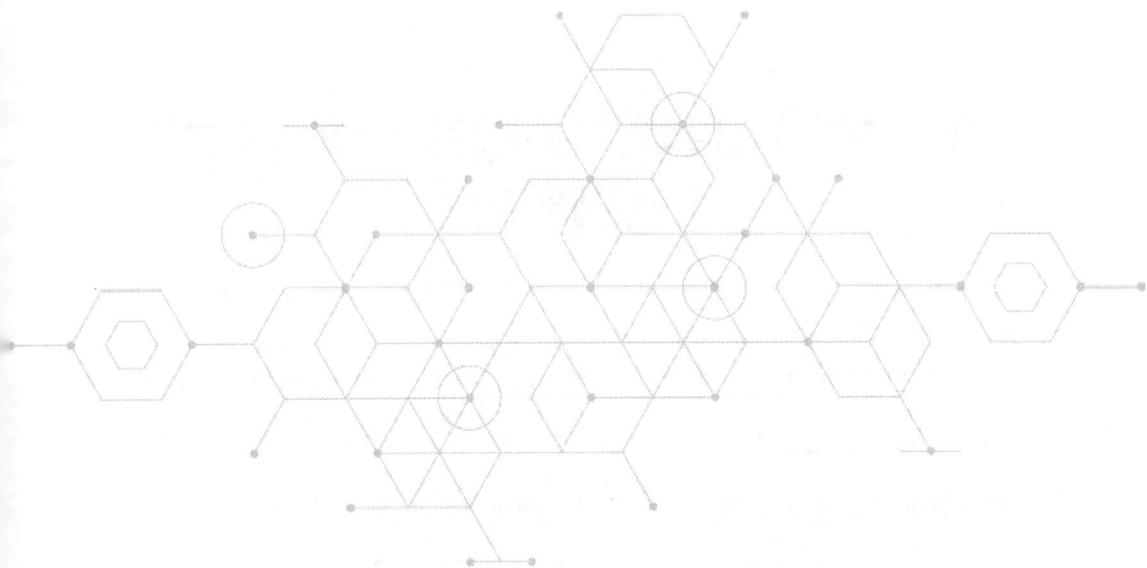

当前，以数字经济等为代表的新经济成为重要增长引擎，新一代信息技术集成创新，对技术技能人才的素质结构、能力结构、技能结构提出全新要求，高职教育改革升级势在必行。而高职教育人才培养改革，最终指向的还是学生综合素质和关键能力，这也因此成为本研究的核心议题。基于此，本章以国际主流职业教育模式对学生关键能力培养的标准和现状为依据进行调研设计，通过问卷调研与深度访谈，了解当前我国高职学生关键能力培养的现状，归纳现行培养模式特征及其问题，为进一步探索高职学生关键能力的有效培养模式提供必要前提。

第一节 高职学生关键能力培养现状的调研依据

职业教育的现代化进程中，德国双元制、北美能力本位教育（CBE）模式、澳大利亚职业教育与培训（TAFE）模式、英国现代学徒制模式成为四种国际主流模式，四种模式均注重学生关键能力的培养，对研究我国高职学生关键能力培养的现状具有较高的借鉴意义与价值，尤其是为我国高职学生关键能力培养现状的调研设计提供了参考依据。

一、德国双元制教育模式：校企合作培养关键能力

双元制是从传统的学徒制培训发展起来的一种职业教育模式，指的是学校和企业合作举办职业教育，校企双方包括双方的教师合力培养学生，目标在于同时利用学校和企业的条件和优势，培养兼具理论知识和专业技能，又具备一定的实际问题解决能力的技术技能人才的一种教育制度。[1]

（一）以健全的法律体系保障关键能力培养

德国双元制职业教育模式拥有健全完备的法律体系保障，德国联邦政府和各州政府在宏观层面通过制定《职业教育法》《职业培训条例》《学校教育制度规范》《框架教学计划》等法律法规文件，自上而下地对在职业教育中体现学生关键能力培养进行了约束和要求。比如，德国《职业教育法》第一条即规定，职业教育须以培养职业行动能力为宗旨。[2]职业行动能力概念即由关键能力概念经过研究发展、演化而来。在《职业培训条例》方面，由于不同的职业拥有各自的培训条例，故对关键能力培养的要求不一而足，但其强调除了受教育者作为学生要强化知识和技能学习以外，作为企业员工也要重视通过企业生产过程的实践学习培养自身的能力。[3]上述法例只是一个缩影，一整套健

---

[1] 徐锦佳，左强，陈平等．德国双元制职业教育的历史、现状、未来 [J]．现代职业教育，2018（21）：20-21.

[2] 凌红．德国关键能力培养理念及对职业教育的启示 [J]．中国成人教育，2011（12）：111-113.

[3] 杨娣．德国职业教育"关键能力"及其践行的研究 [D]．江苏：苏州大学，2017.

全系统的法律法规体系，有效保障了德国"双元制"教育模式对人才关键能力的培养得以实施。

（二）以深度的校企合作实施关键能力培养

"双元制"教育模式作为经典的校企协同育人的职业教育人才培养模式，在制定专业人才培养方案和教学计划时，除了符合法律法规对关键能力培养的要求外，更是符合行业企业标准来设定培养目标。因此，学生需掌握将社会通用能力和专业能力相结合的职业能力，既要具备独立执行工作任务的专业技能，又要具备尽责、诚信、自信、独立等人格能力，以及沟通协助等社会能力。[1] 在这样的培养目标设定之下，学校和企业签订学生的实习合同，校企双方作为人才培养的双主体，使得学生通过工学交替与结合的方式得到真实的职业情境和工作场域的实践培养。此外，在法律约束下，任课教师必须注重教学内容和方法的改革，从而有效地将问题解决、沟通协作等关键能力培养融入真实的工作情境，通过"能力本位"的课程和行动导向教学等方法培养学生。让学生从感官上体验职场和企业的环境、文化、氛围的同时，不断强化自身的关键能力，进而使得学生逐步具备跨岗位、跨领域的工作能力，胜任更多的职业岗位。[2] 因此，亦有人称德国校企合作的"双元制"教育模式同时也是专业技能与关键能力的"双元"

---

[1] 余望根. 德国职业教育关键能力的培养及对我国技工教育的启示 [J]. 就业与保障, 2020（20）：79-80.

[2] 楼飞燕，王曼，杜学文. 德国职业教育核心素养的探究及启示 [J]. 黑龙江高教研究, 2018（1）：55-58.

育人模式。

（三）以严谨的评价体系考核关键能力培养

在考核评价方面，"双元制"学生日常学习考核一般多就单个学习领域进行评价，由于强调对关键能力的培养，评价方式多采取过程性评价和定性评价，成绩构成分为自评与教师或带教师傅的评价，最终学生将得到一个专业成绩和一个非专业成绩，其中非专业成绩主要反映的就是学生关键能力的真实学习情况。[1] 除通过人才培养方案规定的各学习与培训领域的日常及课程考核外，学生还必须接受"第三方机构"的考核，即 IHK 全国职业资格考试。第三方考核成功实现了教考分离，增加了考核的客观公平性与工作实际性。考试内容分为面试和实操，分别以关键能力和专业技能为考查重点。[2] 可见，不论是人才培养考核评价的形式还是内容，都考验学生日常学习生活中关键能力的掌握情况。

二、北美 CBE 教育模式：情境学习培养关键能力

北美能力本位 CBE 教育模式，是一种具有全民教育和终身教育特色的以能力为本位的社区学院教育模式。该模式以能力培养为核心，以岗位要求为标准，旨在培养兼具专业技能与关键能力的技术技能人

---

[1] 熊伟，李玉鹰．关键能力培养：德国职教发展密钥 [J]．教育与职业，2010（03）：96-98.
[2] Pleshakova A.Y.Germany's Dual Education System: The Assessment by its Subjects[J]. Education and Science, 2019, 21(5):130-156.

才的职业教育模式，被美国、加拿大和欧洲等国家和地区广泛应用于职业人才培养，也成为全球认可的经典职业教育模式之一。

（一）以行业标准的课程突出关键能力培养

CBE 教育模式的课程开发体系始终坚持能力本位的目标和行业需求的导向，其开发程序 DACUM（Developing A Curriculum）不仅列出每门课程必须掌握的知识和能力点，而且还将人才市场需求与课程教学相联系，确保人才培养的规格符合行业企业的标准和需要。[1]DACUM 图表增强了关键能力培养的针对性和培养方式的灵活性。[2]社区学院等职业院校中的许多专业聘请了来自各行各业的专家作为企业顾问，他们代表业界评估学生的专业技能与关键能力的培养水平，以确保专业人才的培养规格符合社会需求。同时，依据最新的行业动态发展形势，就专业课程设置和教学内容做出及时和准确的调整。在课程内容方面，加拿大的职业学校针对学生实际需求以及职业岗位要求，在部分课程内容中并未安排系统的专业知识，而是培养学生面对生活和社会的协调能力等，这样的关键能力培养课程符合市场需求，有助于学生就业，是加拿大职业教育课程设置特色之一。[3]

[1]Pierre C. The Introduction of Competence-based Education into the Compulsory School Curriculum in France(2002-2017): hybridity and Polysemy as Conditions for Change[J]. Comparative Education, 2021, 57(1):35-50.
[2] 石伟平. 能力本位职业教育的历史与国际背景研究 [J]. 外国教育资料, 1998（3）：19-24.
[3] 尹江艳,张国华. 加拿大职业教育的"能力本位"及对中国职业核心能力培养的启示 [J]. 科技经济市场, 2014（10）：195-196.

（二）以能力本位的教学确保关键能力培养

理念是行动的先导，以能力本位为理念的课堂教学强调了"在做中学会做"，注重通过实践环节培养学生自学和自我评价等实际能力，学习专业技术和关键能力技巧，注重学生能力的考核与评价。[1] 在加拿大职业院校的课堂上，学生并非一味被动地听课，而是有大量的机会进行实践与自学，教师也不只是讲授知识，而是通过情境的创设，引导和鼓励学生自学和动手操作，以启发学生的创新意识和想象力。因此，学生不但在知识和技能的学习上有较好的表现，更重要的是，培养出了独立思维、善于创新、乐于实践的关键能力。[2] 此外，教师还经常会在课堂上发起一些议题的辩论和讨论，抑或让学生就某一专题进行演讲表达，学生往往热衷于这样的情境式课堂，并通过讨论、辩论或演讲的准备和展现过程，锻炼其主动思考、逻辑思维、语言表达、沟通交流、自信心等多种关键能力。[3]

（三）以真实情境的实践完善关键能力的培养

通过校企合作，为学生提供真实职业情境的实践机会，是 CBE 模式"以学生为中心"的特点之一。通过实践，学生一方面可利用此机

---

[1] 李春梅，杨阳，加拿大 CBE 职教模式及对我国职业教育的启示 [J]．河北职业技术学院学报，2007（3）：10．

[2] Schaap H., Brujin E.D. & Van der Schaaf M.F. et.al. Students'Personal Professional Theories in Competence-based Vocational Education: the Construction of Personal Knowledge through Internalisation and Socialisation[J]. Journal of Vocational Education and Training, 2009, 61(4):481-494.

[3] Mulder M. Competence-based Education and Training–About Frequently Asked Questions[J]. The Journal of Agricultural Education and Extension, 2012, 18(4):319-327.

会将课堂所学的理论知识与技能应用于实践，另一方面，可在工作经验积累的过程中培养和提升自我管理能力、责任意识、安全意识、沟通协调能力等关键能力。[1] 加拿大联邦政府以及各学校对学生的实践实习期间的能力培养有严格的要求和考核标准。如阿省规定，所有职业学校与合作企业在学生实习期间需要教授学生：如何与人相处交流，如何善于合作交往，如何确立做人准则，如何尊重理解他人，如何与商家打交道等，从市场和企业对人才的需求来看，这些基于真实情境的关键能力培养不但无形中拉近了学校与企业的距离，而且使学生在短时间内为企业带来直接效益。[2]

三、澳大利亚 TAFE 模式：开放办学培养关键能力

在澳大利亚，负责正规职业教育的机构称为"技术和继续教育学院"（Technical and Further Education），简称 TAFE，是澳大利亚建立在终身教育理论基础上的特色鲜明的职业教育制度，以其终身性、规范性及开放性等鲜明特色实现了持续发展，并成为全球经典的职业教育发展模式。

---

[1] 罗荣丰. 职业教育发达国家的关键能力培养及策略的启迪 [J]. 职业教育研究，2009，11(11)：156-157.
[2] Seezink A., Poell R.F. & Kirschner P.A. Teachers' Individual Action Theories about Competence-based Education: the Value of the Cognitvie Apprenticeship Model[J]. Journal of Vocational Education and Training, 2009, 61(2):203-215.

（一）以权威的培训包模式绑定关键能力培养

培训包由澳大利亚国家行业技能委员会（Nationally Industry Skills Councils）统一制定颁布，主要包含国家认证部分，以及非国家认证部分。其中国家认证的能力标准中的就业能力就是关键能力，它则是各个专业不同的培训包所必须培训及评价的内容。[1]由于培训包不仅对于本职业或岗位人员的关键能力做了标准要求，也对其应具备的相关知识和技能做了要求，因此 TAFE 学院人才培养的课程开发、教学开展、考核评价都基于培训包展开。课程开发方面，TAFE 没有设置独立的课程专门就关键能力进行培养，而是在具体的专业课程中，通过教师在培训包的标准框架下设计和实施教学方案，从而确保关键能力的培养必须融入课程的教学目标之中并得以落实。在教学方面，关键能力的培养大多通过实践教学的环节来完成，TAFE 强调"做中学"，因此，关键能力的培养融入了教学全过程。在考核方面，澳大利亚的形式有别于传统，它将关键能力的评价融入技能鉴定考核，技能鉴定包括口试、面谈、观察、自评、第三方评价、录像等 10 余种形式，根据学生在鉴定任务完成过程中的表现，全面评价学生的关键能力。[2]培训包模式既在官方层面确立了关键能力培养的地位，又能够通过课

[1]Southern M. Working with a Competency-based Training Package: a Contextual Investigation from the Perspective of a Group of TAFE Teachers[J]. International Journal of Training Research, 2015, 13(3):194-213.
[2]崔景茂. 澳大利亚与中国职业关键能力培养比较研究[J]. 职业技术教育,2013,34(7):88-93.

程、教学、评价等不同载体紧贴行业背景落实关键能力的培养，使学生直接明了地根据自身需要和工作要求，融入工作场所中学习并发现关键能力的价值。

（二）以各方的共同努力达成关键能力培养

关键能力的培养由学生、TAFE 学院与合作企业的共同努力达成。作为 TAFE 学生，首先他们充分认识和理解关键能力的必要性，尤其是对其职业发展的重要性。TAFE 学生善于主动学习，乐于积极沟通，在学习中，尤其是实践学习中，他们喜欢提问，也善于倾听他人见解，他们积极寻求导师的帮助，也乐于与其他学生建立良好的关系和进行团队合作。由于他们不怕犯错，积极进取，能力提升迅速。[1]TAFE 教师在关键能力培养方面作用明显，不但可以帮助学生提升专业技能，而且能以个人经验传授学生更广泛的生活技能。在关键能力培养中，教师不但要反复强调关键能力的重要性，让学生了解关键能力的内涵与价值，同时还要以培训包的标准开发出具体的课程内容以锻炼学生的关键能力。[2]合作企业面向学生开放工作场所是学生关键能力的重要来源之一，企业教师通过相应的学习、实践或工作情境设置，将关键能力培养转移至工作场域中，从而使学生更直观地认识到关键能力与职业、职场的关联性。

---

[1] 任梦, 蔡晓棠, 槐福乐. 澳大利亚TAFE发展历程、特点及启示 [J]. 职教通讯, 2021 (1): 122-127.

[2] Martin T. Policy to Practice: TAFE Teachers' Unofficial Code of Professional Conduct – Insights from Western Australia[J]. International Journal of Training Research, 2012, 10(2):118-131.

（三）以有效的教学方法确保关键能力培养

如前所述，由于 TAFE 没有开设专门的关键能力培养课程，因此，关键能力的培养大多依靠 TAFE 等机构通过的专业课程和实践教学来实现。因此，在理论与实践教学中 TAFE 都特别注重关键能力的培养方法运用。[1]第一，责任法，通过鼓励学生积极主动参与学习以培养关键能力，让学生通过增强学习的责任感，更主动更独立地进行学习与工作，提升技能和能力，教师更多时候都是作为监管者，督促学生自主学习和自我管理；第二，体验法，通过给学生创设真实或模拟的职业情境，使学生学会应该怎么做，教师通过设计角色扮演或团队讨论的形式，让学生解决实际问题，或通过项目和案例来培养学生在工作中的问题解决能力与工具运用能力；第三，合作法，让学生通过经验分享等形式达到相互学习的目的，在过程中以团队项目或分组讨论形式让学生充分参与团队交流与合作，最后以书面报告或演讲的形式完成互动，考验学生的文字或口头表达能力；第四，反思法，这一方法鼓励学生在学习过程中不断反思自己的学习目标，有助于批判性思维的形成，老师多采用头脑风暴等形式促使学生反思不足，从而不断创新提升。关键能力的培养落实到具体的教学方法上，还是得益于 TAFE 体系整体的开放式教育环境。

---

[1] 莫奇 . 澳大利亚职业教育中通用技能的发展及其培养研究 [D]. 天津：天津大学，2017.

四、英国现代学徒制教育模式：工作场域培养关键能力

学徒制在英国是一种历史悠久的职业教育人才培养模式，以"师带徒"和"做中学"为主要特点。英国在培养训练技术技能人才方面一直沿用此模式，并在此基础上探索出学校与企业合作的职业教育人才培养模式，即"现代学徒制"。

（一）以科学的组织架构完善关键能力的标准

在英国，关键能力项目的开发、组织、培养等工作是由政府部门牵头，组织协调相关的证书机构、培训机构、行业组织、企业代表等共同参与完成，参与各方在其中扮演着不同的角色。政府部门的代表是资格与课程委员会，作为关键能力培养的领导统筹者，负责关键能力国家标准的制定。具备关键能力认定资质的证书机构属于商业机构，具体负责关键能力的考核、认证与鉴定。培训机构包括社会与企业的培训中心，以及部分产业大学与学院，它们主要负责关键能力的培训。行业组织与企业代表等，主要作用是提供最新最前沿的行业产业信息，为政府调整关键能力标准提供依据，同时，有责任向业界宣传雇员关键能力的重要性和必要性。[1] 可见，国家主导、行业参与、院校实施的一整套自上而下的组织架构和明确的分工，保障了关键能力的开发、完善以及培养的科学性与时效性。

---

[1] 余慧娟．中英关键能力培养现状的分析与比较 [J]．职教通讯，2014（22）：30-35．

（二）以多元的培训途径落实关键能力培养

英国现代学徒制对关键能力的培养最主要的途径是依托国家职业资格证书，其中关键能力单元包含必修与选修的关键能力，学生在考取每个级别的国家职业资格证书时，除了完成指定要求的职业技能单元，还必须修完一定数量的关键能力单元，这样的安排，使得学生在强化本证书基础知识和技能的同时，也具备在广泛职业领域内职业转换与迁移的能力。在英国职业教育课程中，也融入了关键能力的培养内容，教师在必修课与选择性职业单元中灵活运用不同的教学方法以达到关键能力的培养目标。在工作场域中，带教师傅将关键能力融入整体教学计划，在实际或模拟的工作任务中设置情境，让学生通过实操与思考培养关键能力，同时通过现场指导与示范让学生得以耳濡目染。[1] 此外，英国还有少数培训机构针对部分关键能力自主研发课程并开展培训，抑或提供网络资源等远程教学形式让学生自主规划关键能力的学习。[2] 多元的途径与手段，使得学徒制学生关键能力的培养得以充分落实。

（三）以系统的考核评价认证关键能力水平

"现代学徒制"关键能力培养的评价有其自身的原则、方法和步骤。在评分标准、信息、方法公开化的基础上保障每名学生得到公平、

---

[1] 高宏．英国职业教育中的核心技能及其培养研究 [D]．河北：河北大学，2004.
[2] 王慧．现代学徒制中关键能力的培养——借鉴英国职教经验 [J]．现代职业教育，2021（31）：144-145.

公正的机会参与关键能力的考核，学生通过自我评价、内部评价与外部评价相结合，最终得到考核评价的结果。自我评价顾名思义即学生对自己关键能力的水平进行评估并提供佐证材料。内部评价通常由教师或企业带教师傅，针对学生在日常学习实践等各类学习活动中的过程表现及其相关的情况所表现出的关键能力进行评估和反馈。外部评价则由负责考核认证的证书机构评估人员以实际工作、任务作业、案例分析等形式对学生进行测评和打分。[1] 英国"现代学徒制"多维度、系统化的考核评价方式使得学生关键能力的水平得到了较准确的评价和认证，在一定程度上解决了关键能力难以精准评价的难题。

五、国际主流职教模式为我国高职学生关键能力培养现状调研提供依据

通过四种典型的国际主流职业教育模式对学生关键能力的培养形式分析可见，各模式在国家层面均十分重视学生关键能力的培养，均由政府主导学生关键能力的开发与培养工作，并出台具体的法规与政策予以支持。此外，其关键能力培养模式最大的特点是始终将"校企合作"贯穿关键能力培养的整个过程，包括培养目标的设定、课程与教学模式的确立、考核评价的方式等，通过职业情境化的教育环境设置，促进学生关键能力的培养。

---

[1] 吉小炜. 英国职业教育倡导的核心能力及其实践过程 [J]. 中国成人教育, 2010 (13)：122-123.

首先，国家层面均主导了"职业教育学生关键能力"的开发与培养。德国将"关键能力"写入《职业教育法》；澳大利亚将关键能力培养融入 TAFE 培训包体系；英国则将关键能力的概念和内容融入国家职业资格证书框架。

其次，院校层面均构建了基于关键能力培养的校企协同育人课程体系与教学模式。上述各国或地区在确立关键能力指标体系的同时也确立了相应的课程标准，要求各类职业院校根据课程标准，基于各自校企合作情况，构建课程体系，将关键能力设为课程教学目标，融入课堂理论教学与企业实践教学，通过真实职业情境的设置，以真实行业标准和岗位要求培养学生的专业技能和关键能力。

最后，建立基于关键能力培养的人才培养质量评价体系。为了对职业教育学生关键能力培养质量进行更好的评价，各国纷纷建立基于关键能力培养的人才培养质量评价体系，通过采取过程性评价等不同的考核评价方式，由学校教师和企业导师共同承担人才考核与评价的责任，将关键能力视为人才培养的重中之重。

本研究中，关键能力主要是指高等职业技术学院学生能够适应和胜任职业岗位及其不可预见的变化，从而取得良好职业生涯发展所应具备的与专业技能不直接相关的能力。该能力强调了各行各业普遍应具有的跨专业、跨职业、跨领域的社会能力和方法能力，而非某一特定职业、岗位或某一具体学科、专业所具备的理论知识与实践技能。关键能力是个体在职业生涯中持续学习和发展的基础，使学生面临就业、晋升、转岗等多样性职业选择时具有更强的竞争力和胜任力，是有助于适应社会变化和个人终身发展的一种能力。这种能力具有一定的普适性、可迁移性、持久性、价值性、难以模仿性和整合性。

德国将关键能力分为专业能力、方法能力、社会能力、自我能力；[1]美国则将关键能力归纳为五项能力和三项素质，包括合理利用和支配资源能力、理解系统复杂关系能力、团队协作与沟通能力、技术选择和技能实施能力、信息获取与处理能力以及基本技能、思维能力和个体品质；[2]澳大利亚制定的关键能力指标包括信息组织处理能力、思想交流能力、活动执行与管理能力、人际交往与团队协作能力、数学应用能力、问题处理能力、科技学习与应用能力、思维能力和文化理解能力，以及自我管理、科学价值取向、忠诚、进取、敬业等与人品和价值观相关的能力指标；[3]英国的关键能力结构框架包括数字运用能力、沟通交流能力、信息技术运用能力、团队合作能力、问题解决能力、自我学习和绩效提升能力。[4]

可见，职业教育发达国家对关键能力结构和标准的制定虽各有侧

[1]庞世俊．美、英、德、澳四国综合职业能力内涵的比较 [J]．中国职业技术教育，2009(4)：67-69.

[2]沈潇文．基于能力框架的HRST能力建设研究——以ICT专业为例 [D]．浙江：浙江大学，2009.

[3]Australian National Training Authority. Guidelines for Course Development, A guide to developing VET course for accreditation under the Australian Quality Training Framework, 2002:4.

[4]黄日强，黄永明．核心技能——英国职业教育的新热点 [J]．比较教育研究，2004 (2)：82-85.

重，但大同小异，主要可归纳为以语言和一般信息技术为代表的个人基础能力；以团队合作与交流沟通为代表的人际交往与协作能力；以问题解决与理性思维为代表的理性思考与判断能力；以自我管理与忠诚敬业为代表的个人品格能力。

鉴于本研究将不准备就关键能力结构和指标体系展开新的构建，因此，本研究在综合借鉴职业教育发达国家现有研究对职业人才关键能力结构和标准制定的共性基础上，将本研究所指的关键能力内容和结构概括为四项能力要素，用于本研究中后续的调研问卷和访谈设计。第一，基础能力，指一般的办公能力和普通技术使用能力；第二，人际交往与团队合作能力，指服务、沟通、小组讨论与合作等能力；第三，理性思考与判断能力，指活动策划与组织、创意创新、信息搜集与分析、问题解决等能力；第四，个人品格能力，指诚信、爱岗、自信、敬业、自我约束等能力。上述关键能力结构的划分体现了"复合型"和"职业化"的特点，与本研究针对高职学生的关键能力培养较为匹配。

第二节 高职学生关键能力
培养现状的调研设计

随着我国职业教育的不断发展，在追赶国际先进职业教育国家的过程中，高职学生关键能力培养已逐渐成为我国新时代职业教育持续发展的重要实践议题。为了解当前我国高职学生关键能力培养的现状，本研究综合运用问卷调研、深度访谈等方式进行了调研，本节就调研设计作出陈述。

一、问卷调研

（一）问卷设计

为全面了解实践中关于高职学生核心能力培养路径的真实情况，本研究通过问卷调研扩大样本数量与覆盖面。该问卷基于相关理论的研究成果及分析整理的量表之上，名为《与你相关的"关键能力"培养，你知多少？》调查问卷。问卷由 4 个部分组成。其中：

1. 基本信息，包括受访者性别、年龄、专业、职位等方面。

2. 关键能力培养满意度，分为 4 个一级指标，分别是对"基础能力"（K1）、"人际交往与团队合作能力"（K2）、"理性思考与判断能力"

（K3）、"个人品格能力"（K4）的满意度。每个指标又从学校要求（U）、企业需求（E）与个人未来胜任力（C）3个维度进行调研。

3. "关键能力"培养模式，分为主场（P1）、主体（P2）、核心环节（P3）3个二级指标。

4. 关键能力培养影响因素，分为学校、教师、学生的理解程度、重视程度。

对于校企合作培养高职生"关键能力"的调查，采取逻辑递进的方式进行设计：是否有校企合作育人的探索——是，方式有哪些——哪些方式最有效——存在哪些问题，推进研究的深入。

其中，对于认知度和满意度的调查，问卷采用李克特5级计分制，用数值1至5依次对问题的选项进行赋值，1代表"非常符合（非常满意）"，2代表"符合（满意）"，3代表"一般"，4代表"不符合（不满意）"，5代表"非常不符合（非常不满意）"。

（二）调研实施

利用问卷星平台，通过微信对受访对象进行问卷调查，对上海地区高职院校管理者与教师、用人企业和在校学生等相关人员采用分层随机抽样的方法选取研究对象。首先，将调研对象分为在校学生、用人单位与协同育人的管理者3个类别，其次，每个类别按专业细分为5种，抽取了上海5所高职院校、10家企业、10家协同育人单位的相关人员，以保证研究对象具有代表性。发放问卷700份，共回收学生问卷438份、用人单位问卷120份、协同育人的管理者（包括学校专业负责人和用人单位负责人）问卷 80 份，回收率 91.14%，其中有效问卷 608 份，有效率 86.86%。数据统计分析数据分析软件 SPSS 21.0。

从性别来看，男性 48%，女性 52%；年龄分布，18 至 22 岁（大学在读）占比 61%，23 至 28 岁（入职 5 年以内），占比 13%，29 至 44 岁（入职 6 至 15 年），占比 15%，45 岁以上，占比 11%。专业方面，酒店管理、土木建筑、装备制造、电子信息、农林牧渔占前 5 位。有效问卷中，学生占比 62.48%，教师、管理者、企业人员各约占 10%。调查对象基本符合高职院校专业与行业整体分布情况，没有极端偏差，符合调查要求。

（三）信效度检验

1. 信度检验：对回收的全部有效问卷进行了内部一致性检验，Cronbach α 值为 0.733，符合测量量表信度要求。

2. 内容效度检验：邀请 5 名高职院校高级职称教师、2 名职教高级技师、2 名企业负责人对量表进行专家效度评估，删除不适切题项、优化指标后形成量表初稿。后选择 10 名学生、5 名教师、3 名企业管理者进行试测，确保量表信效度可靠后编制正式问卷。

二、访谈设计

为验证问卷调研的结果，分析数据背后的原因，为高职学生关键能力的内涵研究提供专家访谈的基础数据，本研究还设计了深度访谈（访谈提纲详见附录二），并结合已有文献、专著中的相关数据进行分析。

深度访谈共选取了 3 所上海的高职院校管理者、5 家协同育人的企

业负责人或企业教师，共进行 8 次深度访谈，通过录音转文字方式，获

得 8 份文本记录。

表 2-1 访谈对象信息表

编号	性别	年龄	学历	专业／行业	职务
CI-01	男	70后	硕士	计算机信息与网络技术专业	高职二级学院管理者
CI-02	女	70后	硕士	旅游、酒店管理，教育管理	高职院校管理者
CI-03	男	70后	硕士	计算机科学与技术专业	应用型本科高职学院管理者
EI-01	男	70后	本科	餐饮、酒店、养老护理、航空服务等现代服务业	校企合作负责人
EI-02	男	70后	硕士	航空服务、酒店等现代服务业；有丰富教育管理经验	校企合作负责人
EI-03	男	80后	本科	计算机信息与网络技术、软件开发行业	校企合作负责人
EI-04	男	70后	本科	旅游、餐饮服务业	用人企业代表
EI-05	女	80后	硕士	空中乘务专业	专业负责人

通过半开放半结构性的访谈调研，获得了当前实践下高职学生关键能力培养现状的整体情况，包括对高职学生关键能力的认知、培养的满意度、培养主体、主要培养路径、现模式呈现的特征等。

本次访谈编码方法：通过指引式编码路径、用描述性代码对访谈文本进行编码，根据查找的相关文献建立理论框架，并依此初步编制编码表，随后在编码过程中对编码表逐步完善。

　　信度检验：在编码时，由 2 名编码员分别对某样本的文本进行编码，通过公式计算"观察到一致比例"，结果在 0.8～1，证明 2 名编码员信度良好，这是通过霍尔斯蒂系数（Holsti）对编码员之间信度的检验。接着对编码表的数据进行描述性统计，呈现频率与百分比较高的类目，并对这些类目的访谈原文进行归纳和分析，同时引用原文作为案例佐证。对访谈实录文字稿进行整理之后，得到了共计 10.8 万字的访谈文本内容。随后采用描述性代码对其进行了内容分析，经由指引式编码路径，归纳出 7 个一级维度和 14 个二级维度，运用霍尔斯蒂系数计算初始的一级维度和二级维度的编码员间信度分别为 0.638 和 0.522，随着一级类目和二级类目的逐渐完善以及编码员的熟练程度提高，最终的一、二级类目的信度分别达到了 0.958 和 0.936，信度良好。

第三节 调研情况与结果分析

通过上一节问卷调研和深度访谈调研，本节将综合运用定量定性相结合的方式对调研情况做出阐释，重点分析目前对高职学生关键能力的培养是否满足需求，归纳高职学生关键能力培养现行模式所呈现的主要特征，并总结高职学生关键能力培养的影响因素。

一、高职学生关键能力培养现状满意度

用人单位、学生个人与职业院校三方主体，对于目前高职学生"关键能力"培养现状如何评价？本研究从基础能力、人际交往与团队合作能力、理性思考与判断能力、个人品格能力4个板块细化调研，并从是否达到学校人才培养目标、是否达到企业用人标准、能否为未来发展奠定良好基础以及整体是否满意4个层次进行调查，并进行了相关性分析。

调研结果表明，针对整体满意度，在高职院校校方管理者看来，学生的基础能力、理性思考与判断能力、个人品格能力3项在达到学校人才培养目标和企事业单位用人标准方面均较为满意，但为未来发展奠定良好基础方面，仅有85.71%的受访者表示满意。

用人企业的受访者对当前高职学生各项关键能力要素的满意度均

低于校方管理者，尤其是学生的关键能力满足企业用人标准方面的满意度相对较低：对学生的个人品格能力满意率为70%，基本能力满意率为60%，对高职学生的人际交往与团队协作能力、理性思考与判断能力两项满意度更低，仅为50%。六成受访者认为当下高职学生的理性思考与判断能力无法为未来发展奠定良好的基础。

高职在校生对自己当前关键能力培养的满意度评价，与用人单位之间存在反差，尤其是人际交往与团队合作能力、理性思考与判断能力两项。79%的受访学生表示，人际交往与团队合作能力达到了企业标准，但企业受访者对该项表示满意的仅为50%。在理性思考与判断方面，88.36%的师生认为能够达到未来发展需求，同时，感到整体满意的也达到了83.79%；相比之下，企业受访者的满意度仅为40%和50%。

（一）基础能力

如图2-1所示，学校、企业、学生三方对"基础能力"，即一般的办公能力和普通技术使用能力满意度呈现差异。学校呈现出最高的满意度，校方认为学校较好地完成了人才基础能力的培养工作。企业和学生个人对此的满意度则相对低了不少，特别集中在总体满意与否以及是否达到企业的用人标准方面，企业和学生都觉得当前关键能力的培养水平与理想状态相比尚存在较大差距。

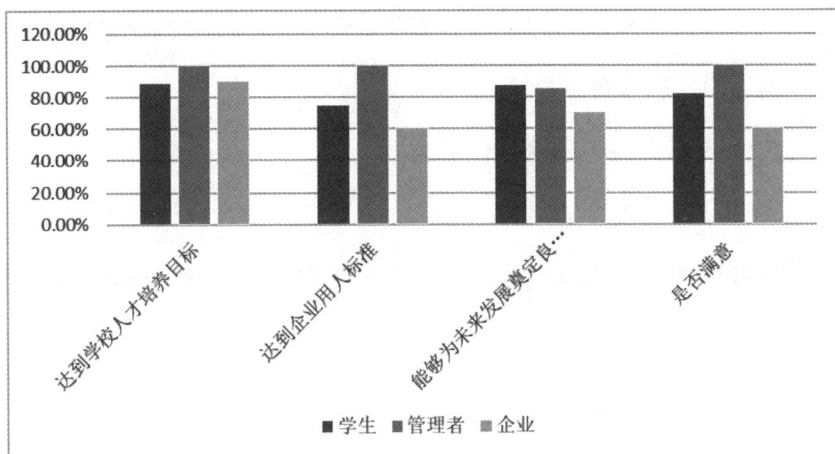

图 2-1 对高职生的"关键能力"中"基础能力"培养现状的满意度调查情况

　　在深度访谈中，由于用人单位对高职学生的一般能力和普通技术运用能力的实际要求并不高，其期望值与学生的实际能力基本符合，故而对该项能力培养的满意度相对普遍较高。但对于基础能力的含义，受访者表达出了更多元的理解。

　　学校方受访者 CI-02 表示，高职院校学生外语能力是一个普遍性的硬伤，但是外语技能是酒店旅游行业的一个关键能力，且是普遍比较欠缺的。可见校方认为，随着行业要求提高，外语运用能力也应逐步纳入学生关键能力范畴进行有针对性的培养。

　　企业方受访者 EI-03 认为，除了岗位技能之外，学生应该具备一些企业或者岗位上需要的辅助技能，无须十分精通，比如，Excel 处理表格，不需要会使用很多公式或者函数,但是应掌握简单功能。这个能力不重要,

高职学生关键能力培养的模式变革研究

但是它很必要，不能没有，可能做得慢一点，这还是偏向于功能性的基本能力。可见，企业方认为学生基本的计算机使用能力是关键能力中的一项基本能力，应该得到系统培养。

（二）人际交往与团队合作能力

从图 2-2 的问卷统计结果来看，学校管理者对人际交往与团队合作能力培养现状的总体满意度较高，学生在各方面的满意度则均略逊于学校，而企业对该部分的满意度却大相径庭，特别是在达到企业用人标准方面，企业满意度较低。

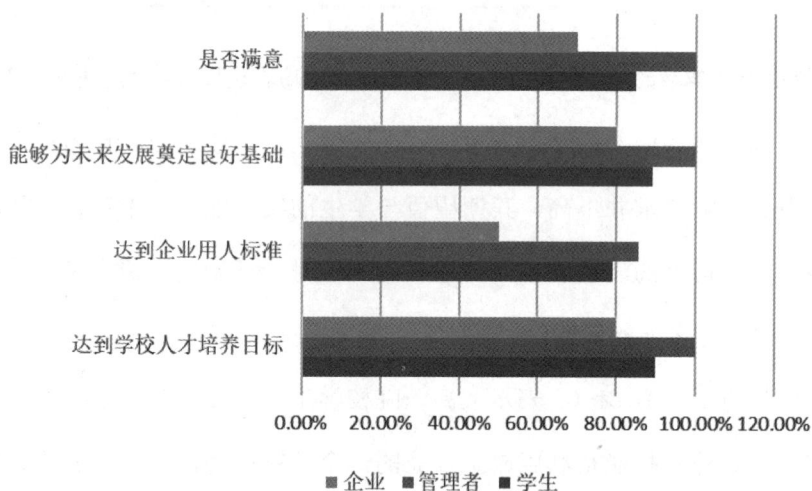

图 2-2 对高职生的"关键能力"中"人际交往与团队合作能力"
培养现状满意度调查

通过企业代表的访谈，其结果也印证了问卷调查结果：

校企合作企业方管理者 EI-02 表示，学生欠缺的关键能力中，反映其软实力的沟通、合作能力，是现在高职学生普遍比较欠缺的。用人企业代表EI-04同样认为，目前高职学生最欠缺的关键能力是新环境的适应能力和人际交往能力。如学生在企业实践过程中如何根据企业实际调整自己以适应企业文化，适应新的团队氛围，而不是一味地抱怨实际工作与自身理想不一致，与自己的预期有出入而消极怠工。该受访者还尝试分析导致高职学生人际交往与团队合作能力欠缺的原因，他认为，主要还是与社会大环境有关，当代学生都是有想法、有个性的一代，也是比较以自我为中心的一代，沟通能力和适应能力较弱，对自己不满意或者不顺心的事情就不愿迁就，从而导致所谓的个性较强，集体观念较为淡薄。

综合这部分问卷与访谈结果可见，从企业的角度看，当前学校整体上对当代学生的特质缺乏准确把握，在人际交往与团队合作方面的能力培养远远低于行业标准和企业要求。而学校本身尚未意识到这个问题。

（三）理性思考与判断能力

在理性思考与判断能力方面，从问卷结果（图2-3）看，学校方一如既往地满意自己对学生的培养，但学生和企业表现出了不同程度的不满意，特别是企业，依旧认为学校的培养既没有达到企业用人的标准，也没有为学生的未来发展奠定良好的基础，故而总体的满意度也不高。

高职学生关键能力培养的模式变革研究

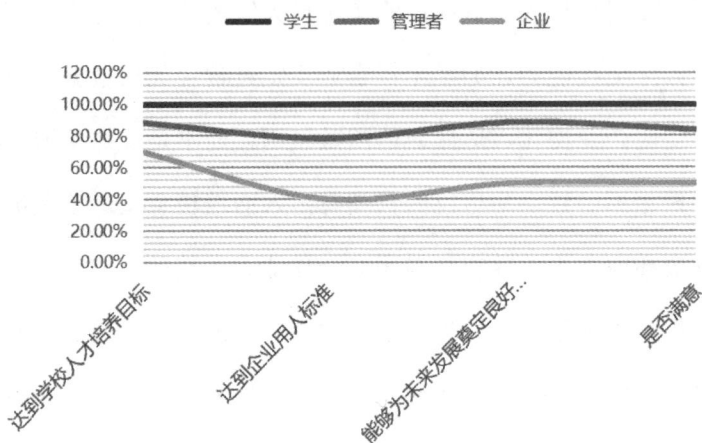

图 2-3 对高职生的"关键能力"中"理性思考与判断能力"
培养现状的满意度调查

校企合作校方管理者 CI-01 强调，目前高职学生欠缺的关键能力，其实是学习能力和解决问题的能力。

校企合作企业方负责人 EI-03 表示，传统的高职教育以让学生理解和记忆相关概念、步骤、流程等为主，并没有着力培养学生的思维能力和创新意识。面对复杂综合性的新问题，学生并不能对已有知识和技能进行有效迁移，创造性地判断和解决问题。他就高职专业目录中"会计"改变为"大数据与会计"举例说明，随着信息化、大数据的应用，传统的会计业务已经逐渐被计算机取代，如果学生没有能力与时俱进地学习运用信息技术，掌握现代财务管理知识和技能，将很快被社会淘汰。

从校企合作的校方管理者和企业方管理者不同的视角切入，也得到了相同的答案，即高职院校在传统的学生培养过程中对理性思考与判断能力的培养呈现明显不足，致使学生在创新、问题解决、知识迁移等方面的能力明显无法达到专业发展要求以及企业与行业越来越高的用人标准。

（四）个人品格能力

个人品格能力方面的调研，与之前各项呈现一致性。依旧是学校对自身培养感到满意，而用人企业对学校在学生这一方面能力的培养相对最不满意。

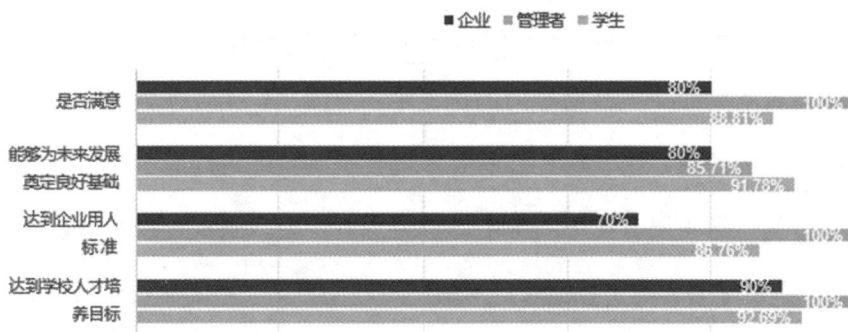

图 2-4 对高职生的"关键能力"中"个人品格能力"培养现状的满意度调查

校企合作企业方管理者 EI-01 提到，个人品格能力是提高高职学生竞争力的根本。但现实是学生一直以来缺乏学习自信心、对职业教育的正确认识和职业自豪感。高职教育只能努力让学生认识到技能仅仅是一个工具，掌握技能的人更重要，但确实很难改变长久以来学生养成的习惯和形成的观念。校企合作企业方管理者 EI-02 进一步强调，必须告诉学生："你所学的专业对应的行业可能不是你想象的那么光鲜，它也有很苦很累的地方，你要做好心理准备。"个人的敬业、吃苦耐劳的精神等品质和能力，显得十分重要。显然，学生之所以对自身缺乏自信，对职业教育存在偏见，是因为长期以来在国家现行教育体制下，高职学生一直被打上"差生"的烙印。用人企业代表 EI-04 表示，现在国家大力提倡"工匠精神"，就是针对高职学生职业精神与个人素养等方面的欠缺和不足。企业希望聘用的高职学生除了有一技之长，还能够持续发展，对行业热爱、对工作认可、对职业有自豪感。可见，企业虽对高职教育在学生个人品格能力方面的培养并不满意，但也理解个人品格能力不是朝夕之间形成的，因此唯有对高职教育提出些许期望。

从针对学生个人品格能力的访谈中不难看出，企业作为用人单位更多的是一种无奈，由于现行高职人才选拔机制，造成高职学生生源质量普遍较低，学生要么在中高考中属于失意者，要么长期以来被冠以不会"读书"的名号，学生普遍对自身缺乏足够的自信，意志品质较为薄弱，更不要谈吃苦耐劳的职业精神了。而这些品质的缺失高职教育不能说是原罪，且仅凭高职教育短短 3 年时间无法带给学生翻天覆地的变化，因此，早日从体制机制的源头上改变这一现状，让广大适龄学生正确认识高职教育，同时让更适合的生源进入高职教育，从而通过高职阶段的教育进一步激发学生信心，塑造学生品行，才有可能使个人品格能力培养进一步符合学生对自身以及企业对人才的要求。

二、高职学生关键能力培养的学校模式

通过调研情况的呈现与分析，可知整体上高职学生关键能力的培养现状并不令人满意，尤其是作为用人单位的企业，其不满的表态显而易见。

下面通过问卷统计数据和访谈情况进一步归纳概括出高职学生关键能力培养现行模式的主要特征。

（一）高职学生关键能力培养的责任主体

如图 2-5 所示，学生、企业和学校管理者对高职学生关键能力培养的主战场给出了不同的答案。选择学校、企业和校企协同培养其中一方作为主战场的学生比例基本持平。而企业受访者中，70% 选择学校应该成为培养高职学生关键能力的主战场；剩余 30% 选择校企合作。在参与校企合作的校方管理者中，42% 认为学校或者校企合作应该是培养高职学生关键能力的主场，把培养学生关键能力的主要任务全部推给企业等用人单位的仅占 14%。

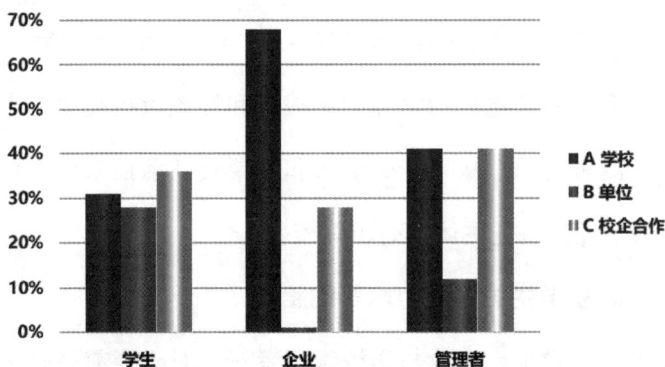

图 2-5 高职学生关键能力培养的主战场

对于学校、学生自身、用人单位、社会职业技能培训机构和其他等多元主体，谁该担负起培养高职生"关键能力"的职责，学生、企业与管理者三方认知有同有异。如图 2-6 所示，在学生看来，在培养自身关键能力方面，学校、自身、用人单位和社会培训机构地位的重要性依次递减。受调查的校方认为，关键能力的培养第一责任人应是学生自身，其次是学校。企业受调查者将学校列为培养高职学生关键能力的首要承担者，其次是学生自身，最后才是作为用人单位的企业。

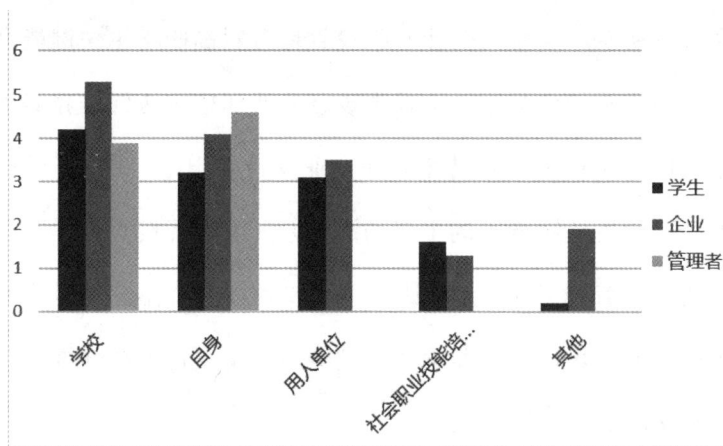

图2-6 谁该担负起培养高职学生"关键能力"的职责

综合高职学生关键能力培养的主战场和谁该负担高职学生关键能力培养的职责两个问题，从培养的场所和主要责任承担来看，目前高职学生关键能力培养的责任主体为高职院校。

（二）高职学生关键能力培养的路径

整体而言，学生、企业与学校管理者三方对于当前高职学生关键能力的培养路径满意度不高，其中企业受调查者的满意度相对最低。如图2-7所示，仅有不到1/4的学生表示"非常满意"，企业与学校的受调查者中无人表示非常满意。受调查的学校管理者中，85.71%表示对当前的培养路径满意度"一般"。企业受调查者中，一半表示"一般"，选择"不满意"的占30%，还有20%表示"非常不满意"。

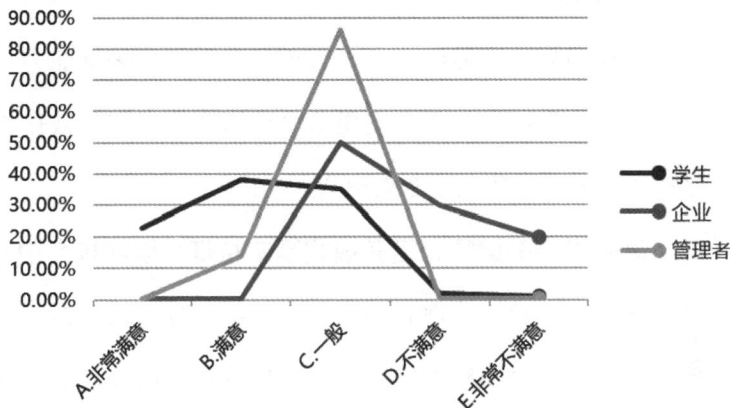

图 2-7 高职学生"关键能力"培养现有路径的满意度

调研显示，如图 2-8，学生、企业、学校管理者三方对于关键能力现行培养模式核心环节的问题上，总体认知一致，仅在细节上存在一定的差异。首先，三者均把"校园文化熏陶"视为培养高职学生关键能力中最核心的环节，都将"步入职场训练"放在末位。但学生认为"课程教学讲授""走入企业感悟"和"实习实训练习"同样重要。而在校方管理者和企业看来，"实习实训练习"在培养学生关键能力的过程中仅次于"校园文化熏陶"，再次是"课程教学讲授"和"走入企业感悟"及"顶岗实习检验"。

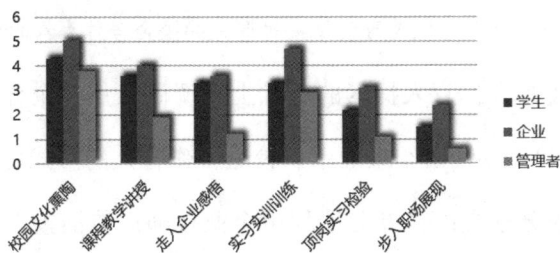

图 2-8 关键能力现行培养模式的核心环节

从选择结果来看，学校显然考虑了学生关键能力的培养问题，也提供了一定的路径与方法，但结果令人失望，高职学生关键能力现行培养模式，特别是以"学校为中心"呈现的"校园文化熏陶"被作为最主要的培养路径和环节，显然无法令人满意。

（三）高职学生关键能力培养模式基本特征：以学校为中心

如图 2-9 所示，学校管理者、企业、学生三方均表示存在校企合作育人的实践探索，其中学校管理者和企业受调查者结合自身经历表示开展了校企合作育人的探索。但在学生群体的调研中，有 28.31% 的受调查者表示自己所就读的专业没有开展任何形式的校企合作，关键能力的培养全部由学校承担。

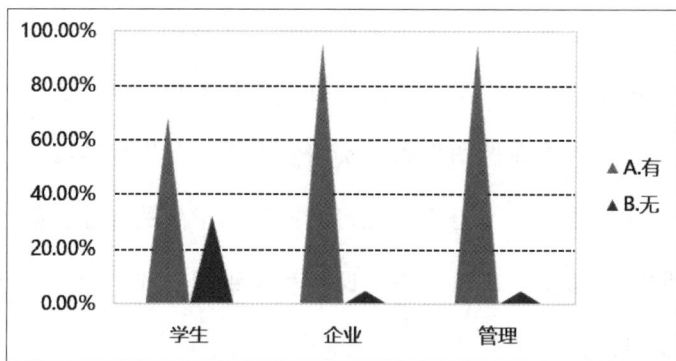

图 2-9 专业领域是否尝试某种形式的校企合作育人的探索

在具备校企合作育人探索的基础上，调研聚焦校企合作的具体形式和路径，如图 2-10 调研结果显示，校企合作育人的形式比较多元：排名位居前三位的分别是："专业课程由企业技师进校面授""专业课程进企业学习"和"校企合作组织参加技能大赛"，另外有"订单班""行

业大咖进校讲座""混合所有制产业学院办学"等。这表明，当前在培
养高职学生关键能力的过程中，校企双方的合作程度较浅，模式上仍以
学校为主体，以合作专业的课程为主要载体，大多形式缺乏与职场的真
实联结。

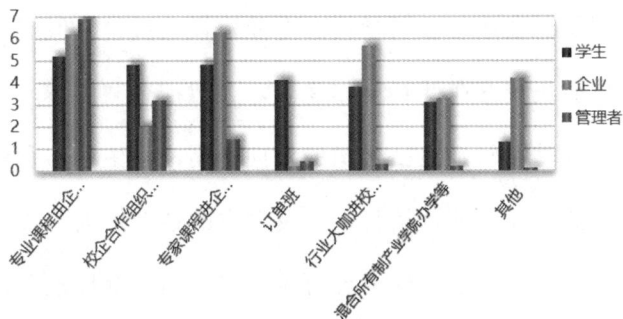

图 2-10 校企合作育人的现有路径

同样，经过调研，如图 2-11 所示，在学生、企业和校方管理者对校
企合作育人路径的有效性评价方面，有效性最高的前三种路径与前述校
企合作育人现有路径相同。

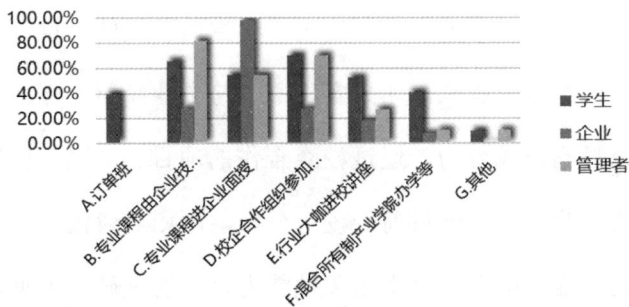

图 2-11 校企合作育人的现有路径有效性评价

深度访谈的结果支持了量化调查的结论，并做出了解释。

校企合作企业管理者 EI-03 认为，目前校企合作方式很多。一是就

业型的校企合作，这是最常见的，企业因为岗位的需求来学校招聘，开展最浅层次的校企合作，招聘学生以满足岗位需要。第二种合作，企业愿意借助学校专业的办学，开展订单化人才的培养，企业愿意投入一定的人力、物力、财力前置到学校的人才培养。第三种是比较紧密的合作，称为校企共同体，企业可参与学校的专业建设全过程，但这种模式相对还是较少。目前我校存在此种合作模式，类似校企共同体，对高职人才培养有比较深入的参与，包括人员的双向聘用，学生参与企业项目，企业全程参与专业建设、师资培育，以及学生的技能培训和关键能力养成等教育教学全过程。通过访谈内容可见，现有高职院校校企合作的形式比较丰富，由浅入深，根据企业和学校的不同需求，构建了不同形式的合作模式，但深入参与育人的校企共同体模式仍是少数，整体上校企合作仍体现了"学校为中心"的特征。

校企合作企业管理者 EI-02 进一步表述，职业教育的特征、高职学生的形态，以及企业用人标准，决定了学生的关键能力培养一定要实现跨专业学习、跨专业成长。如果实现不了跨专业统整，那么学生的关键能力培养也很难形成合力。通过校企合作的项目、活动、比赛、课程等可以推动跨专业学习。但目前，校企合作层次相对较浅、以学校为主导的合作模式，难以深度推进学生关键能力培养的突破。可见，企业认为校企合作对学生跨专业、跨领域的关键能力培养具备一定的作用，但碍于当前合作模式的局限，其关键能力培养的效果并不明显，主要局限在于现有校企合作中大多仍以学校为主导，企业参与严重不足。

综上可见，当下高职学生关键能力的培养现状不容乐观，这样的现状和现行模式非但不能满足学生终身发展的需求，更无法满足新时代社会发展和教育发展对人才培养的需求。当前，现行的校企合作模式在培养高职生"关键能力"方面存在不少问题，如图 2-12 所示，主要有对高职学生关键能力培养未形成共识、合作不够深入、合作方式单一、校企合作机制局限、企业缺位等问题。

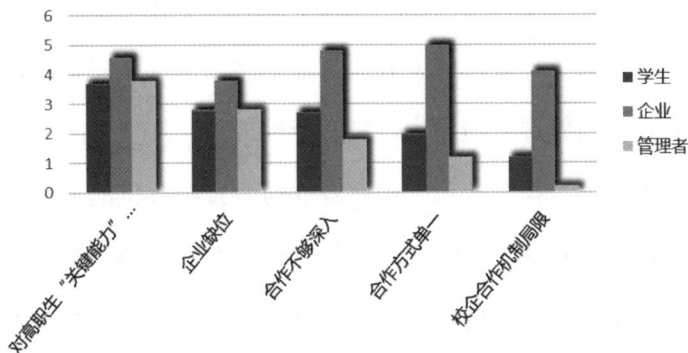

图 2-12 现行高职学生关键能力培养存在的问题

高职学生关键能力培养现行模式，仍然呈现出以学校为中心的基本特征。对于学校和企业来说，即使校企双方达成了某种形式的合作，但合作不够深入、方式单一、体制机制局限等都对协同培养学生的关键能力造成影响，导致人才培养过程中依然缺乏与职场、工作过程、职业体验的真实有效联系，成为高职院校学生关键能力培养成效方面亟待突破的核心环节。

三、高职学生关键能力培养的影响因素

调研发现，实践中学校、企业、学生三方主体对于高职学生关键能力培养的认知方面，尚未取得共识，这也成为高职学生关键能力培养的重要影响因素。

（一）对高职生"关键能力"各要素重要性，学校、企业与学生的认知存在错位

在调研基础上，通过运用了检验分析高职学生关键能力各要素重要性的认知在不同主体之间的差异。从高职学生关键能力各要素的重要性角度来看，学校管理者与学生，将"基础能力，指一般的办公能力和普通技术使用能力"排在首位，而企业受访者排在首位的是"人际交往与团队合作能力，指服务、沟通、小组讨论与合作等能力"。可见人才的供需双方对高职学生关键能力的培养预期有所差异。在学生看来，"个人品格能力，指诚信、爱岗、自信、敬业、自我约束等能力"，在关键能力结构中排序居于末位，按重要性排序平均综合得分 2.37。受访的学校管理者认为，"理性思考与判断能力，指活动策划与组织、创意创新、信息搜集与分析、问题解决等能力"排序居末尾，按重要性排序平均综合得分 2.43。具体如表 2-2 所示：

表 2-2 高职生的"关键能力"各要素重要性调研结果

高职学生关键能力	学生	学校	企业
基础能力	4.13	3.57	4.15
人际交往与团队合作能力	3.5	3.29	5.43

理性思考与判断能力	2.92	2.43	2.12
个人品格能力	2.37	2.86	3.3
其他	0.12	0.14	0.15

通过深度访谈得知，企业方和校方管理者对关键能力框架和具体内容的重要性也有各自不同的认识。

用人企业代表 EI-01 表示，职业素养能力是比较重要的，即对于工作的态度，也可以理解为是道德类的，对于一般企业来说，都会比较关注。现在学生的经济条件都比较好，对于工作收入的压力没那么大，就会更多地追求自我。但是这对于一个行业、企业来说，就是不稳定的因素。可见，现代服务业企业在选人过程中更在意个人品格能力方面的关键能力水平。校企合作企业方管理者 EI-03 则提出不同观点，他认为高职院校实际上主要还是培养学生的"首岗"能力。专业技能要符合企业的岗位需求，技能不行是进不了计算机行业的。除了专业技能以外，计算机行业从业者如果还能具备一定的沟通交流能力，那么其在职场的竞争力则会有所提升。可见，以计算机通信行业为例的工科类专业行业，学生的专业技能水平仍是最重要的，在关键能力方面，如沟通交流、团队协作方面的能力则成为学生在行业内发展的额外竞争力。

校企合作校方管理者 CI-03 解释了问卷调研中为什么校方相对最不重视学生理性思考与判断能力的培养，他认为，创造性思维和创新能力不应该成为对高职学生关键能力培养的通用性要求。学生个体天资不一样、智商不一样、家庭环境不一样，所受的教育经历也不一样，创新思维很难被培养。如果说高职院校一定要培养出学生的创新能力，这个就不科学。他从学生学习的环境角度进一步指出，在以学校培养为主的环境中，学生对社会不了解、对行业不了解，对技术也不完全懂，能创新什么？创新不是单纯靠学校几本书能够教出来的，而是需要个体在实际工作中逐渐积累的。显然学校还是认为高职学生当前的培养受限于现状，所以不应该把人才关键能力的培养重点放在包括创新能力在内的理性思考与判断能力的培养。

综上，从深度访谈的结果来看，与量化调研的情况基本一致。作为雇主，企业关注除学生的基础能力以外，还有学生个人素质和沟通交流能力；学生自己也比较在意就业时让其尽快胜任岗位的能力，相对而言忽略了有助于学生职业生涯长远发展的能力；而校方作为正规的高职教育机构，在学生关键能力各方面的培养总体比较均衡，但相对更重视感性层面的关键能力培养。总体来看，三方主体对关键能力各要素重要性的认知存在一定错位，这也是导致现行模式下关键能力培养效果欠佳的重要影响因素之一。

（二）对高职生的"关键能力"与学术型高校学生的"关键能力"存在认知模糊

对这个问题的回答反映出各方对高职学生的定位与特征的认知。学生受访者中，认为"相同"与认为"不同"的基本相当，均占38%。企业受访者中，60%认为相同，学校管理者中有57.14%认为相同。

　　一位校企合作企业方管理者EI-03就高职学生与学术型高校学生的关键能力的异同提出，早些年计算机本科生刚上岗时无法独立开发软件或者编写代码，但其后续的职业成长会更丰富，当他逐步完成一些开发工作，积累了一定经验，他的自学能力、知识迁移能力和其他的素养比较高，就可以慢慢转向技术管理方向。而高职学生仅仅掌握专业技能，可能只能一直走在技术这条路上，即使他也拥有一定的关键能力，但是总体呈现出的能力逊于本科生，所以后续发展的路就会相对狭窄。但无法判断高职学生的成长较慢，发展道路较窄，是因为学生个体之间自身素质的差异，还是学术型高校与高职院校在学生关键能力培养方面侧重点不同以及培养内容与程度不同造成的。

　　以上结果表明，对于高职学生的关键能力认知，尚未达到实践与学术的自觉状态。无论是用人单位、校方还是学生自身，均未能够在职场和学校两个场域，在高职与学术型本科两种类型，对高职学生的专业特征与学术型高校学生进行内涵区分，更未从关键能力角度对高职生的能力结构进行区别化的细分。这也解释了实践中对于高职学生关键能力认知上的模糊与培养过程中不自觉地忽视。

（三）影响高职学生关键能力的最大因素，是学生、家长及社会各界对于职业教育本身的认知偏差

　　受访者对高职生的关键能力培养的重要性认知相对统一。在企业受访者中，有七成认为高职生的关键能力非常重要，学校管理者该选项的占比为57.14%，学生受访者中赞同者更高，选择"非常重要"和"重要"

的合计达 90%。但深度访谈的受访者提出，即便认为关键能力培养对高
职学生而言是重要的，但如果社会各界对职业教育的传统观念无法改变，
其对于职业教育的价值与高职学生关键能力培养的能力和意义就很难表
示真正认同。

就此，学校管理者 CI-03 表示，虽然国家对职业教育提出了大力
倡导，但按照传统的教育体制和观念，当前职业教育依然是学生、家长、
家庭，甚至社会大众认为的一个比较低层次的、无奈的选择。也就是说，
在现行考试方式选拔人才的制度下，职业教育的学生来源一定是考试
考得不好的学生。这些学生的学习能力和学习态度都较弱。这样一个
群体进入高职教育，培养其"关键能力"将成为巨大挑战，他们对高
职教育的质疑，以至于其所呈现的学习方式、学习心态和学习态度都
是阻碍其关键能力养成的因素。由此可见，包括学生和家长在内的社
会各界对职业教育的"偏见"，导致"较差"的生源均流入职业教育，
继而导致对学生关键能力及其培养成效的认知偏差。他继续强调，面
对这样的学生，要花费很长时间去改变他的观念，改变他对职业教育
的认知和理解，改变他对所学专业本身的认识，构建起他对他专业以
及未来去从业的一种信心。但恰恰在如何树立这些学生对职业教育的
正确认知，以及如何提升其主观能动性，或者提高其对职业的适应性、
学习的适应性，我们现有的培养模式，特别是课程准备是不足的。

由此可见，现行的关键能力培养模式连改变学生对职业教育的偏见、
重塑其自信心都无法达成，更不要提为学生职业生涯更好更长远发展奠

定基础了，这样的结果也给本研究的推进和后续在实践中推动高职学生关键能力培养模式变革奠定了基础。

第四节 以学校为中心之高职学生关键能力培养模式的实践困局

当前，国家一方面确立高职教育的类型地位，一方面鼓励高职教育深化校企合作产教融合，政策与环境都给予高职院校以良好的机遇来培养学生的关键能力。但是，通过上述问卷调研与深度访谈可以发现，当前高职人才培养的实践，尤其是高职学生关键能力培养的模式与其他教育类型和学段一样，仍以学校为中心，与产业和职业缺乏有效联结，人才的选拔方式与关键能力培养目标以学校教育体系为主，教育目标与用人标准脱节；关键能力培养以传统课程与教学模式为中心，校园场景与职业场域差异巨大；师资队伍以学校教师为主，"学院派"教师仍占据主导；考核评价机制以"学业考评"为主，与关键能力评价错位明显。"脱离职业情境培养关键能力"的模式，面临严重的现实困境，导致高职学生关键能力的培养效果不佳。

一、培养目标："育人目标"与"用人标准"错位

我国传统的以学校为中心的高职人才培养体系，其育人目标受限于"学校本位"。以组织学的视角切入来看，学校是一个强调规章制度，

弱化技术组织，在上级主管部门等构建的外部制度框架下，达成内部与外部制度的融合，并以此取得组织的"合法地位"和组织用以生存与发展所需的资源。[1] 这种模式导致学校育人改革受制于政策制度约束，呈现出较大的被动性。同时，落后于市场需求，表现出较大的滞后性。

（一）生源入口：不合适的选拔方式导致人才培养源头上的错误

当前，以高考分数标准的人才选拔和分流，从源头上影响高职学生对职业教育的认可度及其继续学习的动力和意愿。《制造业人才发展规划指南》指出，我国制造业十大重点领域 2020 年的人才缺口超过 1900 万人，2025 年这一数字将接近 3000 万人。[2] 然而，在《中国青年报》面向全国高职院校学生的调查显示，超过 60% 的受访学生不愿投身制造业，不甘成为"蓝领"。除学生认为制造业的工作环境差、工资起点低、未来发展不明朗等因素外，部分高职院校本身在教育环节存在"空心化""低质化"问题，让高职教育处于尴尬地位。

在我国当前的教育体系中，职业教育已经成为与普通教育同等地位的类型， 2021 年 3 月教育部办公厅发布《关于做好 2021 年中等职业学校招生工作的通知》，要求中等职业学校在招生中，坚持职普比例大体相当。但是，普通教育与职业教育的选拔和分流标准，并非职业素养或者技能特长而是中高考分数。多数学生因为分数相对较低被动进入职业

[1][美]弗兰克·道宾. 新经济社会学读本 [M]. 上海：上海人民出版社，2013.
[2] 中华人民共和国教育部，人力资源社会保障部，工业和信息化部. 制造业人才发展规划指南 [Z]. 2016-12-27.

教育体系，而职业教育"低人一等"的刻板印象深入人心，对高职人才培养，特别是从源头上对学生关键能力培养带来不利影响。

据《中国青年报》报道，在 2014 年高考录取中，"零投档"的现象出现在安徽、海南、陕西、贵州等地的不少高职院校招生工作中，并伴有蔓延的态势。"生源危机"作为高职发展最为严峻的问题一直存在。从当年山东省高职高专缺口 4 万人，到高考 180 分即可读高职，再到不少省市推行的高职注册入学。[1] 在中高考成绩为标准的生源竞争中，招生批次长期处于底层的高职院校始终处于劣势，影响了整体的办学质量与水平，也进一步陷入了社会认可度降低的恶性循环。

从整体来看，目前高职教育主要还是"兜底"的作用。当前，由于学历歧视导致社会对高职教育的认可度较低，学生关键能力的培养面临巨大挑战。参与深度访谈的学校管理者 CI-01 认为，由于高职学历在不少区域存在户籍和其他基础门槛上的"吃亏"现象，多数学生除非是高考考得不好而"被迫"进入高职院校，否则面对选择一个差一点的本科和选一个好一点的高职时，都会选择差的本科。对于"被迫"进入高职的学生，要改变他的观念，让他相信高职也能帮助他就业和发展，也能培养他的专业技能，谈何容易，更别提进一步培养他对职业的价值认同、职业精神、自我管理能力、自信等关键能力了。

---

[1] 梁国胜，刘言. 中国职业教育的八个关键词 [N]. 中国青年报，2014-12-29（11）.

以学校为中心的选拔与分流模式,仅以专业为基础去设置育人目标,脱离行业需求,最大的问题是学生在学习中的目标感和职业价值感的缺失。校企合作企业管理者 EI-02 表示,以酒店管理专业为例,学生在校学习理论和技能过程中,往往会出现心理排斥,认为铺床、清洁马桶等简单的技能性工作,没有学历的阿姨也能做,而且从经验和技能上来说可能做得更好。高职学生去从事这种低端体力劳动岂不浪费?因此,通常情况下,高职学生意识不到为什么他在学校要学基础技能,一般只有进入行业工作后,才会幡然醒悟而追悔莫及。同时,他们也意识不到自身具备怎样的能力可使得自己与他人即使在就业初期从事一样的工作,但是在职业发展速度和程度上可以超越对方,其核心就在于关键能力。EI-02 继续强调,多数学生真正步入酒店管理职业角色后才会理解:第一,行业操作规范只能通过反复实操才能熟练掌握;第二,学校系统的理论与实践学习,会将"做房间"等基础工作变得更有创造力,从而较短时间内实现对低学历保洁阿姨群体的能力超越,晋升管理层。高职学生往往认识不到,与未受过高等教育的劳动力相比,他们具备更强的语言能力、客户沟通能力、综合认知能力,这些能力有助于其成长加速。由此可见,受限于生源入口端的问题,当前高职学生无论是对自身能力、对高职教育、对专业与行业均缺乏正确和积极的认识。其关键能力的培养不能仅靠学校单方面设置育人目标,必须让学生通过对职业、行业的亲身感知,逐步树立其对专业的兴趣和行业的理解,获得来自企业的对学生能力诉求的诠释,才能设置出学校满意、企业认可、学生理解的育人目标,而要在高职阶段达到此要求,唯有加强校企合作育人的紧密程度。

综上,不难发现,在人才选拔方式和传统高职教育人才培养目标设立未改革之前,由于职业教育长期属于"低层次",一方面进入高职的学生看不起职业教育,他们想当然地认为高职院校无能力培养其关键能力,另一方面,高职院校面对生源质量较差的普遍情况,学生关键能力培养难度巨大。基于此入口端的源头性错误,目前关键能力培养目标的设定基本基于学校本位,既无法改变学生对职业教育的错误理解,使其转变观念奋发学习努力掌握关键能力,又无法对接企业行业用人标准,使得关键能力的培养真正紧扣职业需求。

(二)角色塑造:学生的"社会性晚熟"与"准职场人"之间落差较大

受生源质量的局限与少子化时代娇贵化养育的影响,高职院校目前在校学生的综合素养基础相对普通高校来说具有一定差距。高职院校的教育目标在实践中往往"高举低打"——着眼于学生关键能力培养的高要求,但要从学生的日常行为习惯、劳动素养、独立性等底层素养着手,整体提升学生关键能力的奠基过程相对漫长。

在深度访谈中,制造业企业管理者 EI-02 与服务业企业管理者 EI-05 都提出,高职学生关键能力结构中,最欠缺的是基础的学习能力、人际合作能力与吃苦耐劳、踏实工作的职业精神。而学校管理方 CI-02 则表示,在为学生补齐这些"短板"的过程中,把学生从社会性发展相对晚熟的"宝宝"培养成为"准职业人",中间有很长的路要走。这种角色的转型，在学校培养目标设定工作中，要通过细小的分阶段目标设定任务，一点一滴促使学生进行角色转换，最终基本符合企业用人标准，推进的过程困难重重。

以上海某高职院校航空服务专业为例。航空服务行业本身就是一个准军事化的行业，对职员的作息、生活习惯等均有严格要求。为了帮助学生完成从"被服务"角色转型成自我服务、高质量服务他人的职场角色，该专业试点开设了晨训、晚集合（集训）、晚查寝等形式的学生管理模式。

航空服务专业主任 EI-05 在受访时表示，晨训本质上是为了唤醒学生。晨训成为严格作息管理、帮助学生树立时间观念的手段。这 25 分钟的唤醒，主要包括颁奖、受聘、礼仪、沟通技巧等细化的训练。晚集训由专业主任甚至系主任坐镇，老师针对一日表现及时总结点评，让学生反思、明事、明理。晚查寝，各科教师结合自己的专业，轮番进宿舍给学生"补课"，增加其独立生活经验和自理能力，培养团队集体意识。可见，学校对学生的培养需要通过花费巨大的精力以抬高底层基础来整体提升学生的关键能力，而通过努力最后仍达不到行业标准要求的关键能力水平的学生大有人在。

整体而言，在迈入高职院校之前，学生对"专业职场人"的意识比较欠缺，因为其过往的学习经历中多聚焦知识学习，对"成人社会角色"和"职业人角色"的认知存在弱化或缺失。比如，人际沟通能力、文本撰写能力、语言表达能力，甚至职业妆容能力等均有所不足，对于如何把自身塑造成一个让服务对象眼前一亮的职业化职场人的形象亦缺乏预设和想象。但多数高职生毕业后需要直面职场，这种职业形象与角色的预期必不可少，但由于生源的参差不齐，学生思想和行为上"社会性晚熟"的表现与即将踏入职场的行业企业所要求的"准职场人"的职业化标准格格不入，因此现行的关键能力培养模式在培养目标上达不到用人标准，即使设置目标达标了，也容易流于形式。

（三）毕业出口："双赢"预设育人目标面临现实立场冲突的大挑战

通常情况下，高职院校通过校企合作，在学校育人目标与企业用人目标之间寻求"最大公约数"作为人才培养最终目标，设想让学生在校期间就能按照企业的要求去培养学生，企业能获得需要的人才，学校也能培养高素质人才。

但由于组织系统的逻辑不同，学校和企业对学生的培养目标存在一定难以调和的差异，最终会导致无法协调一致的现象。如培养目标中对有些课程设置的观点不一致，企业认为部分理论知识没有必要学习，只要会操作、能使用即可，企业也不需要学生掌握工作的原理，只要能完成基础操作即可。但学校会认为学生在学习过程中除掌握基本的技能外，还要有一定的理论支撑或者深入了解技能背后的原理知识，以及关键能力的培养，为后续深造、发展或其他技能的学习做好准备。因此双方在实际中就会出现培养目标不一致的情况，继而导致整个校企合作人才培养系统出现问题。

在实践中，学校会出现屈从或者迎合市场需求而片面强调学生的专业技能培养的倾向，对于学生的关键能力在教学目标中存在缺失。如前述调研结果可知，大多数高职院校毕业生的就业起点是，相对初级或基层的管理与服务工作，用人单位对其在校期间学习的理论知识、基础能力及其应用与实操技能相对而言均较为满意，但对其表达、交流、沟通、合作、创新等方面的能力则并不看好和认可。背后的原因，是学校对"就业导向"的片面认识、强调甚至妥协，过度强调技术对接、就业率等，导致高职教育出现功利主义价值取向。片面注重学生实操技能的反复练习以培养专业技能，看似让学生获得了某项职业或某一岗位所需的技能，然而，在培养过程中对学生心理、人格、创新、抗压等能力的忽视，已无法满足新时代经济社会对劳动者素质和能力的要求，也无法帮助劳动者实现其职业生涯终身发展的目标。努力转变高职教育培养"工具人"的现状，加强高职学生关键能力培养，建立以"人"为本的高职人才培养模式，已迫在眉睫。[1]

此外，高职院校育人的成效评价存在"短视"情况。众所周知，学生关键能力的培养成效存在一定的滞后性，但当前的育人成效评价指标主要是就业率和企业反馈等短时指标。但职业教育人才关键能力的培养效果，其实是要看学生走出去至少 3 年后的发展情况，甚至 10 年之后学生的稳定性和潜能后劲。所以，高职院校在培养学生关键能力的过程中要面临当前目标体系、教学模式与滞后的效能评价如何匹配之间的挑战。

---

[1] 钟伟. 高职教育应走出"制器"时代：第二届全国高职教育文化育人高端论坛综合述评 [J]. 江苏教育研究（C版）, 2013（6）: 77-78.

要等前三届、前五届在职场上成为中流砥柱，来证明学校的培养方向是正确的，如果他们在职场泯然于众人，那么高职院校的育人目标与模式还需要进行相应的调整。

二、教育过程："专业本位"而非"职业导向"

访谈的结果显示，当前高职院校对学生关键能力的培养，大多采用模块化课程的方式，将关键能力培养分解为显性目标与隐性目标，通过通识课程、专业课程和隐性课程科学、合理地去组合和配置。但以学校生活为主阵地的关键能力培养体系，无法与真实的职业情境有机整合，导致关键能力培养与职业要求出现错位。当下高职院校在专业设置、课程体系及教学标准等方面还有浓重的本科缩减版的意味，没有真正摆脱知识本位与学校本位的束缚，在专业设置方面缺乏与行业产业的联系，课程与教学也缺乏与职业岗位标准的对接，以至于专业学习与能力培养形成脱节，最终导致高职培养的毕业生难以适应经济社会转型需求和行业产业企业发展需要。

（一）课程体系学校与知识本位特征明显

当前实践中，高职院校办学多以"专业"为中心，对于学院开设的专业所对应的职业、岗位、工种、门类等匹配缺乏精准清晰的分析。为提高育人与市场需求的匹配度、优化课程体系，很多高职院校推进校企合作育人，邀请企业共同参与人才培养方案与课程的设计与实施。但在实践中，学校仍是专业设置的主体，在制定人才培养方案和课程设计过程中，理论教学和实践教学比例倒挂，难以满足企业的用人需求和学生关键能力培养的需要。同时，专业的人才培养方案、课程体系更新受制于机制约束，基本沿袭普通本科模式，无论在培养目标、课程内容、教学方法和考核评价各方面仍立足学校本位，有些课程是落后的、过时的，已经淘汰很多年或正在被淘汰的技术，却仍成为学生学习的内容；而要研制一套合作企业能用、学校又觉得满足教学大纲要求的培养方案，耗时费力、投入巨大，而且个性化太强又难以推广。更有部分高职院校在制定人才培养方案时，坚持知识本位，强调理论教学，忽视学生专业技能的培养，更不用提知识迁移能力、职业精神等关键能力的培养。当课程标准无法对标工作过程，培养出的学生无法适配行业的用人标准，自然无法满足企业生产经营管理的实际需求。

校方管理者 CI-03 表示，目前教育主管部门对于学校的人才培养计划有明确的结构性限制：部分实践教学课时，大多是理论课时。而在企业看来，学生的关键能力培养，主要通过实践课。两者之间如何平衡？受访者也提出了校企深度合作的设想，他表示，按照高职的属性，最好应当把企业的工作内容、工作流程能够慢慢地引入学校。这需要校企联合研发，共同制定课程、教学内容、理论与实践的课时比例等。专业人才培养方案需要每年进行论证和修正，并根据毕业的在岗位上的学生的反馈进行调整。这种深度合作的需求，对原有校企合作的模式提出挑战，但即便合作成功，在实际操作中仍有诸多障碍。课程体系建设中，企业技师的参与能够有效衔接供需双方的需求与目标，但往往局限于技能标准、缺乏知识标准，技能性的课程体系达不到学历课程的要求，而在各级各类教学规范检查中被否定。同时，其教学方式上也需要进一步规范化。由于实际操作上的种种困难，很多学校选择了向现实低头，保留了原本知识本位的课程体系。

（二）学校与企业在课程共建过程中的文化冲突

当前校企合作共建课程的实践中，还面临学校与企业、专业与行业的文化冲突。受访的校企合作企业管理者EI-01提出，企业在组织学生搞活动或进行实践教学时，第一时间会树立成本意识，成本分担和流程效率会影响课程在执行过程中、推行过程中的结果。企业的文化与学校文化存在差异，在课程共建的过程中，首先要破解两种文化的冲突，而文化是无形的，相互融合仅靠校企合作协议、任务书等表面形式显然难以达成。比如，企业的扁平化机制和灵活的流程管理，效率较高；而学校的管理流程相对规范，工作周期较长。校企双方在协同育人的合作过程中，采用两种不同的工作范式，或者由于两种考核机制上产生的差异、话语体系的不同而导致冲突屡见不鲜。面对难以调和的文化冲突，作为往往存在"公办"属性的学校，即便知道企业文化对职业人才培养更具职业导向，但通常仍会选择保守，继而在人才关键能力培养过程中回到专业本位，被迫放弃与企业的深度融合。

（三）校园生活场景与企业用工场域的错位

在我国现代高职教育体系建设中，实习实训被视为技术技能人才培养不可或缺的重要一环，通过理实一体、工学交替的形式，使学生在实践中巩固理论知识。与此同时，通过真实职业情境和工作场域的训练让学生掌握某项职业或某一岗位相关的专业技能和关键能力。但实际上，除高职院校日常开设的实习实训课程以外，学生多数时间在校学习和生活的场景，与真实职业情境存在较大差异。

从理论角度分析，学生关键能力的培养，需要在真实的职场情境中进行，校企合作开展专业实训教学最高效，通常学校也会以第二课堂等活动形式作为关键能力培养的补充。在实践中，深度访谈的校企合作企业方管理者EI-02透露，当前高职院校五育并举、三全育人，学校将学生在校整日之生活全部纳入学生管理范畴。除常规第二课堂活动之外，宿舍管理也被视为学生德育和思想政治教育的重要场域和课程，成为全员育人的阵地。从该立场出发，学校改造宿舍、提供舒适的住宿文化，改造了舒适的生活配套设施，给予学生归属感、安全感。同时，精细化设计学生在宿舍的活动，甚至绞尽脑汁将打游戏、玩手机等与学生专业学习和个人发展相关联。从育人结果来看，学生的行为习惯、个人素质等经过专业规范的要求和培养，确实有所提升。但用人企业代表EI-04认为，学校环境"温室化"，反而加剧了学校与真实职场环境之间的脱钩，生活化的场景难以迁移和对接职场。这种实践的错位，使得学生关键能力的培养与企业要求"貌合神离"。

三、师资队伍："学院派"而非"双师型"

当前高职学生关键能力培养现行模式中，传统的师生关系脱离工作场域；引进企业师资难以体现主体性；师资的双向互动交流存在身份认同困难，对高职学生关键能力的培养与发展都产生了负面影响。

（一）双师队伍难以成型

高职院校的师资队伍，具有明显的教学与技能双重要求，因此，从教师的聘任与培养方面院校会提出"双师型"的要求。目前，高职院校专业师资队伍的构成，一类是高校毕业直接进入学校，没有企业工作经历的；另一类是通过校企合作等途径从企业聘请技师兼任专业老师。

第一类教师需要通过一定的培训以及下企业顶岗，在学校校外实训基地的合作企业里顶岗，通过几轮实践工作，慢慢能够适应职场，符合企业一定的技术标准。上海市教委的政策规定，此类专业老师每5年下企业顶岗不少于6个月。顶岗的时候不参与教学活动，全都在企业进行培养，学习专业技术。在企业锻炼之余，学校还可安排教师进行相应的技能提升，比如，考取相应的职业技能证书，或对接技能竞赛，通过多元渠道提高教师的职业能力。但优秀的"双师型"教师的流失问题，成为实践中的一大难题。面对如何留住这些辛苦培养出来的双师的问题，学校往往受困于机制局限，通过校企合作的"双聘机制"则可以提供一定的保障，校企兼职，双份收入以稳定"双师型"教师的师资队伍。然而新的问题也随即出现，即学校和企业双主体，企业有正常的生产经营的任务，双聘教师承担企业任务，无形中占用时间和精力，影响了教学工作。

第二类师资面临的普遍困难是，行业专业技师虽然专业资质高，入校兼职也没有编制问题，但任职教师的资格欠缺成为瓶颈。以餐饮专业为例，酒店的星级主厨经验丰富，但其对于课程体系建设、备课准备、课程进度、作业反馈等一整套教学规范把握能力不足。要让这批行业技师研究课程的呈现方式、情感价值、知识价值、达成度等，也有不小难度，同时可能会挫伤他们参与教学的兴趣和耐心。

不难看出，由于学校教师经不起市场"诱惑"，企业教师又跨不过高教"门槛"，因此双师队伍难以真正成型。"双师型"教师相比于传统学院派教师具备更多的行业知识与职场经验，往往能够在教学中创设更多更真实的职业情境，以行业标准和要求对学生进行培养，从而给予学生更贴近职场的感受，以及相应专业技能的锻炼和关键能力成长。若"双师型"队伍无法成型与稳定，将直接影响学生专业技能与关键能力的培养成效。

（二）双向流动存在局限

行业技师进校担任专业教师，学历与能力的倒挂，会对"学院派"的教师造成正负两个方面冲击。学术型的在编教师，往往学历水平较高，居于知识高位，如要求其向中专学历的行业大师学习，学历与能力的反差，会带来双向的心理冲击，进而影响互动与交流。

绩效考核体系的不健全，也影响双师流动的意愿。在人力成本方面，学校能为企业分摊的只占很小一部分。一方面，行业技师师资稀缺、排课多，大量占用了他们的劳动时间，另一方面，学校受困于体制原因，补贴有限，大部分人力成本还是由企业来承担。另外，现行教师指标考核主要是教师工作量的考核，并未附带激励措施。教师主动赴企业实践，参与学生职业技能比赛带教、企业技术研发，其年度指标考核为优秀，但局限于薪酬机制无法获得额外奖励，由于激励措施的缺失，双师流动的意愿不高。尤其在公办高职院校，涉及体制内师资队伍的绩效管理等政策与制度更难以突破。

当院校教师"抗拒"企业教师参与教学，同时，自身又缺乏足够的动力参与企业实践时，师资的双向流动就会难以开展或流于形式，"学院派"的师资无法去除身上的标签，最终在人才培养的过程中也没有能力将企业行业的直接经验传递给学生，造成学生学习的专业技能可能早已被行业"束之高阁"，而关键能力的教学也"不接地气"。

（三）身份认同有所冲突

与学校合作的优秀企业技师与管理者，在职业领域中具备一定的地位与相对较高的专业素质。但对于学校而言，教师的专业素质要求往往体现的是学术造诣。两方教师在各自领域中都有各自的坚持和理念，两种不同路径成长起来的人，在文化构建中往往无法避免冲突。

在企业参与高职院校办学和人才培养的过程中，双方师资身份认同的冲突会越发明显。以上海某高职院校餐饮管理专业的一门课程为例，每一学期都有集体备课，参与者包括专业教师、后勤教师、行政教师以及辅导员，每个人擅长的领域不一样，每个人分配的任务也不一样。有的教师来自业界、有的教师来自学校，教师之间经常会出现分歧：由于逻辑、立场不同，讨论、策划、表达方式都不同，工作中甚至会出现因不赞同对方意见而争执的情况。这样一支多元的教师团队，如何做出双方教师的身份认同、工作趋同以及求同存异，一直以来都是一个严峻的考验。

身份认同问题往往发生在企业教师融入高职院校时，由于双方背景文化、知识结构的差异，导致双方教师在融合过程中时常出现"貌合神离"的情况，直接导致企业教师对当代高职院校学生的理解和认知的偏差，在教学实施中出现"水土不服"，从而无法将自身行业企业的一手经验有效传递给学生，无形中在学生专业技能训练与关键能力培养中打了折扣。

四、评价体系："学业考评"与"能力水平"错位

在实践中，高职教育的学业评价往往脱离真实职业情境。传统双证书制度下的职业资格证书、社会化证书均由国家和行业组织开发，都指向职业应用领域，对于高职院校教育教学实际并没有给予真正考虑或者考虑甚少，因此双证书制度下的证书不能满足和适应当代职业教育改革与发展侧重人才关键能力培养的需要与特点。而且，传统的双证书由不同的国家部委主导，体系、标准、规则、逻辑均有所不同，"融合性"成为无法逾越的鸿沟，在当下以学校为中心的高职教育体系中，很难在课程设置和教学过程中切实贯彻执行。[1]

（一）高职学生的关键能力评价主体仍为学校

多数高职院校对学生的考核，主要参考依据仍是传统的笔试成绩。

[1] 戴勇，张铮，郭琼. 职业院校实施1+X证书制度的思路与举措 [J]. 中国职业技术教育，2019（10）：29-32.

专业教师是考核的主体，决定专业课程如何考核，流程多数为出题、监考、评分、排名。当前，不少高职院校的专业课程考核标准，仍停留在"专业本位""教学本位"。沿用普通高等教育传统的考试标准，设置日常学习占比、期末占比等。日常考核按照出勤率、课后作业的完成情况等换算成分数，记入平时成绩；终结性考试，一般分板块考核具体的知识点。

随着教学方式的变革，部分课程提供了模块化的考核方式。部分课程以项目化学习为主，项目做完、学习完成，有的学校尝试以一个完整的项目作品为主来考核评价学生。这个项目作品可以分成一段时间逐步完善模块，最后在该门课程结束时提交。此类评价无法通过一次考核来决定课程的成绩，而是通过整门课程学习的效果以及最后的作品和成果来得出这门课程的分数，以分别体现对学生关键能力和专业技能的考核与评价。

在实践中，以课堂为单位、以专业知识为取向的"学院派"考核，与"应用型"人才考核标准差异很大，最终，也将影响学生关键能力的培养评价。校企合作企业方管理者 EI-01 提出，一所医院的护士长进校筛选有就业意愿的实习生，结果发现课程笔试成绩优秀的学生，实操能力出现了较大落差，尤其是其在模拟与病人沟通时存在的问题，与实际医护标准要求存在较大差距。可见，传统的院校纸笔考试对学生能力的考核并不准确，尤其是关键能力的培养，如其评价仍由学校单方面完成，其人才培养质量在接受社会、行业检验时，恐将出现大相径庭的情况。

在调研中,校企合作校方管理者CI-01表示,由于评价主体取向不同、逻辑不同而产生差异,会对学生的关键能力培养造成困扰。检验高职院校育人成果的主体和标准,不是学校内部循环,而是最终取决于毕业生进入职场的就业率、职业适应能力和后续的成长性。因此,考核高职学生关键能力的主体,行业与企业不能缺位,但要科学评价高职学生的关键能力,需要构建多维度的评价体系。校企合作企业方管理者EI-01认为,目前,部分企业对于作为一方主体参与高职学生关键能力培养考评,不愿意承担主体责任,认为"企业没有义务帮学校去评价学生培养的质量如何",或"为了招聘还要再有一套研究人才评价的标准,这对企业来说不现实"。

为了协调校企双方的评价标准与协同育人的逻辑,或弥补企业不愿意参与人才培养评价的缺失,往往需要行业协会作为"第三方",对办学成果、教学过程进行监控、检测以及客观评价。但不同产业行业的协会良莠不齐,并非所有第三方行业协会都有能力、有意愿为高职学生人才培养,特别是关键能力培养尽责尽力。因此,鉴于企业、行业参与评价的诸多局限性,当前高职学生关键能力培养仍然以学校为主体。

(二)评价方式局限性多且脱离真实职业情境

在深度访谈中,谈及高职学生关键能力的考核与评价方式,一般仍是传统的纸笔考试或者技能操作考核,部分学校探索将日常学习经历纳入过程性考核。校企合作学校管理方CI-02提出,当前实践中考核方面最大的问题,是场景差异。

职业教育和其他类型的教育相比最大的不同,是一切都应该围绕真实情境而构建、围绕实战而构建。比如，酒店管理、汽车检测与维修专业等，无论是服务业还是制造业，应该创设条件让学生在真实场域实战，以实战的成果成为考核的评价依据，而不是以专业课程的知识考核作为主要评价依据，或者单项被预设好的技能作为标准。例如，考查餐饮管理学生的专业技能与关键能力，纸上谈兵不如场景实测。采取行业最常见也是最复杂的大型医院、大型活动中的餐饮管理模式，使真实能力得以展现，短板得以暴露。如配菜原则、菜品选择区间、高峰时段的应急预案等，都是传统的纸笔测试无法实现的。

学校评价的竞争性与实际能力高低的竞争性逻辑不一致。如学校评价的竞争性体现在考试成绩排名。但以酒店管理专业为例，除知识与技能导致管理能力的差别之外，真实情境中的实战"经验"也会在一定程度上拉开职业能力的高低差别，这是学校场景中很难培养和评价的。此外，销量高低、项目完成质量等带有高竞争性的实战场景，在当前的学校教育当中很难构建，"无中生有"创造学习与考核场景、评价指标十分困难。目前，情境化的评价仍是高职教育与行业需求适配性相对较弱的领域。

（三）学校评价体系与人力资源测评对接不畅通

学生的主要生活和学习环境在学校，学校是评价的主体。但评价高职学生关键能力的高低，学校提供的标准与用人单位的人力资源测评并不一致，且两者的相互对接并不畅通。

在实践中，为了提高育人成效，全面、全过程监测学生的关键能力发展情况，部分高职院校利用信息化管理技术、研发智慧评价平台，实时监测与评价学生的发展情况。比如，学生的一日深层次活动记录包括学生的用餐、学生的睡眠、学生的校内活动轨迹，还有参与学习的课程，各类第二课堂等信息的积累，毕业时形成"学生画像"。届时，学生不仅拿到毕业证，还会得到一份与关键能力相关的性格、职业形象、健康情况、自我管理等由大数据支撑的画像和全面信息分析。

运用大量的建模、数据的采集，从始至终跟踪学生发展的评价体系与新模式，看似打破了仅看最后考核的成绩局限。但是，大数据支撑的学习生活画像式评价，一方面要面对"窥探学生隐私"的法规壁垒，另一方面还要涉及数据的安全性。更为重要的是，在监测指标上，企业的要求与学校管理需求之间存在差异。学校立场是"育人管理者"，数据的收集与评价更侧重于生活场域中学生的自我管理能力，如可以清晰地看到一名学生在校 3 年时的生活，每天都晚于 12 点睡觉、上午 10 点后起床；宿舍、教室、网吧等活动轨迹表明，其日常生活主要是睡觉、打游戏。诚然，企业可以间接地推断其关键能力与素养，但结果显然存在不少局限性和片面性。因此，对学生的评价不能只有学校一个维度，特别是关键能力的评价，需要加入企业维度，更多以企业要求和行业标准来审视关键能力的培养质量。

本章小结

本章首先就国际主流职业教育模式下学生关键能力培养的现状进行了研究,得出"校企合作"是各模式培养学生关键能力的共同点。在此基础上,本章通过问卷调研和深度访谈的研究方法,对高职学生关键能力的培养现状做出调研:从问卷调研来看,样本充足,信效度可靠;从半开放式深度访谈来看,通过逾十万字的访谈文本进行的内容分析,获得了当前高职院校管理者、校企协同育人企业等主体对高职学生关键能力培养现状的整体情况。就调研结果及数据分析来看,学校、企业与在校生对高职学生关键能力培养的现状整体满意度不高。从具体四项的关键能力要素培养情况调研来看,虽每一单项情况略有不同,但总体均呈现出企业对学生关键能力培养的满意度最低的结果,其次是学生,最后是学校。在满意度调研的基础上,通过高职学生关键能力培养的责任主体和具体培养路径的调研,得出当前高职学生关键能力培养模式以"学校为中心"的基本特征,并进一步分析了影响高职学生关键能力培养的因素。综合调研分析发现,当下"以学校为中心"的高职学生关键能力培养模式与国际主流职业教育模式大相径庭,且在实践中面临诸多困境与问题,导致关键能力培养的效果难以显现。从培养目标来看,存在"育人目标"与"用人标准"脱钩的现象;从教育过程来看,传统的课程与教学存在"专业本位"而非"职业导向"的问题;从师资队伍来看,教师"学院派"属性根深蒂固,稳定的"双师型"教师团队构建困难;从评价体系来看，学生的"学业考评"与关键能力水平评价错位现象明显。当前"以学校为中心"的高职学生关键能力培养模式在关键能力培养方面困难重重，无论是主观上还是客观上，都没有充分利用产业深度变革和高职教育转型发展所带来的政策红利，也没有通过有效手段为学生的专业技能和关键能力培养提供真实的学习与实践情境，更没有为学生的职业生涯终身发展打下良好的基础。如此的模式，人才培养效果实难突显，关键能力培养模式的创新与变革亟待新的探索。

第三章

————

高职学生关键能力培养模式变革的理论依据

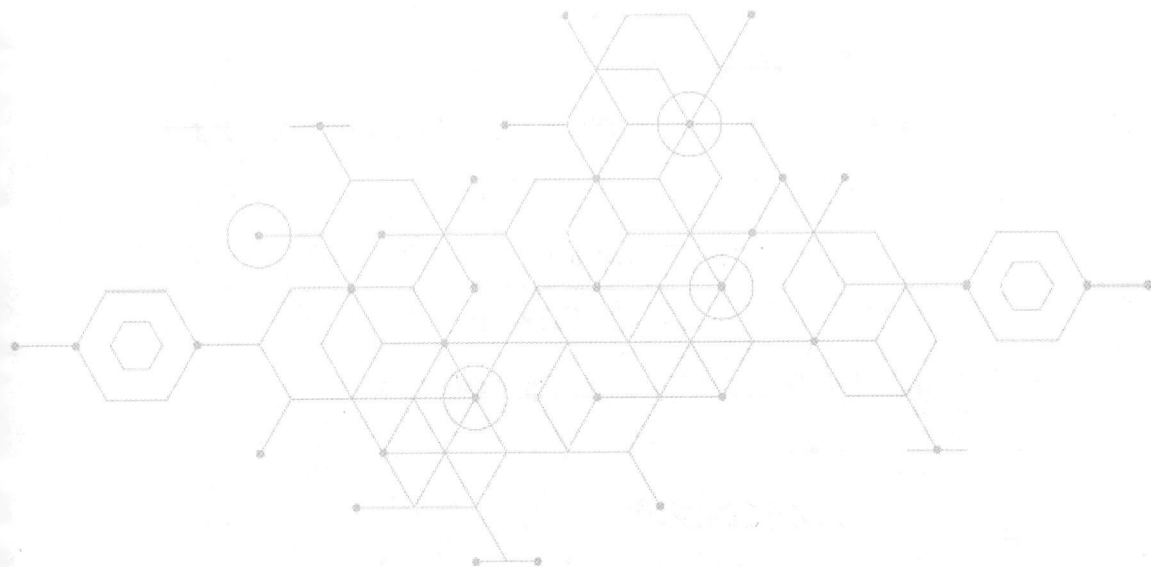

通过前一章的阐述，以"学校为中心"高职学生关键能力的现行培养模式，在现实中暴露了许多局限和问题，可见高职学生关键能力的培养模式亟待创新与变革。本章主要从理论层面进行剖析，为高职学生关键能力培养模式的变革之路指明了方向，并提供了必要的理论依据。

第一节　高职学生关键能力培养模式变革的三重发展逻辑

学生关键能力培养对于高职院校而言，不仅是新时代人才培养的必然要求，还是未来人才培养的发展趋势。现行高职学生关键能力培养模式存在的问题催生了培养模式的创新与变革，以追求关键能力的有效培养。这种创新与变革以助力个人终身发展为理念，以促进高职教育"类型化"发展为主线，以适应社会经济转型发展为目标，整体上呈现出个人、教育、社会三重发展逻辑的辩证统一。

一、个人发展的逻辑

从马斯洛需求层次理论的角度来看，一个人在一生发展过程中的需求可以划分为五个层次，由浅入深依次是生理需求、安全需求、社交需求、尊重需求、自我价值实现需求。关键能力是个人的发展和自我价值实现的需要，即马斯洛需求层次中的最高层次。马斯洛所指的个人自我价值实现是指通过外界环境的变化促进个人潜能的实现并努力创造更高更多的自我价值。[1] 由于劳动者完成工作的个人能力强弱取决于其关键能力水平的高低，关键能力成为劳动者职业发展的必备条件，并对其整个生涯发展和成就水平产生深远影响，因此，它也成为个人自我价值实现的一个重要人格特征。这种人格特征可以表述为：第一，能够凭借自身的判断、推理、分析能力准确观察真实情境中的事物；第二，能够以自身包容与接纳的能力接受自身与他人或客观事物的真实情况；第三，能够凭借自身积极主动的职业情怀专注而不求回报地处理工作；第四，能够以职业化的沟通技巧和态度避免主观臆测；第五，能够发现生活中足以改变自身人格的事物和力量，通过观察体验生活以完善自我人格；第六，对社会化约定、道德、规则、伦理保持认可，具备公平正义民主的社会化态度，具有个人价值观，坚持正确的言行举止和独立的个性品格。[2]

从西方理论层面可见，上述自我价值实现的人格特征正是个人职业生涯所需的可持续发展要素，因此，关键能力可称为个人发展过程中自我价值实现需要的现实化表征，其培养水平的高低直接关系个人发展的好坏。

---

[1][美]马斯洛著. 李文湉译. 存在心理学探索[M]. 昆明：云南出版社，1987.
[2][美]马斯洛等著. 林方主编. 人的潜能与价值[M]. 北京：华夏出版社，1987.

　　从我国当前国情来看，培养高职学生的关键能力，对于高职毕业生而言，符合其就业和职业发展的需求，是其职业生涯各阶段，包括就业求职、职后发展、晋升竞争、成功与否的重要因素。[1] 高职毕业生普遍具有一种"向上层社会流动"的社会心理，他们希望进入职场或在职业发展过程中得到更好的自我发展机遇，以求最终达到前述"自我价值实现"的目标。然而，现实中高职毕业生在就业市场上竞争十分激烈，大致存在普通高校毕业生、企业下岗职工、农村进城务工人员三类不同社会群体的竞争。而各类群体关键能力的水平往往成为竞争成败的决定因素，即哪方群体跨岗位、跨职业的适应能力和发展后劲强，哪方群体就会有更高的概率在就业中觅得先机。在与高职毕业生竞争的三类人群中，普通高校毕业生在理论深度方面存在显著优势，这种理论优势不仅在专业知识层面表现明显，也体现在其适应、迁移和再学习的能力，以及问题解决能力；下岗职工则具备工作年限长、经验丰富的特点，由于下岗往往源于产业结构调整，这类人群凭借以往积攒的工作经验，辅以再就业培训，使其具备竞争新工作岗位的能力；农民工则原本就具备吃苦耐劳的精神品质，再加上其具有新的技术技能，使得他们具备足够的能力以追寻更大的社会认同和更高的社会地位。相比之下，多数高职学生往往游走在技术技能与学术理论之间，兼具两者，但又都不精通，处境较

---

[1] 王资，李庆芹，郑建萍，等．高职生专业核心技能的确定和培养 [J]．职业技术教育，2006, 27（22）：43.

为尴尬，在群体竞争中往往处于不利态势，就业中更容易被边缘化。[1]

因此，只有在高职阶段，不断培养并强化学生的关键能力，形成一定的培养模式和机制，才能持续稳定、有效地为毕业生提供就业能力以及生涯发展的后劲，帮助其在职业生涯发展中具备竞争力。而鉴于高职学生关键能力培养现有模式存在的种种问题，模式的变革对于高职生个人的发展至关重要。

二、教育发展的逻辑

在西方社会，职业教育不断被重新定义。科林·鲍尔在《21世纪的技术与职业教育》中指出，21世纪所有公民和多数第二、第三产业的工人学习掌握技能的途径主要依靠职业技术教育。通过职业技术教育，人们得以掌握新兴产业所需的能力，从而获得更多更好的就业机会或再就业机会。[2] 他将职业教育与就业紧密联系，显示出高职院校对于人才能力的培养是其核心价值追求。澳大利亚学者菲利普·休斯指出，正处于从计划经济转型为市场经济过渡期的国家要处理所面临的各种问题，就要培养其公民高质量就业的能力，同时需要培养其素质和能力，以促进转型发展。专业技能水平高、工作态度积极向上的工人是保持经济繁荣稳定的重要因素。专业技能与工作态度同时被提出，意在表明在职业教

[1] 李志雄. 高职毕业生职业关键能力培养的社会动因及阻力探究 [J]. 广东技术师范学院学报（职业教育），2011，32（1）：13-16.
[2] 科林·鲍尔. 21世纪的技术与职业教育 [J]. 教育展望（中文版），2000（1）：30.

育人才培养中二者同样重要，相辅相成。[1] 随着西方教育理念的发展，职业教育通过对学生专业技能和关键能力的共同培养，具有帮助学生在职场中可持续发展的作用。

从上述论述中不难发现，在西方人眼里，优质的职业教育人才培养的根本目标在于有效培养学生可迁移、可持续发展的专业技能和关键能力。[2]

进入新时代以来，我国从政策和制度层面上加强了职业教育发展的引导，加快了职业教育改革的步伐，《国家中长期教育改革和发展规划纲要（2010—2020）》中指明，职业教育要面向人人、面向社会，大力培养学生的职业道德、职业技能和就业创业能力。《现代职业教育体系建设规划（2014—2020 年）》指出，高职院校要以立德树人为根本，强化学生德育，积极培育和践行社会主义核心价值观，培养具有现代职业理念和良好职业操守的高素质人才。[3]《高等学校课程思政建设指导纲要》阐明，落实立德树人的根本任务，必须将价值塑造、知识传授和能力培养三者融为一体、不可割裂。[4] 因此，培养高职学生关键能力与国家对

[1] 菲利普·休斯. 为什么人人可接受 TVET 对达到全民教育目标是必需的 [J]. 教育展望（中文版），2005（3）：11-13.

[2] Barth, M., Godemann, J., Rieckmann, M., et al. Developing Key Competencies for Sustainable Development in Higher Education[J]. International Journal of Sustainability in Higher Education, 2007, 8(4): 416-430.

[3] 王烨晖，辛涛. 国际学生核心素养构建模式的启示 [J]. 中小学管理，2015（9）：22-25.

[4] 李光，秦可越. 职业教育核心素养培育研究 [J]. 河北大学成人教育学院学报，2019，21（2）：70-74.

职业教育的要求一致，有利于思政课程的创新和课程思政的落实，完成"立德树人"的根本任务。

此外，从职业教育自身发展的角度出发，培养高职学生的关键能力，不但是国家对职业教育的要求，更是推进高等职业教育自身高质量发展的内在要求。随着我国教育事业的不断发展和对教育理解的不断深入，高职作为高等教育一个新的类型被确定下来。并且随着高职"类型"教育的理念不断深化，势必推动高职院校突破原有普通高等教育的束缚而寻求新的发展空间，而培养学生的关键能力正是摆脱原有普通高等教育的"阴影"，确立自身不同"类型"的突破口所在。童山东认为关键能力的培养有利于达到社会发展对高职教育提出的现实要求，从而实现新时代高职教育的人才培养目标。[1]当今社会，无论是中小微、创业型企业，还是大型国有、外资企业，在用人方面都偏好对企业忠诚、有责任担当、爱岗敬业，同时团队协作能力强、表达沟通能力，综合素质高的复合型人才，而上述要求恰恰属于关键能力的范畴。因此，高职院校的人才培养不能只局限于过去的一技之长，而是应思考如何进一步以市场为导向，以社会需求为依据，通过校企合作、产教融合，尤其是如何通过混合所有制办学、产业学院等新兴校企合作模式，进一步强化学生可迁移、能适应职业变化的关键能力的培养。[2]

---

[1] 童山东. 职业核心能力培养探索 [J]. 深圳信息职业技术学院学报，2006（3）：60-68.

[2] 李雪莲. 高职院校学生"关键能力"培养研究 [J]. 教育与职业，2012（12）：176-177.

三、社会发展的逻辑

从社会发展角度看，职业教育对技术技能人才的培养是随着工业革命、信息时代的推进和社会发展对于人才能力的需求变化而演进的。工业革命时代，拥有一技之长能够操纵机器来提升生产力的熟练劳动力成为社会经济发展的主要需求，所以，当时职业教育的目标也局限于培养单一的技能。西方发达经济体的经济发展过程，体现了产业结构的嬗变，从最初劳动密集型产业到资本密集型产业，再向技术密集型产业演进。随着当下信息技术的迅猛发展，原有的经济和生活因新技术的出现而产生变化，整个社会经济结构发生了历史性的变革，新兴业态不断涌现，随之对所培养的人才质量也相应提出了更高更多的要求。20 世纪 80 年代，德国根据其经济社会发展和劳动者就业岗位的世纪变化，着力培养学生的关键能力，并形成以关键能力为中心的职业行动能力概念。[1]21 世纪初，美国又进行了 21 世纪关键能力研究项目，其目的主要是满足其本国国内职场对人才的最新需求。[2]

与西方社会发展进程相比，中国改革开放以来剧烈的社会变化可谓人类社会迄今为止规模最大、速度最快的经济社会结构的变化。如今，中国社会经济发展进入了新时代，"一带一路""人类命运共同体""中国制造 2025"等国家重大战略被相继提出，服务国家战略则需提供更为

---

[1] 楼飞燕，王曼，杜学文. 德国职业教育核心素养的探究及启示 [J]. 黑龙江高教研究，2018（1）：55-58.

[2] 邓莉. 美国 21 世纪技能教育改革研究 [D]. 上海：华东师范大学，2018.

强大的人才支撑。[1] 随着技术的发展与社会需求的变化，单一技能的劳动力，即传统职业教育培养之人才，既难以促进个体终身发展的需求，也无法适应整个社会的发展变化。我国经济产业结构调整与升级催生了复合型技术技能人才多元化的急迫需求，或者说，产业转型升级倒逼高职教育人才培养理念和方式的变化，亟须扩大高职学生关键能力教育的供给，推动单一型技能人才向复合型技术技能人才培养的转变。[2] 而关键能力的培养直接面向新职业、面向新岗位、面向未来新的社会，只有具备跨职业、跨领域能力的人才方能适应和应对社会发展所带来的挑战。因此，高职教育必须强化人才"关键能力"的培养要求。新时代，创新高职教育学生关键能力体系，探索行之有效的培养模式方能满足国家战略的施行和未来社会对高素质复合型技术技能人才的需求。

[1] 陈琪. 高职教育培育工匠精神的路径探析 [J]. 中国高校科技，2018（5）：69-70.
[2] 李小元，刘敏. 职业素养教育的缺失与路径 [J]. 中国高校科技，2017（7）：58-60.

第二节 高职教育人才培养模式发展的趋势与基本取向

高职院校人才培养模式的发展随着市场、社会、技术、行业的发展不断变化。在满足学生个体终身发展潜力的同时，也要符合社会经济发展的需求，更要匹配高职教育发展改革的需要。在上一节高职学生关键能力培养模式变革的三重发展逻辑分析的基础之上，本节将就高职院校人才培养模式变革的趋势与基本取向进行阐述，为打破传统的、以学校为中心的高职学生关键能力的培养模式，为高职学生关键能力培养模式的创新变革提供理论参考。

一、"专业性"向"复合性"发展

在新的市场形态和社会发展的技术推动下，职业岗位的不稳定性，对高职学生通识知识和关键能力的培养提出了更高要求。现代职业教育逐步从单纯满足对职业技能的培养转型提升为对人才职业可持续发展能力的培养。除了职业知识和专业技能之外，各国均重视加强综合素质即关键能力的培养。

职业教育在人才培养方面需要培养学生关键能力的观点和理论，德国经济学家、社会教育学家梅腾斯认为关键能力，超越具体职业和岗位的范畴，具有可迁移性和可转换性，对职业发展产生关键影响。就专业技能与关键能力两者的内涵而言，后者内在地指向复合性与可持续性。专业技能是指从事某种专业所需要具备的知识、经验与技能。关键能力则是超越专业能力之外的从事任何职业都必须具备的通用能力，是伴随个体终生可持续发展的能力，具有普遍的适用性、广泛的迁移性和可持续等特点。[1]20世纪80年代，以培养学生关键能力为核心的职业行动能力体系在德国建立。此后，在世界各国的职业教育体系中，关键能力培养成为与专业技能培养并驾齐驱的目标，各国也逐步探索了适合本国国情的职业教育人才培养，特别是关键能力培养体系。德国职业教育关键能力培养，分为一体化和附加两种方式。所谓一体化，即在专业课程，通过有针对性的内容和教学方式强化关键能力培养。附加方式是指通过培训、活动、项目、讲座等专业课堂以外的形式培养学生的关键能力。相较之下，英国职业教育关键能力的培养更多采取一体化模式，以"三明治"式教学计划与国家资格证书相结合来培养学生关键能力，通过工学交替，培养学生实际工作能力和动手实践能力，将社会政治经济发展、职业规划和个人成长融入课程。[2]

在我国高职教育人才培养中，关键能力培养的重要性越发突出，成为

---

[1] 顾月琴. 比较与借鉴：国外四大职教模式研究 [M]. 苏州：苏州大学出版社，2016：168.

[2] 张继明."双元制"与"三明治" 德、英高等职业教育模式的比较 [J]. 职业技术教育，2006，27（12）：54-57.

新时代复合型技术技能人才所必备的能力。复合型技术技能人才指的是专业理论知识和基础技能扎实，可以适应两个或两个以上职业岗位的职责，且具有良好个人品质素养及职业可持续发展潜力的技术技能型人才。[1] 复合型人才是为了应对社会变迁中社会环境与结构变化的要求，在当代高职专业交叉、技能重合、能力融合的现实下应运而生的一种人才培养新需求，在企业中这类人才往往扮演一专多能的"多面手"角色。[2] 由此可见，关键能力对复合型人才培养具有举足轻重的作用和价值。具体来说，包括胜任一般性岗位需要的基础能力和人际交往与团队合作能力，如计算机、语言等基本办公能力和普通技术使用能力，以及服务、沟通、讨论、合作能力。同时，还包括面对职业转换、岗位迁移时的适应性能力，如理性思考与判断能力及个人品格能力，以及策划、创新、问题解决、自我管理、诚信、自信、敬业等能力与精神。

二、"迁移性"与"融合性"并存

在进入信息化、智能化时代后，技术创新和应用的周期不断缩短和加速，职业更新的频率不断加快、知识更新不断加速。职业教育随之应变，高职人才培养体系中，学生的关键能力成为必备要求。完全契合单一职业岗位要求的职业技能没有办法适应职业变化和社会发展需求，新时代，

[1] 王志红. 公安院校复合型人才培养策略 [J]. 教育与职业，2015（7）：116-118.
[2] 周建强，许海圆，雷莱. 新常态下职业教育关键能力的培养 [J]. 职业技术，2019，18(1)：25-28.

随着制造业与服务业的发展，智能制造技术与现代服务要求的提升，高职教育对学生迁移性能力的培养提出了更高要求。

与此同时，职业教育通过不断整合，优化体系、完善升级。新的体系构建中，除中高职学校的正规教育，还包含职业准备教育、职后继续教育、社会培训等多元路径。在职业教育自身人才培养不断融合完善的同时，为了满足学生多元化的学习需求，为其打下更加坚实和广泛的基础能力，也为其适应工作领域和岗位的变化，普职融通等不同层次、不同类型教育之间的融合提上了日程。不少国家，在类型上，职业教育、普通教育、成人教育和高等教育之间已实现互相贯通。在层次上，除中职中专、高职大专和本科之外，还不断拓展专业研究生教育，体现高等职业教育人才培养模式变革的融合性。

德国的双元制内在要求职业教育和普通教育互相渗透融合。英国的双轨制模式中，将国家职业资格证书与国家普通教育证书相融合，推出了普通国家职业资格课程，采用单元课程与单元学分累积值，实现普通教育与职业教育的相互融通。在英国，获得国家高级职业资格证和国家普通三级职业资格证书的学生，可以免试升入大学攻读学位，实现职业技能资格和普通高等教育之间的有效融合。澳大利亚的职业教育体系中，学历证书和职业资格证书相互衔接和沟通，职业教育资格分为六个等级专业证书。获得第五级别文凭证书的学生，可以直接进入大专院校二年级学习；获得高级文凭证书的学生，可以直接升入大学本科二年级就读深造。后来又增加了职业教育研究生证书和职业教育研究生文凭两个级别，它们分别与普通高等教育中的研究生证书和文凭具有同等价值。

高职教育人才培养模式变革的迁移性和融合性趋势，内在地要求摒弃传统的以学校为中心、以专业建设为核心的高职育人模式，转型为校企多元主体协同、工学交替等多情境互相衔接的关键能力培养育人新模式。如此，当个人职业生涯面临跨岗位、跨职业，甚至跨行业时，才能具备融入新环境、解决新问题的职业迁移能力；个人学习生涯面临转段、升学等接续发展时，才能具备衔接知识学习、延续技能训练的学习融合能力。

三、"封闭性"向"开放化"转变

传统的高职教育人才培养是相对封闭的。首先是体制上的封闭，高职教育很长时间以来都以就业为目标，高职毕业成为高职学生教育的终结，即便有了专升本的尝试，但从体制来看仍然具有阶段性封闭、相互独立的特征，仍然是一种局限在以就业为导向的教育。在职业教育与其他类型教育的联结上，仍缺少通畅、灵活的端口，使得职业教育画地为牢，丧失发展活力。其次是办学上的封闭，传统的高职院校，办学过程中职业教育特点不鲜明，与普通高等教育在专业设置和课程设计方面区分度低，培养过程与企业、行业关联度弱，社会服务能力差，在教学安排上一味地沿用传统的学年制等模式也制约了高职教育的改革与发展。

高职教育人才培养的现代化是一种开放化发展进程。对高职教育而言，其得天独厚的"跨界"属性注定了其必须开门办学、开放发展。首先是"导向"跨界，高职学生的需求从过去单纯的就业择业，变化为现在包括升学在内的职业生涯终身发展，高职教育在人才培养的导向上也必须横跨两头，既要关注学生个体的职业发展，又要适应社会经济转型升级。其次是"性质"跨界，高职教育本身具备教育性与职业性两大属性，因此，在人才培养上高职特别关注学生实践学习，强调科研应用属性，注重强化校企合作。再次是"主体"跨界，随着高职教育校企合作产教融合的纵深发展，在人才培养的主体方面不再单单只有学校本身，而是尝试引入政府、行业、企业等各方主体，打造多元主体的育人模式。最后是"地域"跨界，高职教育的开放既要扎根中国大地，推动乡村振兴，助力产业结构调整转型和社会经济升级发展，又要对外开放，服务企业走出去，同时把中国的职教模式带出去，服务"一带一路"沿线国家。

高职教育人才培养模式的开放化进程中，首先是课程开放，与普通高等教育学科教学体系中的课程相比，高职教育的课程更加职业化和实践化。高职教育课程的开放化发展将进一步加速课程设计参照行业标准、联系工作过程、融入职业情境。其次是教学开放，实习实训等实践教学环节原本就是高职教育人才培养的重要环节，随着高职教学开放化发展，实践教学将更加突出学生适应社会、适应岗位、终身发展所需的关键能力培养，尤其是教学目标和教学方式上进行改革，通过引入行业、企业资源建设完善校内实训基地，同企业共建校外实训基地，通过技能大赛训练等形式培养专业技能和关键能力都过硬的学生，通过校企合作让学生在实习期间感受真实的职业情境和工作场域，培养学生的职业能力。

再次是师资开放，互联网等信息技术的迅猛发展使得知识、文化、技能的物理边界日益模糊，教师作为传授知识和技能的载体在信息时代也要形成开放性的交互机制，师资在网络上的共享将成为常态，而通过校企合作等模式引入的行业师资也将成为高职人才培养的另一支生力军。最后是评价开放，高职教育人才培养考核与质量评价永远是衡量高职教育发展变革成功与否的最重要指标，也是高职院校赖以生存与发展的生命线。质量评价的开放预示着高职教育的质量将接受来自国际标准、政府、社会、行业、企业、家长等各方主体的检验与监督，是对课程体系、教学模式、学生培养标准的一场大考，也将倒逼人才培养模式不断地改革与发展，从而不断满足社会经济对人才规格和质量需求的变化。[1]

不论具体哪个维度的开放，对于高职教育人才培养来说，最重要的开放就是校企合作、产教融合，尤其是关键能力的培养，离不开校企合作、产教融合。作为一种方法能力和社会能力，关键能力的培养离不开真实的职业情境和行动导向的教学方法，校企合作无疑可以为学生提供企业真实环境，接触职业氛围和企业文化，在具体的职业活动教学中，以完成工作任务的形式达到关键能力培养的目标。

---

[1] 宁云涛. 协调与转型: 新时期高等职业教育开放化的路径研究 [J]. 职教论坛, 2017(2): 84-87.

第三节 高职学生关键能力培养模式变革的理论基础

通过前两节对高职学生关键能力培养模式变革的三重发展逻辑，以及高职人才培养模式变革趋势与基本取向的阐述剖析，为高职学生关键能力培养模式变革之路提供了一定的理论依据和参考，本节将继续深入探讨该模式变革的深层理论基础，通过相关理论的分析及其与本研究关系的阐释，为模式的变革与创新构建新的理论分析框架，并以此为理论基础，为模式变革的实践指明方向和路径。

一、技能形成理论：高职学生关键能力培养模式变革的宏观制度体系构建

技能形成是一个独立于培训与教育体系之外，又十分依赖培训与教育体系的概念。该概念形成于 20 世纪 90 年代，综合了发达国家政治学、社会学、经济学等学科理论，由西方学者提出的。在当时知识经济的推动下，世界各国的经济、政治和社会发展与创新、创业、科技进步、劳动力技能开发、信息技术发展等相关政策结合起来，专业技能成为知识经济时代最

重要的资源。[1]

　　吴刚[2]、张弛[3]等学者认为"技能形成"是指技能现存能力和潜在能力的形成，它是全社会劳动者获得技能的过程，即劳动者从没有技能或低技能到习得技能，再到熟练使用技能，最终将其内化于心的过程，也是整个社会在学习、开发、提高生产力方面所掌握的能力。技能形成不但指的是劳动者个体意义上的、私有的技能获取、提升或开发，而且在国家层面，包含以培育经济发展所需技能为需求的技能形成这一层集体意义。[4]

　　劳动力技能形成的主要渠道是职业院校的教育和企业社会培训，其中，职业院校的教育主要是系统传授学生专业技能，并且通过深化校企合作，使得学生获得在职业场域学习的机会；企业社会培训则因其自身处于工作场域中的技能训练，较正规职业教育而言，更便捷实用，可迅速提升某一方面劳动力的技能，但总体上企业培训质量参差不齐，缺乏理论和技能的系统化培养。[5]劳动者技能学习获取的相关各方利益主体，包括政府、学校与培训机构、人才市场、行业组织与用人企业等，以及各方主体各自订立的相关制度与政策，是技能形成更为关注的领域，这

[1] 李玉静. 技能形成：内涵与目标 [J]. 职业技术教育，2019，40（7）：1.
[2] 吴刚，胡斌，黄健，等. 新时期产业工人技能形成体系的国际比较研究 [J]. 现代远距离教育，2019（2）：52-63.
[3] 张弛，赵良伟，张磊. 技能社会：技能形成体系的社会化建构路径 [J]. 职业技术教育，2021，42（13）：6-11.
[4] 李玉珠. 技能形成视角下职业教育产教合作制度的比较研究 [D]. 北京：北京师范大学，2015.
[5] 刘婉昆. 企业新型学徒制视角下产业工人技能形成的制度变迁及启示——基于 H 省 Z 企业 20 名产业工人的口述史研究 [D]. 浙江：浙江工业大学，2020.

一点是其有别于职业教育和企业培训的重要表现。[1]

　　站在政治演进、社会发展、经济转型的角度，国家主导统筹各政府部门、学校等教育与培训系统和行业组织与用人企业等各方利益主体，以合作形式培育经济社会发展所需技能的制度体系，称为技能形成体系，它也是国家进行技能培训的社会化体系。该体系作为一种社会行为，由于其需要满足一个群体的技能习得、提高和运用的需求，必将涉及多方利益主体，必须站在国家层面完整设计一套用于技能形成的制度体系，这样才能更好地协调政府、学校与培训机构、行业组织与用人企业，乃至劳动者等各方主体之间的利益关系。技能形成体系是一个完善的制度体系，包括可转移和标准化的技能供给制度、权责共担的技能投资制度、科学的技能认证制度、合理的技能使用制度、公正的技能评价制度和社会协调合作制度等。[2]

　　以英国莱斯特大学的阿什顿（D.N. Ashton）教授为代表的学者认为不同经济体的技能形成体系拥有不同的模式，如其在 20 世纪末对亚洲新兴工业经济体（亚洲四小龙）进行个案研究时发现，虽然四个经济体在民族、习俗、政治实体方面各有不同，但都突出了政治实体的重要作用，首先政治实体通过贸易与产业的政策制定对企业的劳动力技能需求施加影响，其次通过调动一系列体制机制，以确保技能供给的质量和数量，

[1] 张弛, 赵良伟, 张磊. 技能社会: 技能形成体系的社会化建构路径 [J]. 职业技术教育, 2021, 42 (13): 6-11.
[2] 吴刚, 邵程林, 王书静, 等. 产业工人技能形成体系研究范式的新思考 [J]. 现代远距离教育, 2020 (2): 23-31.

以满足企业的劳动力需求，最后政治实体将经济政策与教育培训制度相匹配，从而保证经济增长与教育培训发展协调统一。这种模式被阿什顿称为开发型技能形成体系。[1] 随着研究深入，阿什顿又提出在技能形成体系的研究过程中应关注政府、院校、企业、劳动者四个利益相关方，它们一方面在一定的政治、经济、文化、社会背景下相互制衡、彼此影响，另一方面在维系和保障自身利益的过程中形成了特定的制度规则，技能就是在这种制度规则下形成与传播的[2]。英国卡迪夫大学的布朗（Brown）教授认为，技能形成要与国家政治经济制度联系起来，因为技能形成体系直接受到政治经济制度的影响。[3] 凯瑟琳•西伦（Kathleen Thelen）认为技能形成体系是一系列制度的集合，并受到国家教育体系变化的影响，它强调国家各职能部门以集体方式培育国家层面的一种技能。[4]

国内学者许竞研究认为国家的技能形成体系受国民教育体系和生产系统两个方面因素的共同影响。[5] 王星认为如将职业教育和企业培训同技能形成进行对比，则会发现技能形成在内涵和外延上都超越了前者。他用通俗易懂的方式对技能形成体系做了阐释，认为如果劳动者的技能

[1] Ashton D.N. The Skill Formation Process: a paradigm shift?[J]. Journal of Education and Work, 1999, 12(3):347-350.

[2] Ashton D.N., Sung J., Turbin J. Towards A Framework for the Comparative Analysis of National Systems of Skill Formation.[J]. International Journal of Training and Development. 2000,4(1):8-25.

[3] Brown P. Globalization and The Political Economy of High Skills[J]. Journal of Education and Work, 1999(3):233-251.

[4] Kathleen T. How Institutions Evolve: The Political Economy of Skills in Germany Britain the United States and Japan[M]. Cambridge University Press, 2004:124.

[5] 许竞. 试论国家的技能形成体系——政治经济学视角 [J]. 清华大学教育研究, 2010, 31（4）: 29-33.

形成包括技能知识学习和技能经验积累两部分，知识学习在学校，经验积累在企业，只有这两部分形成良性互动才能促使技能形成，而链接技能知识学习和技能经验积累两部分的机制安排就是技能形成制度，国家层面上关于技能形成的一整套制度安排就是技能形成体系。[1]王星进一步提出产业创新发展紧随经济社会结构的转型发展，这必然要求进一步的校企合作和产教融合，在技能形成的不断转型升级中，校企合作与产教融合不但要求技能教育和培训的课程升级换代，而且要求整个国家、社会建立起一套新的与之相互匹配并能保障其有效运行的制度和体系。[2]张学英提出，将来内、外技能形成路径之间的界限将呈现模糊化发展趋势，最终渐渐走向内外融合的技能形成，即职业院校会招收越来越多的具备职业经历的劳动者进入正规职业学历教育，而企业通过政策引导将越来越有意愿参与校企合作、产教融合，形成对劳动者的校企共育，同时，校企双方将合作打造高水平的具备真实情境的实训基地，以提供最前沿的技术技能训练。[3]

面对新时代的挑战，一方面，新的经济结构催生新的产业业态，新的产业业态要求劳动者掌握新的技能；另一方面，符合社会经济转型和高职学生个人职业生涯的可持续发展需要的关键能力培养现状堪忧，如

[1] 王星. 技能形成、技能形成体制及其经济社会学的研究展望 [J]. 学术月刊, 2021, 53 (7): 132-143.
[2] 王星. 技能形成的多元议题及其跨学科研究 [J]. 职业教育研究, 2018 (5): 1.
[3] 张学英, 朱轩, 康璐. 中国劳动者技能形成的历史逻辑及演进趋势 [J]. 职业技术教育, 2020, 41 (1): 59-66.

何探索高职学生关键能力培养的新模式成为当务之急。技能形成理论从宏观上为如何通过深化校企合作、产教融合，以提升高职学生关键能力培养效果所要探寻的制度体系建设提供了理论依据。

二、情境学习理论：高职学生关键能力培养模式变革的学习情境场域设立

情境学习理论认为学习除了习得知识以外，还要进行思维和实践，也就是将知识学习与其产生的社会情境相结合，同时要求学生参与实践活动。情境学习理论认为知识不是个体的内部心理表征，而是个体和社会情境之间联系的属性及其互动的产物，即知识是一类高度基于情境的实践活动。

从一般意义上而言，情境学习理论于 20 世纪 80 年代末至 90 年代初出现，是继行为主义、认知主义之后又一重要的教育心理学领域的学习理论。布朗（Brown）、柯林斯（Collins）、杜吉德（Duguid）等学者指出知识本身在缺乏活动时是有惰性的，知识与活动是辩证统一的，不能以活动为辅来进行学习，应将活动融入知识学习的整体过程中，从而使得知识处于活动中并随之得到运用和发展。[1] 这种观点提及了知识与情境之间互相作用的关系，强调了学习者在情境中通过活动获得知识，肯定了学习的情境性本质。

---

[1]Brown J.S., Collins A., Duguid P. Situated Cognition and The Culture of Learning[J]. Educational Researcher, 1989,(1):32-42.

来自美国印第安纳大学的巴拉布（Barab）和达菲（Duffy）指出，学习者在真实情境中通过活动不但可以获得知识和技能，而且形成了某一共同体的身份，两者密不可分。[1] 莱夫（Lave）和温格（Wenger）于1991年合著了《情境学习：合法的边缘性参与》一书，书中创新性地提出了"实践共同体"这一概念，指明在个体和共同体的关系中，活动具有举足轻重的地位，同时，共同体对于合法的个体活动亦尤为关键，这是一些追求共同事业的人一起从事通过协商的实践活动，分享共同信念和理解的个体的结合。[2] 他们并不一定在空间上聚集，而是拥有共同的知识背景和任务，通过实践活动完成任务。[3] 简言之，实践共同体体现了实践活动和文化对于情境学习的重要性，因此，情境学习必须是发生在一定的情境、文化或场域中，形成的一种学习方式。通过在实践共同体中的共同学习活动，学习者们逐渐产生共同的目标与理念，逐步构成其行为的价值意义。[4] 文化传统的共通性、系统的互相依存性以及再生产循环是实践共同体的特点，统一目标、集体理念是实践共同体的核心要义，内部学习者们通过相互交流形成共同文化历史传统，并通过吸收

[1] Barab S.A. & Duffy T. From Practice Fields to Communities of Practice. Edited by Jonassen,D. & Land, M. Theoretical Foundations of Learning Environments［M］. Lawrence Erlbaum Associate, Inc., 2000: 28.

[2] Lave J. & Wenger E. Situated Learning: Legitimate Peripheral Participation［M］. Cambridge, United Kingdom: Cambridge University Press, 1991:68.

[3] Driscoll M. Psychology for Learning Instruction (2nd edition)［M］. Boston: Allyn and Bacon, 2000:58.

[4] 崔铭香，曾浩. 论情境学习与教师蝶化发展 [J]. 教育发展研究，2021, 41（20）: 39-44, 79.

新成员为共同体的扩充做出贡献。[1]

如果说学习的载体是组建实践共同体，那么学习的本质就应该是一个文化适应和融入实践共同体，已获得共同体内学习者身份的过程。莱夫和温格这种情境学习的过程称为"合法的边缘性参与"。其中，"合法"表示的是随时间的推移与学习者经验的增加，学习者合法使用实践共同体资源的程度；而"边缘性"的意思是学习者在实践共同体中有对价值活动的参与程度与核心学习者的差距。也就是说，一个新手学习者合法地参与实践共同体，在与其他学习者和专家交流的过程中逐渐成长为核心学习者的学习过程，其地位也从边缘性转移到中心地带。[2] 学习者必须是参与者，而不是旁观者，但由于学习者在初期属于新手，没能力参与共同体的全部活动，只能参与一部分活动，通过对专家的观察，以及与其他学习者和专家的交流来学习。与此同时，专家不能因为新手的潜力而感到威胁，应毫无保留地将自己的知识和技能传授出去。[3] "合法的边缘性参与"是情境学习理论的核心内涵和特征，其本质是一种文化适应和社会参与，强调学习是真实情境中实践的过程，学习者在学习过程中不断地提升自我理解，在与其他学习者和专家交流沟通中积累经验，强化能力并进行知识创新的过程。[4]

---

[1] 夏永梅. 基于情境学习理论的高中化学教学设计研究 [D]. 重庆：西南大学，2020.

[2] 张振新，吴庆麟. 情境学习理论研究综述 [J]. 心理科学，2005（1）：125-127.

[3] 高文. 情境学习与情境认知 [J]. 教育发展研究，2001（8）：30-35.

[4] 周志辉. 合法的边缘性参与：情境学习理论视角下的大学新生学习 [J]. 宁波大学学报（教育科学版），2019，41（3）：107-111.

学者波兰尼（Polanyi）提出，显性知识和缄默知识，是人类拥有的两种知识。显性知识是常规的以文字、符号、公式等来表述的知识，缄默知识则是无法用言语、符号来说明的，不能以传统形式进行传递，不能加以批判性反思的知识，即平时一般意识不到但无时无刻不影响人们行为的知识。[1] 在高职教育中，缄默知识无处不在，工作岗位要求的技术知识就是显性知识，而隐含在工作过程中的诀窍、手艺、观念、精神等都属于缄默知识。本研究所界定的高职学生关键能力毫无疑问亦属于学生的缄默知识范畴。情境学习理论有效促进知识向真实情境转化，尤其针对认知和学习的方法论。考虑显性知识只是缄默知识的冰山一角，因此，缄默知识是每个学习者所必须具备的，而有效的途径之一就是情境学习。在真实情境中，大量知识隐藏在实践层面，这些知识的获取便可以通过给学生设置社会性的实践情境，学生能够在过程中无声无息地习得。[2]"合法的边缘性参与"认为知识尤其是缄默知识，都依附在外显和内因的实践中并交织成网，每个学生都可以隐匿在网络边缘，根据自身需求，随机或不经意地获取这些缄默知识。

本研究所要探寻的高职学生关键能力创新培养模式，正应了情境学习理论的内涵，即情境学习理论为通过深度校企合作、产教融合以创设真实的"职场"情境，为有效培养高职学生关键能力的研究奠定了理论基础。

---

[1] Polanyi M. Personal Knowledge[M]. Routledge, London, 1958:58.
[2] 岑艺璇. 国外新职业主义教育的理论与实践研究——以核心技能形成的职业教育机制为中心 [D]. 吉林：东北师范大学，2015.

三、职业能力理论：高职学生关键能力培养模式变革的个人终身发展导向

要理解职业能力的含义，首先要对其上位概念——"能力"的含义有所了解。"能力"一词在《辞海》中的定义为："完成一定活动的本领。包括完成一定活动的具体方式以及顺利完成一定活动所需的心理特征。能力是在人的身体素质基础上，经过启蒙、培养与发展，以及在现实中学习他人经验与智慧而形成的。"[1] 这是一个趋于心理学的定义。德国学者维纳特对能力的定义是"个人或群体所拥有的能够成功满足复杂需求的前提条件"，他认为能力除认知层面的内容，还包括意志、动机、社会、道德等方面的要素，当人深入某一领域处理相关事宜时才能获得能力。[2] 上述对于"能力"的表述只是众多表述中的冰山一角，中外不同理论体系、不同学科流派对于"能力"的理解各有特点，对于"能力"研究的角度也各不相同。赵志群教授认为能力是一种个体特征而不是简单事实，不同领域对此表达的理解也不同，导致理解区别的因素主要是概念的复杂性和文化的多样性等因素。[3]

由于学界对能力的概念存在分歧，因此，对于如何准确表述职业能力的含义和特征，亦尚未形成共识。职业能力一词最早出现于 20 世纪六七十年代北美著名的"能力本位教育"（Competency-Based Education,

---

[1] 辞海 [M]. 上海：上海辞书出版社. 1980.

[2] Weinert F.E. Concept of Competence[M]//In: Rychen D.S. & Salganik L.H. eds. Defining and Selecting Key Competencies. Seattle, Bern: Hogrefe & Huber, 2001:45-65.

[3] 赵志群. 职业能力研究的新进展 [J]. 职业技术教育, 2013, 34（10）：5-11.

CBE）理论，根据哈格（Hager）所归纳的三种能力观，早期 CBE 属于典型的行为主义能力观。[1] 它把职业能力看成一个个独立的行为，能力与每个单项的工作任务相关联，可分解、可测量，强调任务技能，注重能力目标行为化。随着职业能力理论不断发展，行为主义能力观的缺陷暴露无遗，它虽适合简单操作工作的具象化，易于学习和评价，效率较高，但面对复杂任务时就出现了问题，即忽视了基础素质的重要性，忽视了团队合作的影响，也忽视了真实情境中工作的复杂性，等等。可见行为主义能力观只关注到职业能力的表层技能，而不是学生全面的职业能力。

有别于行为主义能力观的上述问题，功能主义能力观对职业能力的解释则走向了另一个极端，只注重一般素质或一般个性特征的培养，这种观点认为工作中表现出色的人具有共同的素质或个性特征，比如，交流沟通能力、批判性思维、综合分析能力、创造力等，只要人们具备这些素质即可适应任何情境的工作。但这种观点随即也遭到了批评，主要原因首先是它的"去情境化"，以及没有实证研究证明这种一般素质一定存在，同时也违反了多元智能理论。专家发现，这些能力并不一定能帮助人完成具体的工作任务。

基于上述两种能力观的缺陷，出现了整合能力观概念，它将一般素质与工作情境相结合，提出能力是个体在职业真实情境中表现出来的知识、技能、才能和态度的整合。[1] 具体的职业情境只有与个人的一般素

---

[1] Hager P. Competency Standards[J]. The Vocational Aspect of Education, 1995, 47(2):141-151.

质结合起来，才能准确反映特定职业任务的整体要求。[2]

我国对于职业能力的研究大抵是从改革开放以后随着职业教育国际化的进程而展开的，尤其是透过德国双元制和北美 CBE 模式的学习借鉴，让职教界对于职业能力的感触更加真切具体。随着时间的推移，国内学术界就职业能力的概念也从相对狭隘的"操作能力"逐步演化到"工作任务的胜任力"[3]，以及心理学角度的"成功完成职业活动所必需的知识、技能、态度和个性心理特征的整合"[4]，等等。由于职业能力属于职业教育人才培养目标的核心内容，基于职业教育研究的角度，庞世俊将职业能力定义为：个人从事职业活动所必需的能力，是进行职业活动所必须具有的知识、技能、态度、身体能力的整合，包括基本职业能力和综合职业能力。[5]张弛则认为职业能力是人们关于职业工作的显现能力、潜在能力和精神状态的整合，是知识、技能、态度和价值观的整合能力体系，包含生存、生长和生成能力。[6]上述两个定义较适用于本研究所指的职业能力理论。

从社会经济层面来说，职业能力培养既是人力资源开发的核心手段，也是树立能力本位价值观的重要举措，对于个人而言其意义尤重，职业能力培养是实现人的全面和可持续职业发展的现实途径。个人的职业能力

[1] 匡瑛. 究竟什么是职业能力——基于比较分析的角度 [J]. 江苏高教，2010（1）：131-133，136.
[2] 赵志群. 职业能力研究的新进展 [J]. 职业技术教育，2013，34（10）：5-11.
[3] 吴晓义. "情境—达标"式职业能力开发模型研究 [D]. 吉林：东北师范大学，2006.
[4] 杨黎明. 关于学生职业能力的发展 [J]. 职教论坛，2011（3）：4-15.
[5] 庞世俊. 职业教育视域中的职业能力研究 [D]. 天津：天津大学，2010.
[6] 张弛. 基于企业视角的高技能人才职业能力培养研究 [D]. 天津：天津大学，2015.

普遍而言将伴随时间的推移而逐步得到增强，这个过程即职业发展。职业发展是个人不停地接受阶段性任务挑战并克服它的过程，也是不断面临岗位、工作、职业转换与选择的过程，更是对待职业从谋生工具到事业生命的价值观转变过程。[1] 人的职业发展具体过程中，不免要面对职业的平移或变革，当职业能力达到一定水准，人就能识别和驾驭职业机会，从而保证发展的势头。一生从事两种以上不同的职业越来越成为当今社会的常态，横向或纵向的职业变化十分常见，螺旋型职业发展路径也成为职业发展的普通规律。人才可对与自己匹配的职业或职务产生越来越清晰的认识，进而发起选择或寻求。在此过程中，为其保驾护航的正是职业能力。

从前文核心概念界定中已知，本研究对高职学生关键能力的界定并不是与某种专业或某种特定职业直接相关的职业知识或技能，而是面对不同职业情境或变化时的胜任力和竞争力。在庞世俊定义的职业能力概念中，综合职业能力就是关键能力。在张弛定义的职业能力概念中生长能力和生成能力也对应关键能力的含义。由此可见，职业能力比关键能力的含义范围更广，职业能力应属于关键能力的上位概念，即职业能力包含关键能力，关键能力是职业能力的重要组成部分。可以说，培养关键能力在某种程度上来说也是在培养职业能力，学生在充分理解关键能力内涵的情况下，将更好地改变其对高职院校教育教学的传统观念，提升

---

[1] 张弛．技术技能人才职业能力形成机理分析——兼论职业能力对职业发展的作用域 [J]．职业技术教育，2015，36（13）：8-14.

其在新理念和模式下的学习意愿和动力，高职学生关键能力培养模式变革有利于学生关键能力的获得，有助于学生个人整个职业生涯全面且可持续地发展。

四、理论分析框架的建构
（一）理论之间的关系

技能形成理论不仅要求正式的职业教育与社会培训体系作为技能培养的提供者，而且强调政府、学校教育与市场培训体系、人才市场、行业组织与用人企业之间应当建立互相合作的关系，从而达到需求、供给和运用的资源互动与优势互补。技能形成体系的核心则是在各方利益主体之间构建的制度框架与治理机制。[1] 技能形成由技能知识学习和技能经验积累两个环节构成，前者发生在学校，后者发生在企业。不论是产业整体转型，还是劳动力个人培养，技能形成都是一个整体性的过程，在政策制度上不应将两者割裂开来，否则无论是对劳动者个人的技能储备、提升，还是整个产业的发展都会产生不良影响。在技能形成的完整过程中，政府、学校、企业、学生的角色都是行动者，其相互之间的互动虽然是在当前技能形成制度框架下产生的，但同时也对未来制度的不断演进发展产生了深远影响。[2] 两位学者的观点无非阐释了以下三点：第一，技能的传播源头是学校教育习得和工作场

[1] 李玉静. 技能形成：内涵与目标 [J]. 职业技术教育，2019，40（7）：1.
[2] 王星. 技能形成的多元议题及其跨学科研究 [J]. 职业教育研究，2018（5）：1.

所获得；第二，技能形成体系更重要的是宏观层面上形成有利于全社会技能学习的制度政策体系；第三，技能形成体系中的各方主体相互作用、相互影响、相辅相成，同时随着经济社会的转型升级，它们也将反向影响制度政策体系的变化。

当宏观层面有了政策制度的保障后，技能学习的主体责任就落到了职业院校和企业，通过校企双方的合作创设"企业与职业情境"，倡导"情境化"教学与学习，以培养社会所需要的技术技能型人才。[1]根据王文静的观点，在情境化学习和教学过程中，要确保丰富而有意义的情境供给，要基于问题建构性地学习，要有真实的任务和活动，要创设以学生为中心的环境，学生要尝试扮演多重角色，提出多重观点，要努力建构实践共同体，要学会合作与反思，教师则要支撑学生学习，要给予情境化的评价。[2]具备上述特质的情境学习是高效的、高品质的。

通过有效的情境化学习，学生不仅可以学习知识、练习技能，而且在过程中潜移默化地进行了关键能力的锻炼和培养，换句话说，从个人层面既增加了学习的积极主动性，也让其职业能力得到了培养，为其就业乃至职业发展奠定了坚实的基础。个人都能掌握各自的职业能力，将有助于国家技能形成体系的构建和完善。综上所述，技能形成、情境学习、职业能力三个理论之间形成了辩证统一的关系。

---

[1] 孔垂谦，穆学玲．情境认知学习理论与高职人才培养模式的变革 [J]．教育与职业，2004（26）：65.

[2] 王文静．基于情境认知与学习的教学模式研究 [D]．上海：华东师范大学，2002.

（二）理论与研究问题的关系

技能形成理论为高职学生关键能力培养模式的变革构建了宏观政策制度体系。随着当今中国社会经济结构性转型，"中国制造2025"提出中国要从制造大国变为制造强国，产业升级亟须创新的技能供给。2017年《新时期产业工人队伍建设改革方案》首次明确了"构建产业工人技能形成体系"，也是"技能形成体系"首次出现在中央文件中；2019年《国家职业教育改革实施方案》，明确了职业教育的"类型"地位，鼓励职业教育发展。在这之后，面对社会变化对人才技能需求的变化，国家陆续出台了一系列方针政策制度，为创新探索新时代高等职业教育学生关键能力的培养模式在宏观制度层面提供了政策制度保障。

情境学习理论为高职学生关键能力培养模式的变革设立了学生学习情境场域。随着制度层面鼓励校企深度合作，持续深化产教融合，校企之间站在组织的角度，无论从意愿上还是能力上都将进一步走到一起，以创新的更为融合的模式，例如，校企合作创办产业学院，带给学生更为真实的"职场情境"，实现高职学生的人才培养，特别是关键能力的培养。

职业能力理论为高职学生关键能力培养模式的变革明确了个人终身发展导向。根据社会变化需求，高职学生的关键能力对其就业和职业生涯发展越发重要，给予学生真实的学习情境有利于学生包括关键能力在内的职业能力培养，不仅改变其思想观念，增强学习的主动意愿，而且为其职业生涯的可持续发展注入活力。当高职学生关键能力得到有效提升并成为高职人才培养的普遍现象时，将有利于新时代中国技能型社会的早日形成。

（三）理论分析框架

技能形成理论为高职学生关键能力培养模式的变革构建了宏观政策与制度体系，为高职学生关键能力培养模式的变革提供了政策制度保障；情境学习理论为高职学生关键能力培养模式的变革设立了学生学习情境与场域，为高职学生关键能力培养模式的变革提供了组织运行保障；职业能力理论为高职学生关键能力培养模式的变革明确了个人终身发展导向，为高职学生关键能力培养模式的变革提供了个人思想保障。

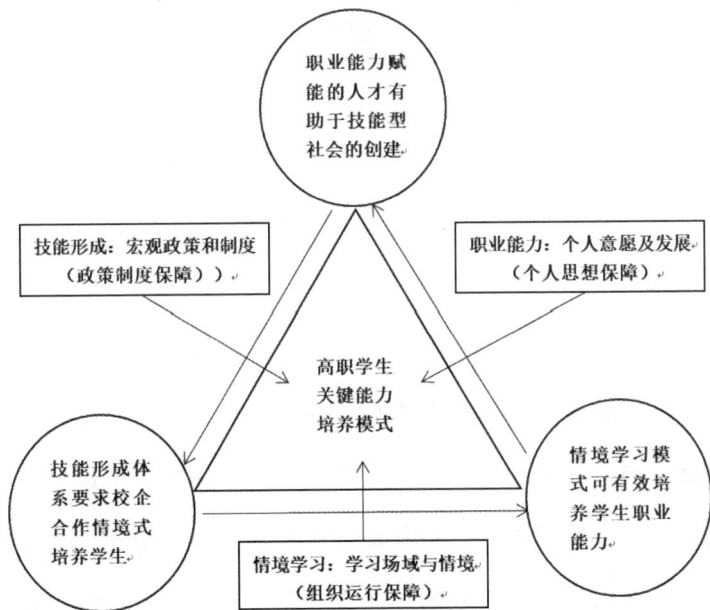

图 3-1 理论分析框架图

如图 3-1 所示，三个理论之间同时也存在一定的内在联系：技能的形成要求高职院校通过校企合作等形式构建职业情境才能得到良好的培养，而情境化的学习能够促使高职学生在掌握专业技能的同时使其关键能力也得到有效培养，从而形成职业能力，当高职培养人才具备优良的职业能力并逐渐成为普遍现象时，新时代中国技能型社会亦将早日形成。上述三个理论及其内在联系形成了新的理论分析框架，共同支撑了高职学生关键能力培养模式的变革研究。

本章小结

本章重点探寻了高职学生关键能力培养模式变革的理论依据，从理论层面论证了高职学生关键能力的有效培养必须打破现行"以学校为中心"的模式，探索新的高职学生关键能力的培养方向与道路。首节，着眼于高职学生关键能力培养模式变革的三重发展逻辑，印证了高职学生关键能力培养模式变革的重要性和必要性。从个人发展逻辑来看，只有培养关键能力，才能使高职毕业生就业乃至终身发展保持可持续的竞争力；从教育发展逻辑来看，随着高职"类型"地位的确立与发展，坚持以学生发展为本、社会需求为导向，培养学生关键能力将成为高职未来发展的使命与趋势；从社会发展逻辑来看，时代变迁导致社会经济对人才需求的演变，具备关键能力的人才方能应对跨专业、跨岗位的挑战，才能适应新时代社会发展的变化。次节，分析了高职教育人才培养模式发展的趋势和基本取向，为高职学生关键能力培养模式的变革提供进一步的理论参考。高职人才培养从"专业性"向"复合性"发展，关键能力在复合型技术技能人才培养中具有重要价值；高职人才培养"迁移性"与"融合性"并存，关键能力在人才职业变迁或接续教育过程中发挥了关键作用；高职人才培养由"封闭性"向"开放化"转变，校企合作、产教融合创设的职业情境促进了关键能力培养的成效提升。末节，在前述理论依据和参考之上，就高职学生关键能力培养模式变革的理论基础进行了深入研究，分别阐述了技能形成理论、情境学习理论、职业能力理论的含义、起源与发展、代表人物与观点，分析可见，无论从宏观、中观还是微观视角出发，高职学生关键能力培养模式的变革均有其内在逻辑和理论基础。通过进一步阐释理论之间的关系以及研究问题与三个理论之间的关系，分析发现三个理论相辅相成，共同构成高职学生关键能力培养模式变革的理论分析框架。技能形成理论为高职学生关键能力培养模式的变革提供了制度构建的理论支撑，情境学习理论为高职学生关键能力培养模式的变革提供了学习情境设置的理论支撑，而职业能力理论为高职学生关键能力培养模式的变革提供了个人终身发展的理论支撑。

从理论来看，传统职业教育培养的人才已无法适应人、社会、教育发展的需求，以紧密校企合作、深度产教融合为基础有效培养学生关键能力的新模式将逐步成为高职教育发展的主流。高职学生关键能力培养模式的变革势在必行，在理论层面已有依据，在实践层面还需要进一步研究，探寻国际、国内有意义、有价值的经验案例，探讨其值得反思和借鉴之处。

第四章

────────

高职学生关键能力培养模式变革的案例分析

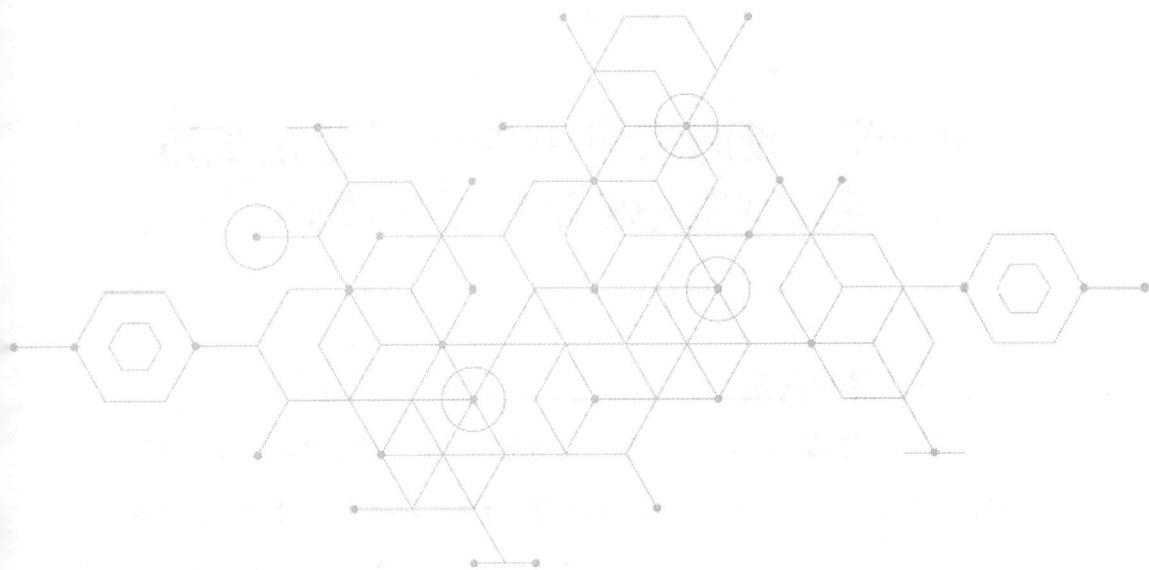

以学校为中心培养高职学生关键能力的模式，在实践中暴露出了许多局限和问题。上一章就高职学生关键能力培养模式变革的理论依据做了阐释，理论显示，高职学生关键能力培养模式的变革方向是进一步推进校企合作、产教融合，并以此为基础探索更为紧密有效的深度融合模式，以培养新时代经济社会转型升级所需要具备关键能力的复合型技术技能人才。本章将继续从国内的三个成功经验案例进行分析探讨，在理论研究基础上进一步探寻行之有效的校企合作产教融合的职业教育人才培养模式，从而探索高职学生关键能力培养模式的变革之路。

第一节 政府主导下中外产校企多方合作的关键能力培养模式

一、案例背景

当前，我国乃至全球酒店和泛服务业的发展已步入高质量发展的轨道，行业需要的人才不再是简单的低层次数量增长，而是需要大量的高端管理型人才和服务业数字化人才。据统计，我国院校相关专业毕业生晋升管理岗位的平均时限长达 8 至 10 年，而瑞士洛桑酒店管理学院的毕业生走上管理岗位平均只需 4 至 5 年。可见，我国酒店业及泛服务业人才培养体系在培养理念、培养模式和培养导向等方面与国外差距较大，人才培养层次总体偏重于中低端，单纯强调专业技能，忽略关键能力的人才培养模式，难以满足现代服务业国际化发展对人才的需求。

在上海新一轮全力打响"四大品牌"的背景下，城市社会的发展与教育现代化的发展，对应用型高端人才的培养提出新要求。在此背景下，由政府主导、牵线，国内院校与国外一流院校强强合作建立的SLS酒店管理学院应运而生，它的建立是上海扩大教育开放，深化国际产学研用合作，加大高端泛服务业高端人才培养的重要举措。

SLS酒店管理学院作为上海本土某商科大学全日制本科非独立法人中外合作办学机构，旨在对标最高标准，以满足人才培养需求，为业界培养亟须的泛服务业高端管理人才。在人才培养定位上，SLS酒店管理学院认为优秀人才并不只是单单考试分数高或者埋头苦读的传统"优秀"，而是指学生具有坚实的专业基础、开阔的国际视野、良好的外语沟通能力、国际化的思维方式和学习方法，特别是作为现代服务业的从业人员应该具备的专业技能与关键能力，能够成为酒店、高端康养、大数据科学等泛服务业相关领域应用型本科人才。

二、学生关键能力培养的实践探索

（一）政府主导打造中外多元主体合作育人的模式

上海要建设具有全球影响力的社会主义现代化国际大都市，酒店及泛服务业高端管理人才需求巨大。在上海新一轮全力打响"四大品牌"

的背景下，依托教育部与上海市共建会商机制，上海成功引进瑞士洛桑酒店管理学院优质资源，并将其写入部市共建备忘录，列入市教委年度工作要点。按照"高起点规划、高标准建设、高水平发展"的基本理念，上海市委、市政府划定一块 130 亩的土地作为 SLS 酒店管理学院的建设用地。以此建设对标国际标准的实训基地，以确保中外合作办学机构日常教学、实践活动的顺利开展，并建设一个国际标准的实训酒店，由师生承担主体运营任务，培养具有引领示范效应的、国际一流的复合型高端酒店管理服务业人才。为更好地开展产教融合，该校园的功能定位与实训酒店相匹配，校园公共设施设备如会议室、演讲厅、运动场地等与实训酒店共享共用，形成教学校园和实训酒店一体化格局。学院通过与企业共建现代产业学院，推动"学历证书 + 若干职业技能等级证书"（"1+X"）职业教育项目合作，参与建设与经营学院的校园实训酒店。

在市教委的牵线下，市商务委、衡山集团、上海电气集团、金茂集团、美团、携程等政府和行业合作伙伴积极投入和支持，形成上下联动、行业协同的合作机制。SLS 酒店管理学院与东湖集团、锦江集团等企业深度合作，推动产教融合向纵深发展。在此过程中，东湖集团侧重于推动教学实训合作，选派实训教师开设专业课程，以培养学生的专业技能与关键能力。锦江集团则侧重于开展实习培训研究合作，建立实习基地，让其高管成为学院的管理实践教授，其酒店行业大师成为学院的行业实践讲师，提供酒店管理相关实训课程，并向学院开放锦江集团的全部资源，在培养管理培训生的过程中强化训练学生专业技能与关键能力。

通过深化校企合作产教融合，SLS 酒店管理学院打造中国版"洛桑模式"，突出应用型办学特色。学院聘请具有行业背景的师资，开展基于真实职业环境的实践教学，突出学生综合实操能力和关键能力的培养，形成教学酒店（前）+ 酒店学院（后）+ 产教融合酒店（合作企业）教育形态。探索"实践教学"和"校企深度合作"应用型培养模式，开设"衡山学者"（学术）+"酒店名师"（实操）的"双师浸入式"课程，引入"瑞方院校 + 海外企业和中方高校 + 本土企业"的深度合作方式，拓展附属酒店、实训酒店、海外基地等实训体系，推动新时期基于全球胜任力的跨文化教育和产教融合应用实践创新，同时还将对学生进行民族传统文化的教育。

SLS 酒店管理学院对标酒店及泛服务业管理本科人才最高标准，秉承了瑞士洛桑酒店管理学院对国际化应用型酒店业人才的培养目标，即具有精湛的业务能力，掌握熟练的待人接物技巧，注重跨专业、跨学科的知识学习，具备跨行业、跨领域的就业能力。尤其注重学生社会责任感、敬业精神、追求卓越，以及开阔的全球视野、良好的外语能力、国际化的思维方式等关键能力的培养，使学生成为酒店管理、高端康养管理、奢侈品管理、商业地产管理、新媒体、策展等泛服务业相关领域的高素质人才。

（二）创设沉浸式的课堂环境

SLS 酒店管理学院认为学生走出校园到酒店上课，和企业教师去学校上课的效果截然不同。因此，学院将大一新生的课堂直接搬到酒店，让学生到酒店实景中学习。按照人才培养方案课程计划，第一学期有两门实训课，学生有232课时在酒店实景中完成实训，分别是客房、前厅、餐厅、管事部等7个模块。学生按10至11人分成一组，由酒店总监等行业实践导师进行现场教学，4天轮换一个岗位。目的是让学生在真实职业情境中训练专业技能，在工作场景转换中提升自身关键能力。

在这种产教融合的沉浸式教学环境中，所有带教老师均是来自东湖集团各个酒店的优秀培训师或兼职教师。课堂就是酒店前厅、客房、餐厅等酒店中的真实场景，并不是模拟出来的。学生在前厅轮岗学习中，可以观察真实的客人办理入住过程，这对学生的触动很大，会看到很多真实的突发情况；在餐厅"课堂"中，学生必须保证有统一的制服着装标准，由酒店员工带领学生练习"摆盘"；而在客房"课堂"中，除酒店客房应有的设施，还多了一块白板，上面记录着客房服务需要注意的事项，由酒店房务经理带领学生们上课。学生们被要求必须随身带着两本本子，一本是课堂笔记本，详细记录带教老师讲述的重点，另一本则是老师的打分表，主要包括学习态度、遵守纪律、行为礼仪、沟通能力、团队协作、表达能力和实践能力等十个方面的关键能力，具体如表4-1所示。

SLS 酒店管理学院实践教学评分表

带教学生姓名：_____　学号：_____　组别：_____　带教酒店：_____

一、基本信息（请在对应的框内打√）

课程名称	□《服务与认知实践：客房服务》			□《服务与认知实践：餐厅服务》			
实践模块	□前厅、前置服务及 PMS 系统（华夏）	□客房&洗衣房（华夏）	□中餐厅服务（华夏）	□全日餐厅（华夏）	□西餐厅服务（贵都）	□酒吧&咖啡吧（贵都）	□管事部（华夏）
实践岗位	□总台 □礼宾部 □大堂经理 □预订	□客房清扫 □楼层领班 □房务中心 □布草间	□迎宾预订员 □点菜员（含结账） □房间服务 □餐具准备及传菜	□领位员 □区域服务员 □点菜结账员	□金岛恒餐厅 □西餐厅 □宴会厅	□酒吧	□仓储员（采购） □运输员（含结账） □安全员（巡检） □清洁员（餐具）

二、带教老师评分（满分 100 分）

评分项目	评分点	满分	得分
学习态度	能够用积极、勤奋、认真的态度对待实践	10	
遵守纪律	能够遵守学校和酒店的规章制度	10	
行为礼仪	个人穿着得体、言行礼貌、举止端正	10	
沟通能力	善于与带教老师、客人、同学等进行沟通	10	
团队协作	能够与同事、同学进行良好的合作	10	

注：非常好 9-10 分，较好 7-8 分，一般 5-6 分，不太好 3-4 分，非常不好 1-2 分

评分项目	评分点	满分	得分
表达能力	能够清晰地表达出自己的观点	10	
问题回答	对老师的提问能够准确地回答	10	
实践能力	能够较好地完成带教老师布置的任务	10	
出勤情况	准时到岗、不迟到、不早退	10	
领悟能力	能够很好地理解带教老师所讲授的内容	10	

三、带教老师评语（不限字数）

表 4-1　SLS 酒店管理学院实践教学评分表

瑞士洛桑酒店管理学院的教学传统是"学以致用"。SLS 酒店管理学院充分沿袭其优秀传统，理论教学与实践教学有计划、分阶段、分层次地交替开展，课程内容由浅入深，从感性知识迈向理性知识，从理论到实践。学院为学生每学期设置的实训时间不同，第一学期的 28 天侧重于基础服务实训，之后难度和深度都会递增。学生们周一和周五在校园学习理论知识，周二到周四到酒店进行实训，培养学生的关键能力，包括基本服务技能、管理能力培养、决策能力等。

（三）采用启发式的教学方法

在酒店的实景课堂教学中，教师往往通过现场观察，指导每一位同学，但实训过程中教师从不就理论知识进行灌输，而是通过沟通，引导学生自己观察、倾听顾客的声音，进行团队讨论，主动思考发现并解决问题，从而使得关键能力在问题解决过程中得以锻炼。比如，第一天带教老师便提出了仪容仪表的要求，第二天，学生们的精神面貌就发生了"大变样"，通过仪容仪表的要求使得学生们的职业意识得以启蒙。

这样的启发式教学方法在实训中比比皆是。SLS 酒店管理学院的学生被要求每天撰写学习日志，回顾自己当天的实训情况，就学习和工作进行复盘，反思需要改进之处。比如，实训第一天，A 组学生深入酒店内部，发现酒店的运营与后勤工作息息相关，通过仓库管理、预算管理、补货流程的学习，了解幕后工作者的不易，更理解到此类顾客看不见的工作，反而往往是酒店运维的基础；实训第二天，B 组同学学习了总机与房务中心的接机服务以及客房状态的调务，他们深切体会到站在顾客角度看问题，让顾客满意就是他们的服务目标；实训第三天，C 组同学学习了餐前服务以及准备工作，从桌椅的摆放到咖啡的研磨，一点一滴都需要投入十分的认真与仔细。可见，酒店真实场景实训中启发式的教学方法不但将学生带入了真实工作过程，锻炼了学生的专业技能，更重要的是，通过对具体工作的理解和感悟，让学生身临其境地体会酒店服务业所需的职业精神和素养的重要性和必要性。

SLS 酒店管理学院认为，通过启发式教学，让学生学会如何独立思考，而不仅是被动接收教师灌输的知识，这其实是一种更重要的能力，是一种在快速变革时代中最为重要的能力。学院培养的本科生定位是管理培训生，因此，不仅需要培养学生在酒店及泛服务业众多岗位的基本实操技能，更注重培养学生在商业场景中的团队领导力以及对技术环境不断变革的适应与应对能力等关键能力，每一位学生会在行业实践导师的带教中锻炼这两种能力。

三、成效与问题
（一）取得的成效

1. 中瑞关键能力培养理念与目标充分融合

作为中外合作办学机构，SLS 酒店管理学院合作专业的人才培养方案由中瑞双方共同制定，培养方案的实施及其质量监控由合作双方共同负责。在优质教育理念和资源的引进方面，原汁原味地秉承了洛桑酒店管理学院关注人才关键能力培养的育人理念及其"学以致用"的课程教学体系，成为洛桑酒店管理学院学术认证体系准成员院校。同时，根据上海市的产业布局和发展特色，在人才的专业技能与关键能力培养的目标设定方面，学院也因地制宜，做出了相应设计，有效平衡和融合了"国际化"的标准和"本土化"的实际需求。

2. 基于关键能力培养的技能形成机制初步构建

SLS 酒店管理学院人才关键能力培养的技能形成各方利益主体的协作机制已初步构建，初步实现了技能需求、供给和使用的高效互动，并逐步在各方主体之间建立高效协同的治理机制和制度框架，以进一步保障具备关键能力的人才得以培养，进而提升社会服务能级，为文化旅游行业培养高端管理人才，为上海——世界著名旅游城市建设做出贡献。

3. 关键能力培养的有效模式初见端倪

在人才培养目标和课程设置方面，SLS 酒店管理学院重视培养学生把专业知识转化为实践方法的能力，注重跨专业、跨学科的知识整合能力，以及团队合作、职业态度、服务意识、问题分析与解决等关键能力的培养。在教学过程中，将行业标准转化为教学标准，包括学生专业技能和关键能力的标准。通过沉浸式情境教学等能够还原行业企业真实工作场域的教学方法，将技能与能力传授给学生。对照酒店行业标准和工作流程，通过"理论学习＋实训带教＋实操引导＋学生反思＋总结复盘＋考试测评"的模式，使学生的专业技能与关键能力都得到循序渐进的提高。

（二）存在的问题

1. 人才培养的终身发展情况有待进一步观察

由于学生关键能力培养的成效高低存在一定的滞后性，其培养效用很大程度上取决于学生毕业后的就业及其职业生涯发展的情况，但鉴于SLS 酒店管理学院成立时间较短，尚无法通过学生终身发展情况来判断关键能力培养的效用，需要进一步持续观察。

2. 技能形成的各方利益主体合作需要进一步强化

SLS 酒店管理学院在培养具备关键能力的人才方面，需要进一步巩固各方利益主体的合作关系，推进构建校企合作、产教融合的治理体系，最大限度地发挥行业企业在人才培养方案制定、课程体系建设、学科建设、"双师型"师资队伍建设等方面的实践优势，吸引更多企业深度参与高素质应用型服务人才的培养，打造产教融合的育人共同体。

第二节 校企协同下通识课程情境化改革的关键能力培养模式

一、案例背景

SCJ 高职学院酒店管理专业一直以来与上海市衡山（集团）公司、上海市东湖（集团）公司和上海国际会议中心等沪上著名企业保持良好的校企合作关系，为上述企业输送专业人才，其人才培养质量直接影响合作企业的形象。因此，学校坚持将学生的综合素质培养和提升放在首位。酒店管理专业以企业需求为出发点，设定该专业的育人目标：作为业内头部企业的工作人员应具备更高的职业关键能力要求——具备较高的政治文化素养，具有一定的国际视野和外语水平，拥有一流的服务水准。

然而，对该学院酒店管理专业生源结构进行分析后得知，来自上海郊区和全国各地农村的学生超过 90%，其中 60% 以上来自贫困家庭，农民工随迁子女、留守儿童和单亲家庭等环境中长大的学生占比很大。他们身上拥有一些共同特点，即承载整个家族期望，成功欲望强烈；由于人文艺术等综合素养较弱而产生较强的自卑感，对未来较为迷茫；学习自律性和自信心较低等。

一方面是对人才素质的高端要求，另一方面面临学生基础的薄弱。如何创新改革教育教学思路和手段，高质量为社会企业输送同时具备较高业务能力和关键能力的酒店从业人员成为 SCJ 酒店管理专业人才培养的首要目标任务。为缩短人才需求标准和生源综合素质的养成较为薄弱之间的差距，学校以"三情三养融合打造出彩青春"为定位，不断创新拓展《综合素质培养》通识课程的形式及内涵，提升学生的关键能力。在十几年探索与实践过程中，SCJ 职业学院酒店管理专业以《综合素质培养》课程为核心，将学校"厚人文、强专业、精技能、重实践、国际化"的人才培养工程融合为一体，通过校企合作共建课程体系，对接现代学徒制培养模式，创新高职学生关键能力培养的路径，推动提高学校人才培养质量，毕业生不仅成为自信的职场佼佼者，而且承担了重要政治经济文化活动的接待服务工作，为创"上海服务""上海文化"品牌做出了贡献。

二、学生关键能力培养的实践探索

（一）设计职业化的课程内容

实践中，《综合素质培养》课程已经不仅是一门单纯的课程，而是一项浩大的工程，不仅需要学院上下齐心协力运作好每一个环节，而且需要企业力量、社会资源的共同投入。由于这门课的主旋律须紧跟社会发展前沿总基调，而每届学生的基础和思维方式又有所差异，所以其授课内容、形式手段需要不断创新变化，作为负责课程的教学团队要在不断的学习、研究、探索、提炼中更新课程内容。特别是在关键能力培养方面，学院将课程细分为政治修养、职业素养、文化涵养等模块，通过设立两个课堂、三大部分和六个模块，将"家国情怀、职业情境和师生情感"融为一体，并贯穿整个课程学习过程，具体如表 4-2 所示。

在第一课堂的课程设计方面，作为学生教育的主渠道，必须确保足额的课时量，第一、第四学期分别安排 16～32 课时。在第二课堂的社会实践与活动方面，将该部分教学内容贯穿学生 1 至 4 学期的全过程。

表 4-2 《综合素质培养》课程设计

第一部分 政治修养与职业发展
个人成长与祖国发展；正确人生价值观的确立
社会责任认识和担当；文明道德修养的养成
第二部分 职业素养与职业发展
模块一 行业前景与职业选择
模块二 酒店人的阳光心理与心态
模块三 职业精神培养与职场驾驭力
第三部分 文化涵养与职业发展
模块四 艺术涵养与职业平台
模块五 表达能力（中英文）与职场自信
模块六 专业综合能力与职业拓展

每位学生按学号顺序组队参加以下各项集训和活动：国宾礼仪接待培训；海派文化观摩与实践；社会公益爱心活动实践；参加全国、上海

市及校企联合举办各类职业技能比赛等。通过各类职业技能大赛的全面历练，锻炼了学生的职场自信心等综合素质和关键能力。

（二）构建"双师型"的教师团队

该课程的主讲教师由骨干教师、行业专家、企业大师以及历届优秀毕业生共同组成，且行业专家和企业大师参与授课的比例不低。"双师型"教师团队的构建，为学生关键能力的培养带来了更多的职场经验与行业标准。表 4-3 为部分企业主讲教师教学任务安排。

表 4-3 企业主讲教师单位、职位及教学安排

姓名	单位和职务	主讲方向
嵇老师	上海静安洲际酒店 总经理；国家星评员	第二部分，模块一、三
黄老师	上海大厦 高级经济师 总经理	第二部分，模块一、五（英语）
张老师	上海东湖集团 人力资源总监	第二部分，模块一、三
李老师	衡山宾馆 人力资源总监	第二部分，模块二、三
石老师	美国饭店协会大中华区教育学院 代表 上海亚美酒店管理公司 总经理	第二部分，模块一、三、五
李老师	上海静安洲际酒店 行政副总经理	第二部分 模块六
徐老师	上海粤海酒店 高级经济师 总经理	第二部分，模块一、三
张老师	马勒别墅饭店 餐饮部经理（学长）	第二部分，模块三
詹老师	上海静安洲际酒店餐饮设计中心主任（学长）	第二部分，模块二、三
张老师	衡山宾馆 宴会部经理、培训师（学长）	第二部分，模块三
黄老师	贵都国际大饭店 前厅部主管、培训师（学长）	第二部分，模块三、五（英语）
潘老师	上海兴国酒店 大堂副经理、培训师（学长）	第二部分，模块二、三

（三）改革情境化的教学形式

在教学中，会出现由专任教师、企业家或学长同时在一个课堂的情况，通过不同背景的教师以不同视角与学生进行分析和畅谈、专题研讨，以及艺术训练、舞台表演、综合能力现场展示等丰富多样的教学和实践形式来实施教学。为提升和丰富课堂内涵，营造生动活泼的气氛，使得每位学生都能融入课堂并使自身关键能力得到真正的锻炼和提高。该教学形式将传统的校企合作人才培养模式拓展到了产教融合，以独特的"交流拓展型"教学手段和方式，通过企业的全方位参与及深度交融，共同搭建真实舞台，给每一位学生上台展示的机会，以全员覆盖、全过程保障，多角度多形式地将学生政治文化艺术素养提升与职业发展融为一体，把一大批曾经对自身缺乏自信、对未来充满迷茫的失意者培养成了职场的佼佼者。

此外，《综合素质培养》课程把课堂教学和课后训练、专业学习和职业精神培养、校内师资和校友、企业资源紧密结合，创新编写了富有情感特色的校本教材，创新设计了"模块教学法"，围绕"三情三养融合打造出彩青春"这个目标定位，力争把每一个学生都培养成为有理想、肯担当、善创新的新时代能工巧匠，融入家国情怀、职业情境和师生情谊，实现关键能力养成教育"全员、全过程、全方位"。

（四）采取多元化的考核方式

《综合素质培养》以全方位检阅综合素质提升力为目标，过程考核为主要形式，打破传统的专业技能与关键能力考核方式的局限，将多主体、多形式评价引入育人评价体系。

首先，采用专题讨论问答，展示项目评议质量。个人成绩＝团队综合表现分＋个人风采贡献分，第二课堂综合执行力和表现、专业技能比赛和互相评议等。评委由课程专兼职教师、特邀企业家、行业专家等组成，部分单项由学生互评完成。其次，以各类比赛成绩作为评价指标。将学生参加全国职业技能大赛、上海市星光计划比赛等赛事纳入考核评价，以参加相应比赛的选手获得的成绩，作为其课程考核评价的参照指标之一。再次，将合作企业评价作为考核评价指标。合作企业通过不同渠道评价该学院酒店专业学生关键能力培养的成效。合作企业的正面评价，既对课程改革效果给予了肯定，也有力地推动了综合素质培养工程的深入。最后，将社会评价作为考核评价指标。《2018 中国高等职业教育质量年度报告》将酒店管理专业"综合素质养成提升"教学工程收录为典型案例；2013 年以来，《中国饭店》杂志等主流媒体也纷纷报道该专业强化综合素质养成教育的成果。

三、成效与问题
（一）取得的成效

1. 校企合作下的通识课程情境化教学创新了关键能力培养的路径

通识课程设置的目标主要就是培养学生的关键能力，然而社会和产业对学生关键能力的要求并非一成不变，因此，通识课程对学生关键能力的培养目标也应随时代特征、随专业要求变化而变化。如 SCJ 职业学院《综合素质培养》课程，通过校企合作改变传统通识课程课堂教学形式，以灵活多样的情境化教学和不拘一格的评价方式，使得原本"死气沉沉"的通识课教学得以"释放"，促进学生真正学懂弄通，最终确保关键能力培养的有效性。将家国情怀、职业情境和师生情谊融入通识课《综合素质培养》中，课程内容实现了融合创新，同时又与酒店服务行业的专业技能培养紧密结合，有效弥补了单一思政课程教育的不足，使得该课程既是"思政课程"的特殊形式，又成为"课程思政"的龙头，经过融合对接，实现了"教书育人新概念"。

2. 基于关键能力培养的通识课程育人品牌逐步形成

10余年来，该课程作为特色育人成果不断在推广辐射，将创新的教学内容与教学形式从单一专业推广到服务业相关专业，从高职院校推广到中高职贯通院校，从学校教学推广到企业培训，关键能力培养的示范引领效果十分明显。从2010年起，该校环境监测与治理技术专业、旅游管理专业及酒店管理中高职贯通联合办学两所中职学校都陆续开设了该课程，通过联合教研活动与集体备课，校企和三校联合设计的教学体系及编写的活页讲义，实施效果显著。2017年至今，人力资源管理专业、社会工作专业、会展策划与管理专业、劳动与社会保障专业也已加入"三情三养融合打造出彩青春"的综合素质养成教育工程中。通过课程的不断创新和越来越多专业的覆盖，基于关键能力培养的通识课程育人品牌逐步形成，并发挥出示范引领成效。

（二）存在的问题

1. 课程完善优化及成果转化推广方面有待进一步创新推进

《综合素质培养》课程在学生关键能力培养方面与相关专业的融合效果一直是其值得称道之处，随着发展，该课程也从原有酒店管理专业逐步辐射到其他专业，但在此过程中，对于课程的优化完善以及学生关键能力培养成果与新的专业相结合等问题，尚缺乏强有力的领导机构和实施协调管理团队的保驾护航。

2. 关键能力培养的评价方式有待进一步细化丰富

现有的多主体、多形式的考核评价方式已经很大程度上改变了传统的书面和技能操作考核方式，但就每名学生个人的具体关键能力培养质量评价来说，现有模式更突出每一批学生的整体培养状况，特别是企业和社会的评价无法直接体现每一名学生个体的关键能力评价中，故针对学生个体的关键能力评价方式有待进一步细化丰富。

第三节 工学交融下职业生涯可持续发展的关键能力培养模式

一、案例背景

当前，上海公立医院对护士学历有一个要求：必须达到专科或以上学历方能入职，专科成为护理专业学生就业的一道门槛。与此同时，上海各大医院的基础护理人员又面临短缺问题。为了解决这一矛盾，某开放大学与上海交通大学医学院附属同仁医院从 2016 年开始推行"工学交融三融合五合一护理人才培养"项目，学校和医院双方共同确定了培养方向及目标，打破了用工、人事、财务等一系列体制机制上的壁垒。

在该项目中，学生上午在医院各科室轮转实践，下午在医院教学中心学习。工作期间每小时的劳动报酬为 25 元，医院还为学生提供免费的工作午餐。带薪学习的收入可以将学费及住宿费全覆盖，学生获得感颇丰。某开放大学与上海交通大学医学院附属同仁医院共同推行的"三融合五合一护理人才培养"项目，为工学交融下职业生涯可持续发展的关键能力培养模式建立提供了实践探索经验。

此项目至今已实施 3 年，共计培养学生 95 人，学生的专业技能和关键能力水平得到各级领导、临床带教老师以及患者的一致好评。该项目真正将工学交融落地，同时具备了教学情境和实操情境，学校、医院、学生三方在共赢中得到共同提升。在新冠疫情的防控中，65名学生参与了医院的各个楼宇、楼层和病房陪护与流行病学调查及管控，发挥了非常重要的作用。为此，区卫健委还拨出专项资金来支持该项目学生参与流调工作。在进博会期间，医院又是进博会的医疗保障单位，工学交融项目的学生也成为进博保障的后备力量。

同时，医院护理部通过该项目共计培养师资50人，通过学校的职业培训反哺，医院护理部有12人凭借该项目平台的锻炼，成功考取高校教师资格证，为临床"双师型"教师的培养起到了促进作用。在学校的带领和医院的协作下，共同打造了该校护理专业品牌，在把上海建设成全球健康城市的过程中做出了贡献。

二、学生关键能力培养的实践探索

（一）确立了"三融合"的医校合作护理人才职业能力培养模式

该项目确立了"学校与医院的融合、学习与工作的融合、理论与实践的融合"人才职业能力培养模式，搭建了"学校与医院交融、专业与临床交融、工与学交融"的平台。通过该平台，实现了工学交融，充分提高了护理专业实践教学的实战化水平，在提升学生专业技能的同时，通过医院的真实工作场域和真实岗位任务，提升了学生面对病人时所表现出的关键能力水平。

学生上午顶岗工作、下午学习，上午的实践经验带到下午的理论学习中，形成"做与学"相互融通，上午的真实情境对学生的影响和锻炼直接让其在下午的理论学习中产生更为深刻和真切的体会，促使其更扎实、更主动地学习，同时，前一天的理论学习又在第二天上午的岗位实践中得以应用，帮助其更好地服务病患、胜任岗位职责。"岗位"和"课堂"两类场景完美结合，形成了课堂学习到临床，临床到课堂学习的闭环模式，学生无论在专业技能还是关键能力方面都得以迅速提高。此外，根据工作量大小还有相应的劳动报酬，职业教育的获得感在学生入学之初时就得以充分体现，这种模式在全国亦尚属首创。

（二）采取了"五合一"的工学交融护理人才职业能力育人实践

如图 4-1 所示，该项目在"三融合"的人才职业能力培养模式下，进一步采取了"五合一"工学交融的职业能力教育教学实践方法。

如图 4-2 所示，首先，"教学与临床合一""教材与实践合一"指的是，在每年招生初期，学校与医院共同确定岗位人数，通过双方共同招聘招生，在学生入学前就与医院沟通预定工学合一的岗位，将"工"和"学"两种需求完美结合。医院根据学校要求，预留各科室轮岗岗位，预设实操专业课并与学校进行充分的联合备课，了解教材要点并将重要的实操知识点融入后续的实践教学中。学校与医院双方的专业教师通过沟通，确认学生的实践流程、专业课设置、师资选择和课程编排。随后，双方根据课程大纲要求，由学校负责通识课程教学，医院护理部教师负责专业课和实操技能课的教学，充分满足了专业技能与关键能力并重的实用化人才培养要求。

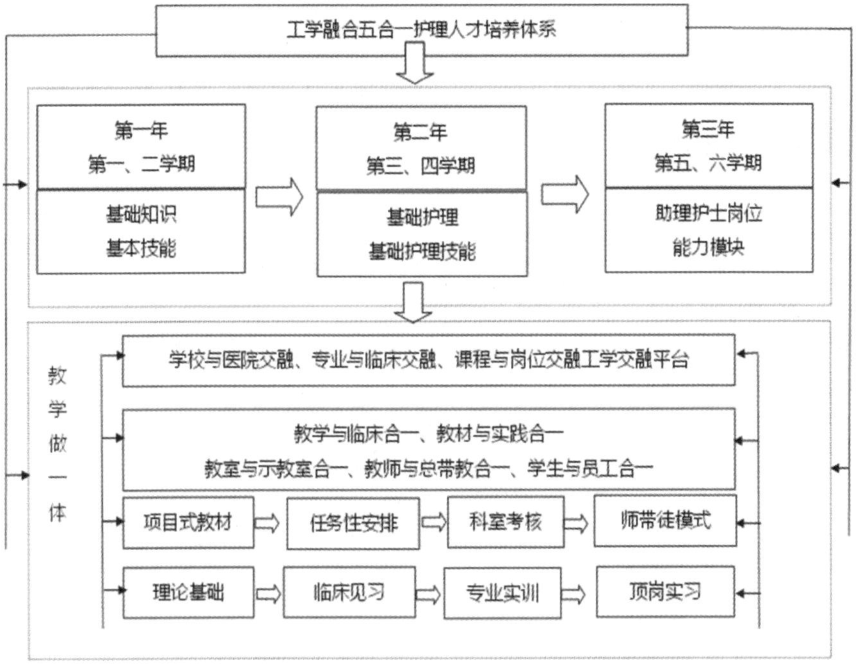

图 4-1 工学交融护理人才培养体系

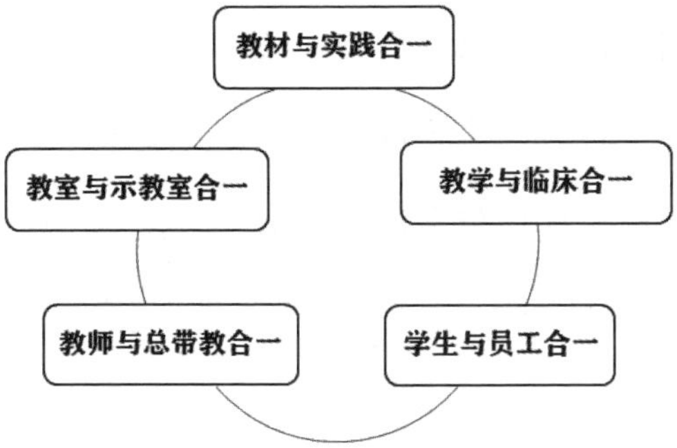

图 4-2 "五合一"工学交融护理人才育人实践形式

其次，"教室与示教室合一""教师与总带教合一"指的是，护理专业学生入学后，进入医院进行"学业＋临床"的培养，每天上午学生在各科室轮岗，按照师带徒一对一的模式在临床中学习实操并在专业老师的带教下完成护理的操作学习。下午，按专业要求在医院示教室由该专业的总带教进行基础知识授课，按照大纲规定学习，接受学校和医院对专业技能与关键能力的双重考核，获得相关学分。在约定时间内，一边学习，一边为医院提供专业技术服务。由于学生在医院的联合培养学习时间基本是在周一至周五的白天，为保证充足的教学课时，学校与医院充分协商，根据医院临床需求，统筹安排、灵活排课。这样的排课方式，符合成人职业教育根据实际灵活安排教学时间的宗旨，既方便学生也满足医院需求。

最后，"学生与员工合一"指的是，医院在学生进入医院后，安排思政教育和安全培训，同时向市卫健委上报在册临床上岗人员名单，为学生办理"执业资格"，"学生"与"员工"双重身份完美结合。通过思政教育、安全培训考核的学生，获得"学业＋临床"的联合培养机会，被分配到医院相关科室，协助护士长、科室主任医生开展临床实践工作。各科室负责对学生进行临床表现考核，记录临床工作时间，按月统计工时，发放劳务报酬。根据与学校共同制订的教学计划，安排专业医护人员（具有高校教师资格证）为学生提供专业课教学，"岗位"和"课堂"两类场景完美结合，充分保障了专业技能与关键能力同时得到锻炼和培养，形成了 ACA 的闭环培养模式，即：Academic to Clinic then back to Academic（学术到临床，然后回到学术中）。学生在联合培养期间，学校的班主任全程进入临床和课堂教学，跟踪教学实践实习管理。

三、成效与问题

（一）取得的成效

1. "五合一"工学交融的育人实践有效培养了护理人才的职业能力

教学过程注重体现基础理论、临床见习、专业实训、顶岗实习等"三融合、五合一"的实践教学体系。通过学校和医院的相融合，建设"院中校、校中院"实践平台，提供临床护理实践场所，分类分层进行课内临床模拟、课外临床实训、顶岗实习等环节的工学交融等实践教学、任务式安排、科室考核、师带徒培养，制定具有实际操作的工学交融协调管理体系，在教学过程中实现了教学相长。理论与实践的每一个教学与考核评价环节都顾及专业技能与关键能力的并重，尤其是在医院的真实情境中，过程性的教学或考核是最佳的提升或判断其关键能力水平的形式。

2. "三融合"职业能力培养模式为护理人才职业生涯可持续发展奠定基础

工学交融，教、学、做一体化项目的教材课程体系及培养模式，在上海市乃至全国是一种创新。不仅解决了学校的实操教学停留在实训室中准现场教学的不足问题，又充分发挥了医院现场实操教学实力强的优势，同时提供了大学附属医院在护理教学中伸展拳脚的机会。这种培养模式充分调动了各方主体的积极性及其最优质的资源，使得学生有机会得以尽早进入真实工作场域进行真实情境下的学习与实践，真实职业情境对护理专业学生来说是难能可贵的，与实训室中面对仿真设备和病人相比，面对真实的岗位任务和各色病患时所能感悟的职业"共情"不可同日而语，无论是专业技能还是关键能力的成长均十分显著。该项目为学生护理职业生涯的起始奠定了高起点，也为其后续的可持续发展打下了坚实的基础。

（二）存在的问题

1. 保障项目推行的制度与政策有待进一步完善

护理人才"三融合、五合一"人才培养模式运行过程中对于医院、学校、学生各方利益主体应履行的责任义务以及应享受的权利，存在具体制度保障和政策落实不够完善的问题。特别是学生在边学习边工作的过程中，其监管措施、激励机制等细则尚未完全到位，其工作岗位的稳定性及报酬待遇也需进一步明确，如果制度层面无法逐步完善，将影响学生关键能力培养的过程和水平，也将同时影响项目的持续运行与发展。

2. 项目的教学管理与沟通协调机制有待进一步优化

由于工学交融的人才培养过程需要同时具备"教学情境与工作实操情境"相结合的条件，其具体的权责分配、操作管理所涉及的细节很多，在项目运行中尚未摸索出一套完备的教学管理制度与医校沟通协调机制，致使学校教师、医院导师、学生在教学与工作中对于设备操作安全、人身安全等一系列问题存在隐患，需要进一步优化。

第四节 案例经验借鉴与反思

本章前三节针对国内职业与技术教育培养学生关键能力的不同类型典型案例进行了分析及详细的阐述。基于上述阐述，本节将通过国内案例的实践经验总结以及借鉴反思，分别从政府制度保障层面、学校教学组织保障层面和个人学习与终身发展层面来总结归纳出适合我国高职学生关键能力培养模式变革的实践经验启示。

一、学生关键能力培养的案例经验比较与分析

前文对国内典型的职业教育培养学生关键能力的成功案例进行了描述和分析，就其中重点的培养形式、方法、效果做了重点阐述和分析。三个案例来源不同，却都各自从不同的角度、利用不同的方法有效实现了学生的关键能力培养，详见表4-4。

高职学生关键能力培养的模式变革研究

表4-4 案例比较与分析

案例	来源与选择依据	校企合作类型	关键能力培养措施
政府主导下中外产校企多方合作的关键能力培养模式	案例源自应用型本科高校的实践，是融合中外政—校—产—企培养学生关键能力的创新案例	中外合作与产教融合效应叠加的政校产企协同的产业学院模式	1. 打造中外多元主体合作育人模式培养学生关键能力 2. 创设沉浸式课堂环境，培养学生关键能力 3. 采用启发式教学方法培养学生关键能力
校企协同下通识课程情境化改革的关键能力培养模式	案例源自高职院校的实践，是通过校企合作改革课程与教学以培养高职学生关键能力的典型案例	校企深度合作的专业共建与教学改革的模式	1. 设计职业化的课程内容培养学生关键能力 2. 构建"双师型"的教师团队培养学生关键能力 3. 改革情境化的教学形式培养学生关键能力 4. 采取多元化的考核方式培养学生关键能力
工学交融下职业生涯可持续发展的关键能力培养模式	案例源自开放大学成人专科学历教育的实践，是校企深度融合，培养学生关键能力以利其职业生涯发展的案例	深入实践的医校双主体育人的学徒制模式	1. 确立"三融合"医校合作职业能力培养模式培养学生关键能力 2. 采取"五合一"工学交融职业能力育人实践培养学生关键能力

案例一是政府主导下中外产校企多方合作的关键能力培养模式，在政府的牵线搭桥下，通过中外合作办学引进国际优质资源的同时，也吸引了国内相关行业的头部企业创建产业学院，参与校企协同育人，以酒店业国际行业标准培养应用型本科人才关键能力。该模式集合政、校、产、企多方利益主体资源，通过改革课程与教学促进学生关键能力的培养。

案例二是高职院校校企协同下通识课程情境化改革的关键能力培养模式，通过加强校企合作以改革通识课程，从而改善高职学生关键能力的培养。本案例以第一课堂课程改革视角阐述了如何通过校企合作，设立专门培养关键能力的通识课程，并通过学校和企业的师资分别采取各式各样的课堂教学形式和考核评价方式，重点突出对学生关键能力进行培养。

案例三是工学交融下职业生涯可持续发展的关键能力培养模式，该模式突破了学校局限，阐述了工学交融的非全日制成人高等职业教育护理专业学生关键能力培养体系创新。学生通过学校与医院的交融、专业与临床的交融，做到了学与做的交融，完成了工作与学业的交融。通过难能可贵的医院真实情境教学，学生对真实的一线护理工作产生共情，无论在职业态度还是服务意识等各方面都产生了质的变化，使自身护理专业技能和必备关键能力同时得到锻炼，该模式还培养出一批一线医护"双师型"师资。

三个案例中的学生关键能力培养主体不同，但不论是应用型本科高校、传统高职院校还是开放大学成人职业教育，都通过一定的形式成功培养了学生的关键能力，具有代表性。三个案例虽视角不同，所侧重的关键能力培养方式亦不同，却突破了原有以学校为中心的培养模式局限，同时也印证了理论研究的结论，充分证明了职业技术教育所培养的学生，必须强调关键能力的培养，而关键能力有效培养模式和具体路径虽不一而足，但其共性都与行业、企业深度参与人才培养密不可分。

二、加强法律与制度建设为"高职学生关键能力"培养提供制度保障

（一）从法制层面确立"高职学生关键能力"的高职教育人才培养目标

根据我国目前实际情况来看，尚未有公认的权威机构负责高职学生关键能力的研发、更新和管理工作，教育主管部门以及人社等部门均未就高职学生关键能力的内涵与外延进行清晰的阐释，也没有制定统一标准作为高职院校的课程开发与教育教学的依据。[1]

如何综合政府、行业、企业、学校、学生等各方主体的利益诉求，通过科学论证，确立符合我国高职学生发展需要的关键能力框架指标体系，成为当务之急。首先，应在法律层面下功夫，如在国家的《职业教育法》中明确如何推动青年学生的关键能力培养，构建职业资格认证指标等。[2] 其次，在职业资格认证方面，可尝试将关键能力融入课程标准，

[1] 崔景茂. 澳大利亚与中国职业关键能力培养比较研究 [J]. 职业技术教育, 2013, 34 (7): 88-93.
[2] 楼飞燕, 王曼, 杜学文. 德国职业教育核心素养的探究及启示 [J]. 黑龙江高教研究, 2018 (1): 55-58.

使得关键能力的培养成为资格证书获取的必备要求，国家可针对高职学生关键能力进行全国统一的标准测评与鉴定，保障资格证书获得者切实具备相应的关键能力水平。[1]最后，政府部门之间应跨越鸿沟、消除壁垒，在高职学生关键能力开发方面形成共识，协调开展工作。由政府牵头，主导行业、企业、学校参与关键能力的开发、实施、更新、评估等项目，去除高职学生关键能力培养的政策阻碍。[2]

（二）建立与完善高职师资职后培养制度与体系

高职学生的人才培养质量，特别是关键能力的水平很大程度上取决于职教教师的水平与能力。优秀的职教教师既是教育专家，又是技工或工程师，但优秀职教教师不是凭空而来的，而是需要培养的。

首先，规范教师资格认证制度。高质量的职业教育均拥有严格的教师资格准入制度，教师的资格认定不但需要完成课程培训与通过考试考核，而且应该有一定的教学实践经验以及企业行业工作经验。然而，在现实中，我国目前的高职教师资格证考取办法，几乎完全参照普通高等教育教师资格证的考取形式，对于考取人的资质要求亦没有显示出职业教育的特点。因此，应打破原有制度，为高职教育设置专门的教师准入资格证书制度，为考取人设置教育教学与行业企业经验的门槛，同时打破终身制模式，要求教师不断进修，更新知识体系和技能水平，紧跟行业市场的变化，

---

[1] 张晶晶，郭晨，朱钊. 关键能力研究的国际经验与启示 [J]. 当代职业教育，2020（1）：78-86.
[2] 崔景茂. 澳大利亚与中国职业关键能力培养比较研究 [J]. 职业技术教育，2013，34（7）：88-93.

以适应最新的职业教育，特别是行业企业的关键能力要求。[1]

其次，建立"双师型"教师培养机制与体系。当前，对于高职教师的在职培训，学校不重视，行业企业也不参与。政府应主动承担责任，主导建立"双师型"教师培养的机制与体系，协调各级各类培训资源，根据不同专业、行业的不同需求，组织形式多样、内容充实的教师培训，使职教教师系统提升自身专业知识与技术技能水平。同时，将职教教师培训制度化，促进职教教师的培训与提升不仅是相关政府部门、行业、企业、学校的职责，也是职教教师享有的权利与应尽的义务。[2]

最后，职教教师的培训应注重其关键能力的培养。我国在进行职教教师培训的统筹规划时应考虑教师的关键能力培养，一方面教师通过切身体会，能够更好地理解关键能力，继而更好地在对学生的教学中表达和传递出相关的关键能力，另一方面，教师自身具备了关键能力，有利于其职业生涯的可持续发展。

（三）统一建立基于关键能力培养的高职人才培养质量评价体系

为了对职业教育学生关键能力培养质量进行更好的评价，各国纷纷建立起一套基于关键能力培养的人才培养质量评价体系，由学校教师和企业导师共同承担人才考核与评价的责任，将关键能力视为人才培养的

---

[1] 李瑶. 德、美、英、澳职教师资培养特点的聚焦与启示 [J]. 职教通讯，2021（6）：112-117.
[2] 朱金兰. 德、美、澳、英职教师资在职培训的特点及启示 [J]. 苏州教育学院学报，2015, 32（6）：93-96.

重中之重。

目前，我国的高职院校在教育教学过程中对学生专业技能的掌握较为重视，对关键能力的培养无论是在认识还是实践中都显不足，应将知识与技能、道德与个性等人才培养目标有机结合，从而提高高职学生关键能力。

首先，可改变高职学生考核与评价的方式方法，加强学生关键能力的培养与考核，以能力为本位作为考核目标，具体来说，可在考核评价中将高职学生的专业技能与关键能力放在同等地位评价，各占50%，同时，提高定性评价、形成性评价、过程性评价的比例，以利于引导学生重视自身关键能力的培养，也有利于教师树立关键能力培养的意识和理念。[1]

其次，政府应考虑引入第三方参与高职教育培养质量评价。我国政府可参照国外模式，简政放权，给予第三方评价机构以市场生存空间，在政策层面扩大教育评价服务的供给，促进教育评价市场的形成。同时，在包括《职业教育法》在内的法律层面修订相关的法律法规，保障激励第三方参与高职教育质量评价。

最后，引入行业企业参与高职学生关键能力的评价标准制定。由于我国目前高职院校的质量评价主要依靠教育系统的内部评价，较为单一，行业企业缺位明显，在人才培养方面与行业、职业脱节严重。因此可借鉴国际经验，由行业、企业参与人才培养质量评价标准的制定和体系的

---

[1] 熊伟，李玉鹰．关键能力培养：德国职教发展密钥 [J]．教育与职业，2010（7）：96-98.

建立，评价主体由学校转为企业，评价标准也由行业企业制定，考核的
形式由行业、企业与高职院校共同决定。[1]

三、深化校企合作产教融合为"高职学生关键能力"
培养提供实践机会

（一）构建注重关键能力培养的校企协同育人课程体系

　　课程作为高职学生"关键能力"培养的最主要载体，在高职学生关
键能力培养过程中起着不可替代的作用。我国可通过校企合作产教融合，
将关键能力培养融入校企协同育人的课程体系中。首先，可以基于社会
需求和市场调研，高职院校与合作企业共同参与具体课程的开发与编制，
在课程设置方面以实践课为主，建立与企业工作情境一致的实践场所。[2]
其次，将关键能力培养融入工作过程和具体项目，在课程开发中融入关
键能力培养目标，并通过模拟实践、角色扮演等形式，在教学推进中达
到同时培养专业技能与关键能力的作用。[3]最后，在专业课程中融入关
键能力的同时，也可以专门开设针对关键能力培养的通识类课程，培养
学生相关的职业素养、职业道德、沟通、表达等具体能力。[4]

[1] 张宏亮，杨理连. 国外职业教育质量评价"第三方"参与状况对我国的启示——以美、
英、德、澳四国为例 [J]. 职教论坛，2016（18）：86-92.
[2] 张丽华，卫泽. 澳大利亚 TAFE 学院实践教学体系的构建及其启示 [J]. 教育理论与实践，
2017, 37（15）：47-49.
[3] 唐瓷. 高职学生关键能力培养的实践与思考 [J]. 四川教育学院学报，2011, 27（5）：1-5.
[4] 杨娣. 德国职业教育"关键能力"及其践行的研究 [D]. 江苏：苏州大学，2017.

（二）建立重视关键能力培养的校企协同育人教学模式

在以关键能力为重要培养目标的职业教育体系构建，以及注重关键能力培养的校企协同育人课程体系建设的基础上，如何在具体教育教学过程中将关键能力的培养落实到每一个学生身上，成为实践领域的重要任务。可采用行动导向教学方式组织学生在真实职业情境中学习，完整参与整个工作项目实施的各个环节，在过程中，学生的分析和解决问题的能力得以锻炼，同时通过小组团队任务，又锻炼了人际交流能力、团队合作能力等；亦可将理论与实践结合，突出实践教学重要性，给予学生灵活的学习方式和个性化学习需要的辅导。不难看出，成功的关键能力教学，往往以学生为中心，重视学生独立思考和学习。

对我国高职学生关键能力培养的教学来看，首先应强化校企合作的作用。利用合作企业为学生创设虚拟或真实的职业情境，帮助学生学会自主学习、团队合作、时间管理等能力，同时，利用合作企业提供的实训机会，锻炼自身的专业技能和关键能力，进而在实践中积累经验、不断成长。[1]

其次，创新高职课堂教学的方法。采取一些行之有效的创新方法，如分组教学法、案例教学法、角色扮演法、情境教学法、项目教学法、问题启发法等，[2] 这些都是可复制、可借鉴、可传播的教学方法，都体现了以学生为中心的理念，都适用于我国高职学生关键能力的培养。

---

[1] 张丽华，卫泽．澳大利亚TAFE学院实践教学体系的构建及其启示[J]．教育理论与实践，2017, 37（15）：47-49.
[2] 首昕．借鉴国外实践教学模式 深化工学结合教学改革 [J]．苏州教育学院学报，2011, 28（1）：52-55.

最后，改变传统的高职学生顶岗实习模式。我国应改革高职学生顶岗实习模式，发挥政府、企业、高职各方优势，发挥协同育人机制。[1]校企合作育人模式下强调工学结合，即学习与实习交替进行，可采取在校学习一年后进行顶岗实习半年，然后返回学校继续学习一年，再进入顶岗实习。学习中可以将顶岗实习中累积的经验、疑问和关键能力都带回课堂，有助于学生更深刻地理解理论知识，也为后一次实习做好准备，充分锻炼了学生理论联系实际的能力。[2]

四、关注学生个体发展为"高职学生关键能力"培养树立育人理念与标准

人的发展是教育的根本目的。职业教育不是将人训练成"工具"，而是要使人有能力在社会和职业发展中持续成长。我国的职业教育旨在培养高素质复合型技术技能型人才，而"复合型"与"高素质"都离不开关键能力的培养。[3]

在高职教育中应做到以学生为中心，首先，教师必须转变传统观念，同时将过去常用的填鸭式教学方法摒弃，尝试探究、引导、情境模拟等先进的教学方法，让学生学会独立思考、自主学习，调动其学习积极性

[1] 陈仲敏．德国关键能力理念与高校人才培养模式 [J]．中国高校科技，2017（03）：62-64.

[2] 首珩．借鉴国外实践教学模式 深化工学结合教学改革 [J]．苏州教育学院学报，2011, 28（1）：52-55.

[3] 徐朔．职业教育与关键能力培养 [J]．教育与职业，2009（28）：23.

和主观能动性。其次，教师要走出课堂，教育学生积极参加社会实践，关爱他人，培养学生各方面的兴趣爱好，要善于与学生进行沟通，激发学生学习的兴趣，以提高教学质量，让学生更好、更多、更扎实地掌握相关的关键能力。[1] 学生关键能力的提升有助于其进一步热爱学习，树立终身学习的理念，最终助其终身发展。[2] 高职教育不但应该为国家、社会培养高素质复合型技术技能人才，更应为青年人铺设人生发展的基石，而这块基石就是关键能力。[3]

本章小结

本章，就国内典型的职业教育培养学生关键能力的成功案例进行了描述和分析，就其中重点的培养形式、方法、效果做了重点阐述和分析。三个案例视角不同，所侧重的关键能力培养方式亦不同，却都充分证明了职业教育所培养的学生，必须强调关键能力的培养，而关键能力有效培养的模式虽不一而足，但其共性都与行业、企业深度参与人才培养密

[1] 陈仲敏．德国关键能力理念与高校人才培养模式 [J]．中国高校科技，2017（03）：62-64.
[2] 舒慧．终身学习关键能力构成的研究 [D]．江西：江西师范大学，2015.
[3] 徐朔．职业教育与关键能力培养 [J]．教育与职业，2009（28）：23.

不可分。本章末节在总结归纳国内成功案例经验的基础上，又进一步分析了国内经验对我国高职学生关键能力培养模式变革的借鉴与启示，表明高职学生关键能力的培养，首先需要政府，特别是教育主管部门从宏观政策制度层面发力，为关键能力的培养设置法律依据和政策保障，为关键能力培养的落地在顶层设计方面铺平道路。其次在高职院校层面，坚持校企紧密合作、产教深度融合，为关键能力培养尽力提供真实的学习场域与情境是重中之重，如何探索一套行之有效的课程与教学模式，是当前高职院校的当务之急。最后，从高职学生个人职业生涯甚至人生道路的可持续发展角度而言，关键能力的重要性和必要性已不言而喻。

通过国内案例经验的分析都不难发现，关键能力培养模式的变革方向无一不指向校企合作、产教融合。而传统的"蜻蜓点水"式的校企泛泛合作并不足以支撑关键能力的有效培养，校企合作的模式虽可以各自创新，但必须是扎实、充分、紧密、诚心，唯有形成真正的校企共同体，才能真正培养出具备扎实关键能力的高职学生。

第五章

———

高职学生关键能力培养模式变革：基于产业学院的行动研究

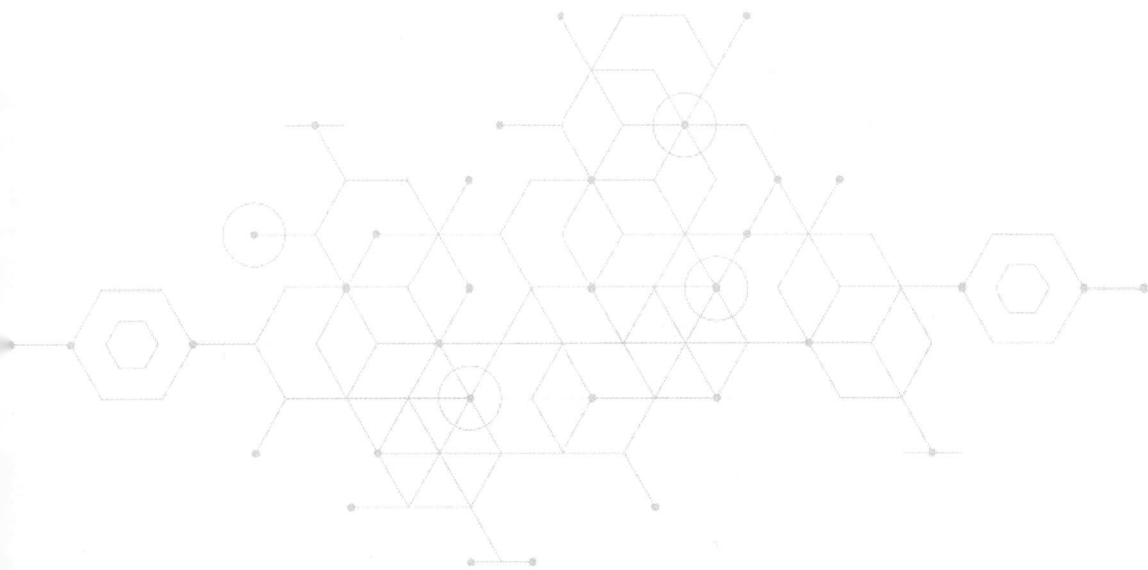

实践探索一个校企共同体模型，形成一个内部各方主体、各个维度相互关联且互为补充，以共生、共享、共赢为理念，展现出包容、开放、互补等特征的校企合作产教融合范例是高职学生关键能力培养模式变革与创新的迫切需求。究竟怎样的校企合作模式在当今职业教育深刻转型发展过程中，既符合政策要求，又可以真正实现校企融合？同时，又是怎样的校企合作模式可以真正有效培养高职学生关键能力，使其具备终身发展的潜力？

基于此，本章将采取行动研究法，以 S 职业技术学院校企深度合作共建的产业学院为研究对象，依据"计划、行动、观察、反思"的流程开展行动研究，对校企深度合作下的产业学院运行机制展开实践，努力在理论指导下对高职产业学院培养学生关键能力的具体路径创新和实践模式变革进行探索与总结。

第一节 高职学生关键能力培养的 模式创新：产业学院模式

高职学生关键能力培养模式的变革无论在人才培养目标设定、教育理念与方法，还是师资队伍建设、人才质量评价方式等各方面都应更加符合社会经济结构转型升级发展的需求，更好地遵循职业教育发展规律和高职教育发展特征，更进一步助力学生就业和职业生涯可持续发展。判断产业学院模式是否为高职学生关键能力培养模式变革的正确选择，首先应视其人才培养是否达到了"育人"的目标，是否进行了"类型"化的教育教学、建立了"双师型"的师资队伍、采用了"多元化"评价方式。

一、培养目标：从"制器"走向"育人"

一个国家和地区的"普职比"与经济社会发展之间存在内在关联，普职比在 40% 至 60% 相对合理，70%：30% 是个警戒线，一旦职业教育的占比低于 30%，劳动力结构、就业就会出现严重问题。如图 5-1 所示，世界经合组织（OECD）的 30 多个成员国，绝大多数的普职比在上述区间内。

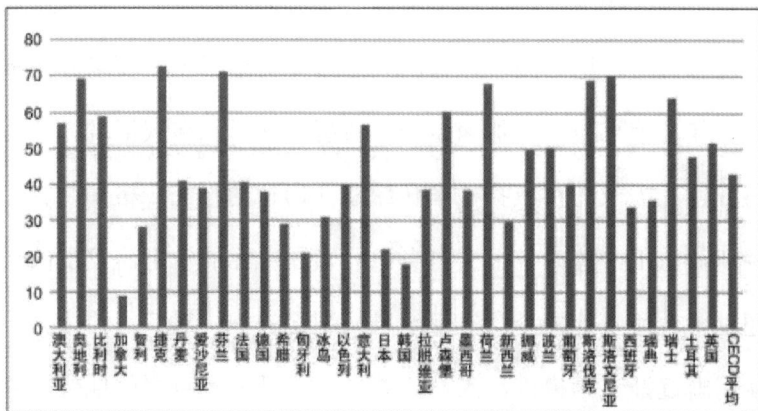

图 5-1 2016 年度 OECD 各国高中阶段职业教育占比

　　长期以来，我国职业教育培养了成千上万的高素质复合型技术技能人才，为建设人力资源强国做出了贡献。从职业教育发展的历史来看，职业教育的人才培养经历了三个阶段：以操作技能为主，以职业能力为主，再到越发关注关键能力发展。这种在特定历史条件下职业教育人才培养关注点的变化，背后是职业教育从"工具性"向"人本性"转变的发展逻辑。由于高职教育与社会发展和市场需求互动逻辑的限制，导致高职院校的育人目标与社会用人标准相比存在一定的滞后性，影响学生关键能力的培养。

　　随着人工智能时代的到来，对于一直以来接纳高职毕业生就业的制造业、服务业等劳动力市场，结构性与全面性失业的迹象已初见端倪。在我国工业化进程中，凭借规模宏大的制造业体系，容纳了数以亿计的劳动力。但当下，在职业结构上，越来越多的传统行业与岗位在人工职能的冲击下濒临淘汰，传统的单纯技能型劳动者面临的失业风险和再就业压力与日俱增，这对高职教育的人才培养提出了全新要求和挑战。由于人工智能与信息技术的加速整合，新型劳动组织形式涌现，人力资源迅速与弹性的需求与供应打破了传统职业岗位的形态、格局与秩序。[1]在这种新业态下，劳动者根据自身职业发展目标的设定而发出的自我约束力超过了他所身处的企业等组织机构制定的规则对其的约束力，工作任务从明晰逐渐变为模糊，工作成效占据了越来越重要的地位。劳动者

[1] 史娜，张茂刚. 人工智能时代高职专业现代化建设 [J]. 教育与职业，2021（8）：52-57.

往往兼具生产者和管理者的双重身份，因此，良好的自我管理能力和内驱力成为劳动者在新职业、新业态、新岗位的秩序体系中站稳脚跟、稳中求进的关键要素。[1] 上述现实均指向劳动者必须具备面临未知与不确定的情境时跨领域运用知识与技能以解决实际问题的关键能力。

因此，高职教育人才培养提出了"终身发展"的需求。国家把发展高职教育作为调整和优化高等教育结构和培养大国工匠、能工巧匠的重要方式。高等职业院校在培养高素质复合型的技术技能人才，为区域经济社会发展服务的同时，更要加强社区与终身教育服务。技术变化、社会发展、用人需求三个维度，都对高职教育的育人目标提出重构的要求：由传统的强调单一的"就业导向"，转向培养高素质劳动者和技术技能人才；由传统的"技能"导向，转向具备"通用型"要求的关键能力培养；由"制器"的工具化价值取向，转向关注人的终身学习与发展能力。

校企合作的产业学院由于与生俱来具备企业属性，根据现代行业企业的用人标准，其育人目标不仅局限于传统的"制器"，而是坚定不移地倾向"育人"，只有既具备专业技能，又掌握关键能力的人，才能符合现代企业的发展需求。由此可见，产业学院在育人目标方面符合高职学生关键能力培养模式变革的要求。

---

[1] 周金容，孙诚．人工智能时代的职业冲击与高职人才培养升级 [J]．职业技术教育，2019，40（28）：18-24.

二、教育过程：从"层次"转为"类型"

2019 年颁布的《国家职业教育改革实施方案》提出，职业教育是有别于普通教育另一种不同"类型"的教育。一直以来，职业教育为我国经济社会发展提供了有力的人才和智力支撑。随着我国进入建设社会主义现代化国家的新发展阶段，经济与产业的结构调整与升级继续提速，高素质复合型技术技能人才的需求变得越发急迫，同时职业教育的作用和地位也逐渐显现。为了更好地服务现代化经济体系建设和实现更高质量更充分的就业需要，匹配市场需求与趋势，完善人才培养模式，培养符合产业发展需求的高素质复合型技术技能人才已成为职业教育的重要使命。

既然已明确提出职业教育与普通教育"不同类型、同等重要"的地位，在研究教育、产业和职业人才成长规律时，应着力使职业教育真正成为一种需求广泛、功能特定的教育类型。高职院校作为现代职业教育的中坚力量，应当具备鲜明的职业教育特征，承担阶段性职业教育的任务，让高职教育真正成为学生重要的职业关键能力发展阶段。当前，由于历史原因，高职院校的课程体系大多仍然按照普通高等教育的逻辑，以学科建设和普通高等教育属性和规律为核心进行课程设置、组织教学实施，高职教育尚未真正实现与普通高等教育的剥离。[1]

---

[1] 徐国庆. 确立职业教育的类型属性是现代职业教育体系建设的根本需要 [J]. 华东师范大学学报（教育科学版），2020，38（1）：1-11.

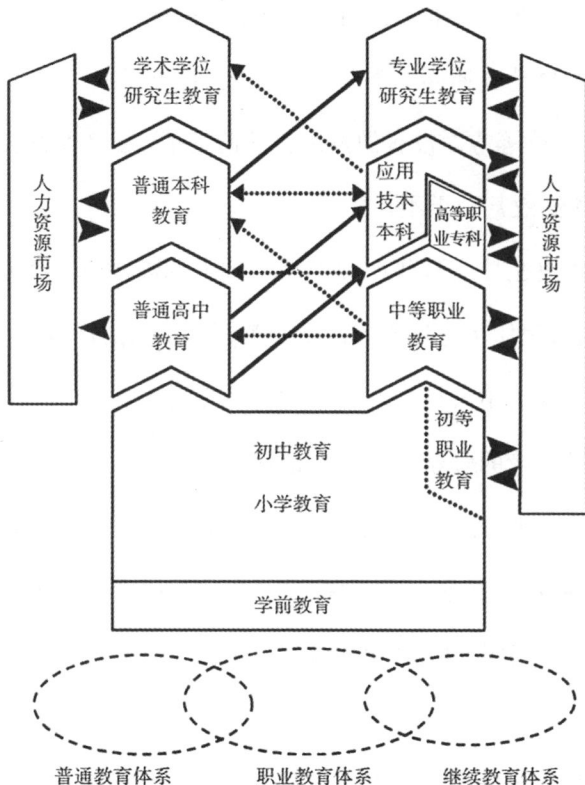

图 5-2 我国教育体系基本框架

当前，中职校与应用型本科的办学定位与分化发展较快、课程体系的职业教育特征相对明显。尤其是中职校，作为职业教育中的基础教育，多由行业或者企业开办，本身属于职业体系中的一个环节，并与行业挂钩，因此，教学体系直接对应职业岗位需求进行设计与组织。由教育部门主办的高职院校，则更多遵从高等教育的逻辑，强调课程体系的专业性、科学性等，高职院校现有的课程架构中，公共基础课比例过高、专业课程比例过低；专业基础课程占主体，与职场关键能力相关的心态准备、观念准备、意识准备、能力准备等类型的课程设置不足。学生的认知仍停留在高职教育是普通高等教育"低一级的层次"，在自我认同、专业自信、职业自豪感等方面没有做好准备的前提下，专业课的学习动力不足，课程教学往往低效甚至无用。

因此，扎根在校企合作产业学院基础上的高职学生关键能力培养模式中，学校的课程体系建设取向需要变革，比如，增加前置性的课程设计：以面向行业企业的用人标准和学生的终身发展能力培养为导向；又如，带入真实职场情境的教学内容与方法，倡导学生关键能力的培养。让学生认识到高职院校的学生并不比本科生低人一等，高职教育提供的语言表达、沟通交流能力、协调能力、抗压能力甚至领导力等关键能力的储备，将成为学生日后在市场竞争中的比较优势，使其未来的发展具备更大潜力。

学生在产业学院中，可直观体验其与传统高职院校校本教育模式的不同，逐步在其学习过程中能够真切体会高职教育是一种"类型"，而非普通高等教育的一个"层次"，如此方能使其更好地理解高职教育独特的定位与意义，以提高学习动力、效率和效果。

三、师资队伍："知识"与"技能"并举

高职教育既是高等教育的一个类型，又是职业教育的一个层次，其"高教属性"和"职业属性"决定了教师队伍建设也必须体现此双重属性，即高职教师不但需要具备理论教学能力，还需掌握实践操作技能。2019

年《深化新时代职业教育"双师型"教师队伍建设改革实施方案》，将建设高素质"双师型"教师队伍作为加快推进职业教育现代化的基础性工作，将教师队伍作为发展职业教育的第一资源，支撑新时代国家职业教育改革的关键力量。

"双师型"教师的概念诞生于 20 世纪末，彼时，我国职业教育技能型教师尚十分匮乏，经过 20 余年的发展，"双师"内涵逐渐发展丰富，从初期"双职称""双证书"的表面内涵发展为理论知识与专业技能并重的"双师"素质。与此同时，"双师"的外延也不断扩大，从要求职业院校教师个人具备"双师"素质，逐步发展为强调"双师型"教师个体培养与成长与包含院校教师与企业教师的"双师型"教师团队构成相结合。[1]"双师型"教师既应具备良好的师德，懂得相关专业的理论知识以及相应的教育教学能力，又应具备相关行业的从业经历，掌握企业岗位的专业技能和关键能力。[2]

产业学院在建设"双师型"教师队伍方面具备一定的天然优势，因为产业学院的师资团队由院校师资和企业师资共同组成，虽然在合作初期，院校师资存在行业经验不足的问题，企业师资也存在教学能力不够的情况，但通过产业学院为学生构建真实工作场域的学习情境，使得教师与学生在教学与学习中得以教学相长。特别是就学生关键能力的培养，

[1] 孔巧丽. 新时代高职教师队伍建设的成效、问题与出路 [J]. 教育与职业, 2021 (6): 70-76.
[2] 魏影. 基于双师素质导向的高职院校教师资格准入及培育机制研究 [J]. 职业技术教育, 2021, 42 (26): 37-40.

在学习过程中，学生获得"合法的边缘性参与"教师工作的身份，在真实的工作场域中，缄默知识、专业技能和关键能力得以传承，教师也通过学生的带教，使得自身理论与能力得以实践，并强化了教育教学的能力，这是现代复杂环境中高质量人才培养的有效途径。

校企合作的产业学院模式在培养学生关键能力方面，对传统职业教育的"师生关系"和企业的"师徒关系"是一种双重超越，它不但天然具备"双师"团队的基础，更具备进一步培养教师"双师"素质的条件。

四、评价体系："学历"与"能力"并重

对高职学生关键能力的培养目标设定、教育过程、师资队伍与质量保障缺一不可。人才培养质量的考核评价环节应随着高职教育变化与发展而转型与优化。

随着职业资格证书逐步退出历史舞台，2019 年国务院颁布《国家职业教育改革实施方案》，提出在职业教育中启动和实施"1+X"证书制度。"1"指学历证书，"X"指若干职业技能证书，要求各职业学院在人才培养过程中将学历证书和职业技能证书进行融合，倡导学生通过职业技能证书的培训与考取提高自身专业技能和关键能力。

在校企合作产业学院下实施"1+X"证书制度恰如其分。"1+X"证书制度作为职业教育人才培养和评价制度，在人才培养质量评价方面综合运用了学校评价和社会化评价相结合的方式。这是高职人才培养模式转型和关键能力培养的内在逻辑要求。作为一种类型教育，高职教育与

普通高等教育一样，有顺应其规律和特征的教育教学与考核评价方式，一方面具有正规学历教育的教育功能，另一方面也具有面向市场培养人才的社会服务功能，对其学习成果的考核、评价、证明与检验成为职业教育"1+X"证书制度的逻辑根源。[1]

学历与职业技能证书并行的教育模式，呈现融合、置换、补充的内在逻辑，并在实践中推动高职教育人才培养和质量评价的变革。首先，培养和评价主体双元化。学校与市场共同担当育人与评价的主体，学生在同一段高职教育过程中，可以在有限的高职教育时间段内通过学习与测评同时获取两张证书，学生因此可以获得更宽阔的职业选择范围，从而取得就业竞争优势。其次，学习与考核的场景交替。在双证体系中，高职教育分为若干组成部分，除传统"1"的部分由学校提供外，增加一部分由"X"证书标准制定者和开发者来提供，将"X"证书的培训目标与职业岗位任务相对应，从而获得更富实效的培养。最后，考核标准的融通。在新职业、新技术、新要求等出现时，如职业院校暂时没有能力提供测评时，可由合作的企业或其背后的行业组织来承担"X"证书的培训和考评。

产业学院的成立无形中代表"1+X"框架的确立，校企双方在确立各种考核评价标准、形式、工具等问题时，拥有天然的默契优势，在此框架下衍生出的融入行业标准、职业情境的考核评价方式，不仅为专业技能的培养奠定了基础，也为关键能力培养的评价做好了保障。

---

[1] 王雪琴. 职业教育 1+X 证书制度的缘起、逻辑及其实施 [J]. 职教论坛，2019（7）：148-151.

五、高职学生关键能力培养的产业学院模式

从人才培养的目标、过程、师资、评价四个维度综合来看，校企合作共建产业学院从人才培养的角度确实符合高职学生关键能力培养的要求。首先，在人才培养目标上不再单纯专注于专业技能的培养，转而更重视关键能力的培养，以期赋能学生终身发展；其次，在教育过程中，无论是课程设计还是教学方法都更体现职业教育特征，注重校企合作产教融合，注重与工作过程和职业情境的关联，以培养学生的关键能力，为学生提供职场竞争力；再次，在师资队伍方面，注重教师个体与团队"理论与实践"的双结合，即教师个体双师素质的强化，以及师资队伍双师结构的构成，从而具备学生关键能力培养能力和素质；最后，在考核评价体系方面，产业学院具备多元评价主体优势，企业不但可以带入更多的情境化考核方式，企业背后的行业组织也可以作为第三方机构，为考核评价带入如行业标准等更丰富多元的元素，使学生关键能力的评价更为客观、全面且富有实效。

在人才培养各"物理"维度符合高职学生关键能力培养的情况下，校企之间的"化学反应"往往成为产业学院这般的校企共同体实践成功与否的关键所在。

一个合作共赢的校企共同体，应是在校企双方共同利益的基础上，融合责任、文化、情感等因素所形成的多维度共同体。在利益方面，校企合作过程中双方需做到权利和义务相统一，应兼顾彼此利益取向，朝

共同利益而奋斗，需要更多更主动地站在对方的角度考虑，努力为对方带来实实在在的利益，彼此信任，携手扩大共同利益；在责任方面，必须建立责任共担的机制，企业承担育人主体之一的责任彰显了其社会责任感，此类公益行为对企业形象和企业软实力积累都将产生正面影响；在文化和情感方面，双方必须是开放包容和情理交融的，企业文化的注入将为高职院校带来生机和活力，同时学校情感的融合，也将为企业在教书育人方面加深理解和感悟，增加其在育人过程中的自发性和主动性，双方文化在情感碰撞交流和差异转换的过程将为校企合作共同体带来创造性的力量，最终形成校企之间对彼此的文化认同和情感理解。

可见，产业学院建设中能否形成良性的治理结构、运行机制、团队氛围，成为实践中能否有效培养学生关键能力的先决条件。因此，在行动研究中，除从人才培养角度探讨学生关键能力培养的具体举措与成果的同时，有必要先从体制机制层面观察，视其是否为关键能力的培养做好了必要准备。

从理论来讲，在现行制度框架下，既能符合前述人才培养各维度的要求，又能形成利益、责任、文化、情感统一融合的校企共同体模式，而绝不是一般意义上的校企合作所能企及的深度，校企合作共建的产业学院是为数不多的选择之一。

第二节 行动方案制定：产业学院围绕人才培养进行筹建

通过首节论述，从人才培养的目标、课程与教学、师资、评价四个维度已证明产业学院不失为关键能力培养模式变革的适当模式。行动研究普遍都在真实的教育环境中以解决教育教学或管理的实际问题而展开，鉴于本研究的基本问题已经明确，即基于产业学院的高职学生关键能力培养模式变革的探索。在基本问题明确的前提下，本节重点探讨行动方案制定如何围绕学生关键能力培养而筹建产业学院。

一、产业学院培养学生关键能力模式的 SWOT 分析

近年来，在国家的积极鼓励下，高职院校开始尝试发展股份制和混合所有制的产业学院，有的省市将混合所有制产业学院的建设与改革纳入了"十四五"的教育改革内容中。对于高职教育来说，高职院校校企合作产业学院不仅是办学体制的改革，更是校企合作办学人才培养模式的创新探索。现阶段我国已有一些院校与企业共建了产业学院，并以此为试点，对高职校企合作产业学院的人才培养，尤其是人才能力的培养

进行了一些探索，并取得了一定的经验，但距离全面铺开还有很长的路要走。

（一）SWOT 分析

高职院校一直肩负着为社会输送高技能人才的崇高使命，通过知识、技能的传播和技术创新，不断加快生产力发展，提高社会生产水平，因此，高职教育应注重专业知识教育与实践教育的统一，注重理实一体化的教学理念。在经济形态多元化及全球经济一体化的要求下，高职教育应顺应市场需求，允许社会主体加入，以资本、知识、技术、管理等形式参与院校建设。高职院校与企业基于共同的人才培育目标进行的新的校企合作"二合一"尝试，将深度整合双方在教育资源上的优势，形成校企合作共同体办学的发展格局。校企合作共建产业学院的办学模式对高职教育来说是市场经济发展到一定阶段的必然产物，也为我国高职人才关键能力的培养提供了新思路。对于一所高职院校是否能成功推行产业学院模式以培养学生关键能力，需要参考内外部的环境要素综合考虑。

现就 S 职业技术学院探索校企合作产业学院，以培养高职学生关键能力实践模式的内外环境要素进行 SWOT 分析，分为四个方面呈现：优势（S）、劣势（W）、机遇（O）、挑战（T）。具体如 5-1 表所示。

表 5-1 S 高职构建产业学院培养学生关键能力模式的 SWOT 分析

优势（S）	劣势（W）
•建立产业学院具有独立自主性（非营利公有民办属性） •建立产业学院具备良好的基础（校企合作产教融合的原有探索经验） •职业能力培养具有一定的经验（"四有人才"培养指标体系的构建）	•缺乏对基于关键能力培养的人才培养模式的深入研究和实践探索 •教职员工对产业学院和关键能力培养的认识和意识不足 •缺乏学校对于校企合作、产教融合与关键能力培养的顶层设计
机遇（O）	挑战（T）
•国家对于职教改革有明确的方向引领 •国家对于职教改革有一定的形式规范 •政策层面鼓励对学生的关键能力进行培养，提升学生综合素质 •拥有企业实践经验的关键能力强的学生备受企业和社会推崇	•缺少对高职校企合作创办产业学院的具体法律法规保障 •缺少对高职院校产业学院办学改革实施路径方面的有效指导 •企业参与校企协同育人的动力不足，对关键能力培养流于形式，缺乏实效

通过 SWOT 分析，对 S 职业技术学院探索产业学院培养高职学生关键能力实践模式的外部环境有所了解，不难发现 S 职业技术学院探索产业学院培养高职学生关键能力实践模式之路正值职业教育转型发展的重要机遇窗口期，但同时也存在不小的挑战和未知风险。同时，通过 SWOT 分析发现，S 职业技术学院探索产业学院培养高职学生关键能力实践模式的学校内部环境也存在一定的积极因素和消极因素，这些因素将直接影响行动研究的开展，只有在对内外环境均进行充分考量的基础上，才能

做出全面的判断，以期更好地制订行动计划。

（二）S高职创办产业学院培养学生关键能力的优势

1. 体制机制的优势

S职业技术学院是一所非营利性公有民办的高职院校，其属性决定该校与传统公办体制的高职院校相比，在面对混合所有制办学或产业学院这一类创新的校企深度合作办学体制和模式的探索中具有一定的体制机制的天然优势。同时，在人才培养方面拥有一定的自主权，可针对产业学院单独设置人才关键能力培养的目标，将产业学院作为试点，区别于其他二级学院的人才培养目标设置。

2. 校企合作办学的经验

S职业技术学院目前已有的"小混合"校企合作办学模式，如与大唐信息产业园合作建立的大唐信息技术学院，将为下一步产业学院创建提供必要的经验和基础。通过已有的校企合作，在人才培养模式、教育教学方面已有所裨益。比如，利用合作企业资源，包括企业的设施设备以及一线工程师授课，以提高实践教学质量，并通过企业的一手市场及行业信息动态调整人才培养目标和标准，指导专业建设及课程开发。同时，学校教师通过企业挂职锻炼加强了自身实践能力的培养，加速了"双师型"师资队伍的创建。原有合作办学经验为新的产业学院建设、管理和人才培养打下了基础。

3. "四有人才"指标体系的构建

S职业技术学院自2015年起探索具有自身办学特色的人才培养模式，

确立了"理想素养有境界，知识技能有特点，创新创业有实践，终身发展有潜力"的"四有人才"培养理念，并在此理念下尝试通过部分专业先行先试，再逐步推开至全校专业，但期间受制于配套信息化系统开发的延误，一直未正式投入使用。但该构想中职业能力的培养理念已被相关管理者、专业教师所认可和熟知，并在此四个一级指标基础上，进一步开发了具备二、三级指标的完整指标体系。

（三）S 高职创办产业学院培养学生关键能力的劣势

1. 对产业学院研究和认识的不足

虽然 S 职业技术学院在校企深度融合方面略有一定基础，但对于产业学院这一类校企紧密合作的内涵认知仍不到位，对组织架构和运行机制的建立缺乏经验，对其培养人才模式的探索和研究也相对缺乏。教职员工对校企深度合作组建产业学院的重要意义和价值作用理解认识不足，认为以市场化为办学导向的产业学院带有一定的混合所有制特征，其办学模式会使教职员工原本稳定的"铁饭碗"受到市场冲击，给自己的教师生涯增添不确定性，对于通过该模式培养学生关键能力的重要意义更是认识不足、理解不深。

2. 对关键能力培养的研究和实践不足

虽然在"四有人才"培养指标体系构建过程中，对包括关键能力在内的职业能力具有一定的了解，但由于主客观因素叠加，并未付诸人才培养实践，故所有的理解和认识更多地停留在理论层面，对关键能力培养的方法、途径、手段均缺乏深入研究和实践。

3. 对校企合作人才培养规划的欠缺

学校缺乏以校企合作、产教融合进行人才培养的顶层设计，仅仅局限在二级学院和专业（群）层面的实践尝试，学校层面并未形成统一的规划要求与指导意见。现有校企合作的实践在各自的管理模式和运作体系上均各不相同，在"双师型"教师培养、人才关键能力培养等方面也各有特点和侧重，总体上欠缺及时的经验总结和成果分享。

二、还原企业参与高职人才关键能力培养的心路历程

如果说学校是产业学院成功创建的坚实基础，那么企业一定是产业学院特色发展的决定因素。因此，校企双方在育人理念上是否趋同决定了产业学院到底能走多远。在分析了S高职创办产业学院以培养学生关键能力的优劣势之后，有必要就企业参与高职人才关键能力培养的心路历程一探究竟，以还原企业育人的初心使命。

（一）合作缘起：以培养餐饮酒店行业高素质人才为初心

了解合作方参与校企合作的动机和人才培养的目标将成为此次行动研究方案制定有效与否和行动实施成功与否的重要因素之一，为此笔者专门就合作方参与校企合作的缘起进行了访谈调研。受访者为此校企合作项目企业方负责人。

受访者表示，在校企合作构想产生的初期，站在企业的角度，看到整个餐饮酒店行业的劳动力市场缺口，特别是关键能力出众的合格人才缺口很大。同时，也考虑在国内该领域尚未出现非常有品质的教育机构

或学校，因此企业萌生了一个想法，即凭借企业本身在行业中多年的经验积累和资源配置，创建一个餐饮、酒店领域的成功教育模型。在此过程中，企业对世界上许多国家相关领域的职业教育机构、院校进行了走访学习，在一定程度上了解了当前国际上餐饮、酒店这一领域内的教育发展趋势和成功办学模式，认为在国内设立相关类型的教育模式成功概率较大。因此，企业产生了校企合作的最初设想。

在人才培养的预期目标方面，最初企业主要考虑校企合作共同培养人才，为企业自身提供人才储备，希望培养更多的具备一定关键能力水平的人才为企业所用，因为企业自身在高速发展过程中，此类人才缺失十分严重，而人才市场上相关专业背景的人才在专业技能方面尚且过关，但其关键能力水平普遍低于期望值。所以，在探究境外和海外的很多机构或院校的人才培养模式时，特别关注其如何形成良性的培养人、用人、留人机制。然而，在调研过程中，企业发现自身在人才缺失方面所遇到的困难和挑战几乎是全行业面临的共同困境，因此企业由此及彼，转变观念，认为如果决心参与办学，那么该办学模式应该具有强有力的社会服务能力与效应，以对整个餐饮、酒店行业的人才素质提升和持续发展做出推动和贡献。

与此同时，从客观环境和机遇来说，中国的餐饮、酒店产业正经历着跨越式的发展。在近 20 年中，中国整个餐饮、酒店行业呈现出一种新业态、新形态、新产品、新品牌，行业成长性非常高，内循环市场潜力巨大。但同时，市场巨大的潜力与人才供给质量与数量的不对称，甚至倒挂的现象十分明显。而餐饮、酒店行业曾经是高端与优质人才荟萃的行业，如今逐步沦为比较中低阶层的服务和初级服务型人才的选择。回顾 90 年代初期，当国际五星级酒店进入中国时，就成为一个吸引高素质人才就业的重要高地，但是现在已经逐渐退化。过去 20 年，一方面，业态高速成长、行业飞速发展，另一方面，人才供给匮乏，尤其是人才的品质和能力都严重脱节。所以，企业为行业发展培养专业技能和关键能力均出类拔萃的优秀人才的想法越发坚定。

（二）模式调研：以构建本土化高职人才关键能力体系为目标

为了确保合作初心不改，培养关键能力出色的现代服务业人才，选择校企双方认可且合适的模式是此次行动方案制定和实施的重要保障之一。

合作企业负责人受访时表示，在确立合作意向到正式合作之间的几年间，企业方一直致力于在全球范围内走访调研，希望通过院校参访解决三个问题：一是人才关键能力培养的机制；二是课程和师资的构成；三是校企合作文化的构建。走访最早是从欧洲开始的，因为欧洲是现代酒店服务业高手云集的地方，所以走访欧洲的院校相对较多，然后又逐渐走访了一部分北美体系的学校，最后一站则是东亚地区，主要以台湾地区与日本作为考察对象。在此过程中，企业最后的目光落在了台湾地区的三所学校，一所本科、一所高职、一所中职。之所以在这三种学校中寻找合适的实践范例，主要考虑的是校企合作，特别是产业与教育深度融合的同时，如何将中华传统文化有机地渗透在合作办学中。之所以未选择欧美模式作为参考，是因为欧美模式过于西化的文化体系，它的人才培养的规格，尤其是关键能力的结构和标准，以及课程设计各个领域，都带有浓重的西方特色。而这种体系在中国的土地上成长会出现"水土不服"，这与国情与产业格局有关系，也与产业对人才关键能力特点的诉求有关系。

同期，在国内，企业也对标国内三所以餐饮酒店管理专业著称的老牌高职院校。了解发现，三所院校的发展水平彼此之间有一些差异，但是总体方向大同小异，就人才培养来说，虽各有特色但并未特别突出学生关键能力培养，这反倒成为此次校企合作共建的产业学院创立自身人才培养特色的机会。

（三）合作确立：以共建产业学院培养学生关键能力为使命

彼时的 S 职业技术学院恰逢两校合并，确定了以嘉定校区为主，青浦校区为辅的"以工为主，文商两翼发展"的专业建设方向，青浦校区地处长三角一体化的大虹桥商务区，现代服务业高度发达、前景远大，高端餐饮、酒店、旅游业人才匮乏。同时，学校提出"理想素养有境界、知识技能有特点、创新创业有实践、终身发展有潜力"的"四有人才"培养目标，强调学生关键能力的培养。学校此时，正在为如何更好地将专业建设与服务区域经济发展相结合，以及如何将"四有人才"培养理念落在有效的育人载体上而绞尽脑汁。

而此时的企业也已下定决心，确定了合适的合作模式，即与高职院校合作共建产业学院是办学最理想的切入点，既有利于构建有品质、有体系的教育模式，也有利于实现企业育人的初心和目标。因为，中职学生年龄太小、培训机构学程太短，相比之下，高职院校的三年制学程及其专科学历制的匹配，特别是基于高职学生成人的特点所进行的关键能力培养更契合行业、更贴近社会，企业认为通过技能培训和能力培育并重的逻辑，更有机会将产业学院办成一个优质、成功的教育模型。

在互相了解各自的需求和想法后，校企双方一拍即合。S职业技术学院结合自身优势和发展需要，经过集体决策，确定了校企深度合作探索人才培养新模式的决议，以青浦校区为本，建立校企共同体，共建现代服务产业学院，着力培养具有关键能力培养特色的以餐饮管理、酒店管理、空中乘务、养老护理为代表的现代服务业高素质复合型技术技能型人才。

三、产业学院培养高职学生关键能力的模式与制度设计

通过校企合作双方协商形成的产业学院培养高职学生关键能力的模式与制度设计，确定了此次行动的实施方案，明确了校企双方在此过程中的权利与义务。总体而言，S职业技术学院校企合作产业学院的创建是为了适应产业升级和经济社会转型发展，在现有国家制度与政策允许的框架下通过进一步加强高职教育校企合作，深化产教融合，为高职人才培养提供职业真实情境，有效培养高职学生关键能力，致力于其职业生涯终身发展。组织架构和保障机制方面均围绕核心的创建目标而设立。

（一）产业学院围绕关键能力培养的建设目标

1. 以体制机制突破创新校企合作模式

产业学院的创建将为 S 高职校企合作、产教融合提供一种新的体制和机制。产业学院作为产教融合的校企共同体，在治理结构、运营机制、管理模式等各方面均超越了传统意义上的校企合作机制，弥补了合作企业参与办学和育人的程度不深、积极性不高的缺陷，在体制机制上保证了企业全方位参与运行管理，全过程参与教育教学，全面培养学生关键能力，也确保了企业和学校有一样的责任和意愿为产业学院的持续发展和人才培养注入资源。

2. 以终身发展理念改革人才培养模式

产业学院的创建将为人才培养带来行业企业标准，形成更切实可行的现代服务业专业（群）人才培养目标，制定更精准、更贴近行业要求的职业人才专业技能和关键能力培养标准。通过企业课程资源引入，形成新的课程体系，建设紧跟行业步伐、具备真实职业情境的实践教学环境，指导学生参与行业企业实际项目，以培养学生的专业技能和关键能力为主要目标，参照行业标准采用相应的教学方法和考核评价方式，最终构建出一套科学的致力于高素质复合型技术技能人才终身发展培养的目标体系、内容体系、管理体系和保障体系。

3. 以双师素质培育促进师资队伍建设

"双师型"教师一直是高职院校发展中的瓶颈问题，尤其对于学生关键能力培养，"双师型"教师起到举足轻重的作用，产业学院将通过更加灵活的人才引进、培养、使用机制，助力 S 高职双师素质师资队伍的建设，包括校企双方师资双向任职构建稳定的专业建设团队，依据业界资历、学历职称、教学能力、岗位需要等设定产业学院教师准入门槛，分层次聘用专兼职教师，以岗位互换、项目开发、企业顶岗等实践方式培养学校教师。

（二）产业学院利于关键能力培养的组织构建

1. 组织属性

从属性来看，S 高职校企合作共建产业学院仍属于 S 高职的二级学院，但其办学体制、管理模式、运行机制等方面与传统的以专业逻辑组建的二级学院有所不同，为了回避混合所有制办学的政策壁垒，目前所采取的合作模式是"共同创办，委托管理"模式。在实际操作中，产业学院具备一定的混合所有制特征，实行"一校两制"，在人、财、物方面拥有一定的自主权，进行准企业化和准市场化运作，兼具教育与产业的双重属性，构建了新型产教融合的校企共同体，确保了关键能力培养的机制顺畅。

2. 专业结构

S 高职产业学院以原有专业为基础，以餐饮、酒店管理等现代服务业需求为导向。在相同专业群内，通过分析产业链上各环节的岗位需求，统整专业、职业与产业的关系，重新细分专业方向，使得专业方向逐一对应产业需求，设置产业需要的专业方向，培养岗位需要的技术和能力。

在不同专业之间，站在现代服务业的大视角下，整合餐饮、酒店、空乘、护理不同专业的特点，寻找其共同特征——"服务"，以此为契合点，突出培养学生现代服务业相关的关键能力，使其具备相近专业之间的转换迁移能力。

3. 激励机制

通过学校的放权和授权，产业学院可以建立自身的激励机制。首先，产业学院应实施绩效管理，通过与学校共同设立指标与目标，产业学院自主编制预算，可根据绩效考核结果对人员进行奖惩；其次，产业学院应通过成果转化的导向，引导校企双方教师向双师转型，破除"五唯"，将专业建设、竞赛指导、应用科研、社会服务纳入教师工作量，鼓励双方教师交叉任职、双向流动，以岗位职责、工作业绩等实际贡献度考评教师，激励教师走入产业、了解产业，锻炼自身能力，从而具备双师素质以更好地培养学生关键能力。

（三）产业学院保证关键能力培养的保障机制

1. 学校层面

学校应进一步强化内涵建设，强调人才培养终身发展理念，增强自身办学实力，深化校企合作产教融合，吸引更多行业、企业共建产业学院协同育人，在人、财、物方面对产业学院育人事业予以支持，促进学生关键能力培养。

2. 企业层面

合作企业应根据企业需求、职业标准，为产业学院相关专业构建基于关键能力培养的人才培养目标和课程体系，支持学校校内实训基地的建设，派遣充足的业界导师承担专业实践课程，为学生社会实践、教学实习、顶岗实习提供机会。

3. 产业学院层面

产业学院自身应保持原有特点，形成并保持良好的治理体系和运行协调机制。产业学院应逐步建章立制，构建发展所需要的质量评价与保障体系，确保人才关键能力培养标准跟上产业发展步调，实现现代服务业高素质复合型技术技能人才培养目标。

第三节 行动过程剖析：多维度全方位推进人才培养创新

通过学校构建产业学院培养高职学生关键能力模式的 SWOT 分析，企业参与高职人才关键能力培养的心路历程还原，以及产业学院培养关键能力的制度设计阐释，可见行动方案充分而扎实。在学校和企业不断努力实践和携手前进下，经过 6 年的探索，校企共建共管的产业学院在宏观政策和制度的框架下，通过构建"真实职业情境"的人才培养过程，使学生的职业能力得到了显著提升，特别是人才关键能力培养取得突破。通过对人才关键能力培养各个维度的总结提炼，现将 S 职业技术学院校企合作共建 P 现代服务产业学院，探索人才关键能力培养的行动实施过程的具体举措剖析归纳为如下五个方面。

一、构建校企合作共同体，确保关键能力培养机制

（一）创新合作模式，融合校企文化

由于 S 职业技术学院属于非营利性民办高职院校，在体制机制上有一定的灵活性，但其资产属性为集体所有，并非私有，因此考虑与企业

进行深度合作，构建完全混合所有制校企共同体在政策、资产归属等可能会带来的风险和障碍，校企双方经过谨慎探讨，最终确立了"校企合作、共同创办、委托管理"的产业学院创新合作模式。在现行宏观政策制度框架下，"委托管理"模式作为酒店行业十分常见的合作模式，是企业方驾轻就熟的模式，同时也巧妙地规避了教育政策上的空白和壁垒，校企双方得以扬长避短，更好地专注于人才培养，学校方负责提供硬实力的支撑，企业方主要专注于软实力的配套。

与学校其他原有的传统二级学院相比，校企合作的产业学院差异十分明显。第一，校企合作办学的产业学院被赋予更大的运作空间和灵活度，包括目标设定、预算经费的使用、人员配置中一定的自由度和开放度，以及日常管理当中的灵活性等；第二，由于该二级学院的日常管理由企业方负责，所以在管理的机制上、治理结构的架构上均更有活力，这种活力是通过构建校企合作的理事会，以及涉及该产业学院日常运营管理，包括管委会、执委会等多层结构的形式来实现的，为整个产业学院的日常运营提供了决策机制和校企双方信息顺畅沟通的一种支撑和保障；第三，在产业学院品牌的树立方面，学校允许其在学校主品牌的基础上以一个全新的面貌和设计进行构建，并对外展示、推广，有利于校企合作无形资产的积累和校企合作平台的稳固。

在产业学院合作框架下，校方充分尊重企业方在合作中的地位，充分给予企业方在合作中的自主权限，充分发掘企业方在合作中的价值，继而充分调动企业方在合作中所释放的活力。企业被赋予高度的灵活性和空间，允许企业文化入校，与校园文化顺利融合，校企文化融合一方面有利于学生关键能力的培养，另一方面也允许产业学院区别于其他二级学院，将包括关键能力在内的职业能力培养作为人才培养的主要目标。

（二）构建一元模型，导入企业资源

学校与企业、服务业与教育业、行业人与教育人的融合问题是产业学院创办成功与否的因素之一，也是能否真正做到产教融合的关键所在。之所以需要融合，就是因为学校与企业本身具有两种不同的思维逻辑，很多院校的校企合作，最后无法持续有效推进合作的原因就是校企双方都采用单一的思维逻辑，即校方是单独的校方思维或教育思维，企业方则是单独的企业思维或行业思维，它们各自都带着深刻的、原有的烙印，因此，难以完全融合。而由于 S 职业技术学院校企合作的产业学院所聘用的管理团队本就由来自教育与行业的人才共同构成，因此，无论从顶层架构还是从产业学院自身管理的角度来讲，该团队既懂教育，也懂行业，企业与学校的沟通更为顺畅，对许多障碍和困难能够进行有效预判，有助于在共同推进工作时提前寻找预案，以解决校企双方磨合、融合，以及人才转型的问题。基于此团队属性，企业方直接采取在顶层设计的时候就与学校顺利合为一体，确立了一元制模型，所以在管理上几乎不存在"融合"这一刻意的行为和过程。

正因为产业学院从最初就构建了一元模型，合作企业摒弃同行竞争的思维，选择与学校始终站在一起，不断通过自身渠道为学校学生的关键能力塑造引入、嵌入更多来自企业的资源，包括实训资源、实习资源、

教研资源、师资资源、再发展资源等，构建了校—企—校、校—企—企等新的合作逻辑和模式。

二、构建成果导向理念，确保关键能力的培养方向

（一）注重成果导向，确立教育理念

在现行的招考制度之下，诸如S职业技术学院这类高职院校所招收的学生生源质量相对而言是较差的，学生呈现出缺乏能力、缺乏自信、缺乏目标等特征，正是在探索如何有效培养此类学生的过程中，S职业技术学院基于成果导向教育理论，提出了"四有"人才培养理念。在校企合作共建产业学院过程中，企业方充分吸收校方"四有"人才培养理念，立足于进一步深入理解成果导向教育理论，提出校企合作产业学院自身的人才培养教育理念，即"顺性发展、陪伴成长"。该理念充分体现出成果导向教育理论的核心理念，即人人都能学会、人人都能成才。

"顺性"，绝非"任性"，亦非"随性"，它强调的是顺应学生的认知特性。虽然学生已经成年，但相比许多同龄人而言，诸如S高职此类院校的学生普遍心智并不成熟，他们在高考中失意，对学习没有兴趣，对前途缺乏思考。产业学院针对学生特性，有针对性地启发、引导学生思考和认知，使学生心智逐步成熟，从被动学习到建立目标，进而主动学习，并根据不同学生的不同个性特质，顺应其长处进行个性化关键能力的培养，助其学业进步和职业发展。陪伴成长则表达了产业学院下全员育人的理念，不论分工，所有教职员工都要参与人才培养，通过全员、

全方位、全过程的育人，不仅关注学生专业技能的训练，更在意关键能力的养成。在该理念的指引下，校企合作产业学院以学生为中心、成果为导向设计教育环节，构建专业技能与关键能力并重的课程体系并实施教学，不仅强调学生学到了什么，更关注学生在实际学习过程中掌握了怎样的能力。

（二）引入行业标准，融合岗课赛证

基于"顺性发展、陪伴成长"的人才培养教育理念，校企合作产业学院在课程体系构建和教学环节设计方面双双着眼于行业标准的引入，并在此基础上将岗课赛证进行融合，具体做法包括：第一，为学生搭建硬场景，所有校内实训设施的建设始终坚持以行业真实场景为参照标准，使得学生在校内的实训、实操阶段，就能够充分感受和体会行业的真实场景和工作过程。比如，在校内投建对外营业的"前店后校"式实训餐厅——主厨之家。第二，为学生搭建软场景，所有实训室的管理体系、管理制度和运营运维的模式，甚至一部分课程在实施中的管理方式都高度还原企业和行业的实际要求。比如，主厨之家的整体运营体系，从排班制度、结算制度，到后勤制度，几乎完全保持与行业的高度一致。又如，普通实训室的卫生保洁制度，始终坚持现代服务行业的六 T 标准。不论是硬场景还是软场景，表面上看似只是教学与实践某一个环节点上的"产教融合"，但实际上无论是价值观、软实力、管理模式、用人理念、训练方式等各个方面的"产教融合"，都贯穿整个人才培养的全过程。第三，在学生成长方面也是采用行业思维的阶梯式发展模式。比如，HCSM 模式，即酒店行业中 Host → Captain → Supervisor → Manager 的这样一个阶梯式延续成长模式，将其导入人才培养方案中，使得学习程度和能力不同的学生可以按照行业基层到中层不同的能力象限去进行培养，逐步引导学生从基层逐渐向具有一定能力的中层复合型管理服务人才的方向发展。第四，在课程和实训中注重关键能力的培养，从服务行业最基本的体、形、言、表，到对纪律与规范的遵守，再到深入沟通、协作、表达、领导力等方面，都是衡量高职院校学生的水平和标准之一，破除了原本以技术技能为单一评价人才培养标准的逻辑。

在竞赛和考证方面，校企合作产业学院重视餐饮业与酒店业业界重要的、标志性的国内国际赛事，一些餐饮专业的国际性比赛，长期以来一直被日韩院校的选手垄断，因为国内的院校相对而言更关注教育领域的赛事，但通过参加此类行业赛事，学生得以更早地接受行业的评判，也会更早地被企业和行业所关注。通过参加比赛以及准备比赛的过程，真正做到以赛促教、以赛促学，锻炼学生的抗压、自主学习、自我管理等方面的关键能力，从而在比赛中更好地吸引业界的关注。证书方面，由于人社部的职业资格证书正处于调整过程，相较于在现代服务业领域尚未成熟的"1+X"证书，目前，产业学院更倾向于让学生考取国际通用的、认证的证书，让学生在跨入行业时有较高的起点。可见，产业学院人才培养过程中对岗课赛证融合考虑较为周全，执行也较为到位，同时确保每个环节都融入了关键能力的培养。

三、构建产教融合体系，确保关键能力培养过程

（一）采用情境教学，改革实习模式

由于校内已经按行业标准搭建了软硬兼备的实训场景，因此在校企合作产业学院内进行的实训教学都始终坚持工学交替，按照产业化的真实情境让学生承担相应的角色，使得学生不论技术技能，还是服务意识等关键能力都有明显提升。在校内主厨餐厅的实训中，真正实现了前店后校的场景，让学生不只是"扮演"行业内的各个角色，而是通过与进店用餐消费的老师和同学建立真实的商家与顾客之间的关系，让学生在实训过程中不止于模拟，而是在情感上得到真实的来自业界具体岗位的体会。学生在真实工作流程和真实职业情境中通过自主探索和交流学习方式，寻求解决顾客真实问题的方案，教师只是根据学生表现从旁进行适当引导。真实的教学情境既保证学生的专业技能得到了锻炼，也促使学生的关键能力在潜移默化的过程中得到了积累。

在校外实习方面，相较于高职院校传统的毕业实习，产业学院更强调教学实习，并且将原有开放式的实习方式调整为统筹统派的方式，更有针对性地根据学生的学习情况来分配与匹配实习岗位。同时，实习周期亦进行了调整，达到了总共 9 个月上千课时数。在这 9 个月中，学生第一阶段的实习是跟岗，第二阶段是顶岗，在跟岗和顶岗的过程中，要求接收实习生的企业构建"师徒带教"制度，每一家企业都要向校企合作产业学院提供实习岗位和带教师傅，学院也会匹配一名实习指导老师，

由校企两位老师共同跟进学生的整个实习过程，并且考评其实习情况。在跟岗阶段，学生进入具体岗位，跟着带教师傅并协助其完成工作，取得跟岗实习鉴定，在这一阶段学生加深了对岗位知识和能力的感知；在顶岗阶段，借鉴"学徒制"模式，带教师傅指导学生职业技能，并在带徒过程中传授学生关键能力，助其圆满完成毕业综合实践。这样"渐进式"的安排，一方面强化了校企合作产业学院与第三方企业的持续合作，让学生实习获得循序渐进的环境，使得企业对学生的包容度和容错度有所提升；另一方面使得学生能够根据自身不同的能力水平进入较为适配其能力的实习岗位，继而降低出错的概率，提升成长的速度，也增加了其在该岗位的稳定性。类似学徒制的师徒带教模式，使得学生在不同的真实职业岗位上获得了个性化的关键能力培养。

（二）设定育人宗旨，发力第二课堂

在学生管理、德育和思想政治教育方面，校企合作产业学院同样推陈出新，在总的"顺性发展、陪伴成长"的人才培养教育理念下，又专门设定了产业学院的育人宗旨，即"一个目标、二维协同、三段管理、四元合一、五育并举"。其含义是，围绕立德树人的根本目标和每个专业的人才培养目标，在学生管理中兼顾教学空间和生活空间的协同管理，同时专业教师团队与辅导员团队配合亦形成合力，通过晨训、晚集合和宿舍走访三个阶段对学生加强管理和引导，着力将学生的体、形、言、表四要素纳入专业核心能力的培养，最终实现学生德、智、体、美、劳全面发展。

在育人宗旨的引领下，校企合作产业学院充分认识第二课堂对于育人的重要性，由于人才培养方案中对校企合作产业学院的学生定位是培养中基层复合型管理服务人才，因此，校企双方认为需要考量怎样的管理能力是学生从初级岗位向中级岗位发展过程中所能满足其职场需求的，即具备怎样的能力、技巧和理念能够有助于学生在职场的成长。基于此，校企合作产业学院创造性地提出了"管理能力合成实践课"这一全新的概念，即专门为学生设计一门第二课堂"课程"，这门课程当中需要同时考虑教授学生所在行业的技能以及在本行业中所涉及的财务、营销、人力资源管理等与之相关的管理能力以及沟通、合作、表达等服务业必备的关键能力，而任何一种能力又都不是单一存在的，它是一种综合存在的逻辑思维体系和实战能力集合。因此，课程中必须设立一个比较明确的场景或载体来练习和呈现上述三个方面的能力，企业方结合餐饮、酒店行业中最能体现综合性能力的"项目"（Event）来作为教学载体，具体形式包括会议、活动、展览、集市、宴会等，让学生在整个学习过程中学习专业知识技能、相关的管理能力以及关键能力。

此外，校企双方还认为，以虚拟或虚构的项目不足以真实反映学生的学习情况，因此通过该课程，每一名产业学院的教职员工带着自己不同的专业背景都亲自下场，为学生创造一个个真实的工作场景和活动项目，让学生参与整个活动的全过程，由策划到执行，再到总结，锻炼学生的能力和要求学生把所学知识和能力应用于该场景，最终达到学生专业技能、管理能力与关键能力培养的目的。就是在此类第二课堂的不断创新中，如拜师大典、教学成果展等一系列品牌性的学生活动在校企合作产业学院中应运而生。

四、构建双师绩效模式，确保关键能力培养队伍
（一）深化校企合作，组建双师团队

双师教学团队是保证职业教育人才培养的重要元素，S 职业技术学院校企合作产业学院对于双师团队的理解有两个维度：一个维度是通常认知的双师团队是"教育人＋行业人"的结合体。教育人应该具备一定的行业认知，行业人应该学习教育教学的理念与方法。产业学院实现了管理团队和教学团队，均为"教育人＋行业人"的双师团队，对整个产业学院的可持续发展提供了良性推动作用。另一个维度则是"专业＋育人"的双师团队。校企双方认为在师资构建上，专业课教师队伍和思政育人教师团队的构建也需要形成深刻的互动互融机制，特别是让来自业界的教师懂得，"职业教育"除了让学生学会专业技术技能以外，还要教给学生理想信念、品德修养、职业操守等关键能力，因此，业界师资不仅要在第一课堂中加入育人元素，即"课程思政"，还要深度参与学生第二课堂以及其他各类学生管理事务，确保与思政育人团队互相补充、融为一体。

（二）基于一元思维，构建"六双"模型

基于前述，S 职业技术学院校企合作产业学院在人员配置方面构建了一元制模型，尽管是校企双元合作，但形成了一元思维逻辑。基于如

此的人员架构，产业学院在管理团队和师资队伍构成、薪酬体系构建、绩效考核等管理过程中，探索出"六双"模式，即双体双聘、双岗双薪、双责双考。双体双聘，指产业学院内的教职员工不论是校方还是企业方聘用，不论是学校编制还是企业编制，都作为校企双方共同的教职员工，同时收到两份聘书，同时服务于两个主体；双岗双薪，指教职员工在企业担任一个岗位，同时在学校担任一个岗位，在完成两个岗位职责的基础上获得两份薪酬；双责双考，校企合作二级学院中的教职员工既需承担教师教书育人的职责，同时也需承担作为企业员工相应的岗位职责，不同的职责，对应不同的绩效考核指标。通过"六双"模式，创新优化来自不同领域师资队伍的薪酬体系和绩效管理模式，在一定程度上规避了学校聘用业界师资的体制机制壁垒，提升了双师团队的待遇及稳定性，同时也通过企业化管理，细化规范了师资队伍的绩效管理。确保了双师团队的稳定性即保证了学生关键能力培养队伍的稳定性。

五、构建能力本位机制，确保关键能力培养质量
（一）多元考核方式，强调能力本位

在培养方案、课程设置、教学实施等方面都强调学生关键能力培养的情况下，改变传统单一的考核方式势在必行，校企合作产业学院在考核方面立足能力本位，实现教考分离：第一，考核内容关注学生的素质素养，根据现代服务业对人才的共同要求——体、形、言、表四个维度进行考核，属于对标行业标准考查评价学生。第二，考核学生的单一基

本技能点，即某一技能象限下的单一技能点，也就是把原本一门课中包含的许多知识点或一张证书中许多技能逐一拆解成单一的技能点来进行考核，如餐饮管理专业中高汤的熬制、寿司的切配等，通过单一技能点的考核，考查学生的技能基本功，也让学生在未来进入职场后能在某些单项能力上因拥有"一技之长"而更容易获得认可。第三，引进业界专业人士参与考核，有效实现教考分离，真正让业内人士以行业标准考核学生培养质量。第四，引入竞赛型的考核方法，通过进一步与第三方企业进行校企合作所引入的企业资源，举办校内竞赛，请企业参与，让学生比拼。比如，就某品牌的原材料为限定性选题，让学生基于该指定的原材料进行专业技能考核，既考查了学生的专业技能，又考验了学生的应变力，发挥了学生的创造力，使其关键能力得到锻炼。

（二）赋能"能力护照"，积蓄职场砝码

在单项能力的考核上，校企合作产业学院引入"能力护照"的概念，该"能力护照"拥有学生所学专业的各项单项能力的认证，即学生通过一个单项能力的考核即可获得业界相应的名师或资深前辈的签名认证，学生的单项能力积累得越多，证明他的专业能力越强。除了单向专业技能外，"能力护照"还包含相关专业职场所需的关键能力，在学生3年的学习全过程中，相应的关键能力如得到了锻炼并获得认可，即会获得某一关键能力的相关定性评价。专业技能搭配关键能力，使得整本"能力护照"被充分赋能，是学生技能形成的集合，成为学生进入职场的重要砝码，也是产业学院根据当代学生的行为与性格特征的创新举措，既

能吸引学生"收集"认证，过程中又使其整体培养质量得以提升。

第四节　行动改进与总结：校企深度融合带动人才培养质量提升

在行动实施过程中，虽每年的具体举措均根据当年师生实际情况以及工作的总结反思有所微调，但大体上整个实施过程遵循了方案设计原则和措施保质保量地完成。在整个产业学院创立以来的 6 年，完成了两届学生的培养，也因此将整个行动研究分成了两个轮次，每一届学生为一轮，通过两轮行动实践，在学生关键能力培养各方面均有不同程度的成效，现将行动改进与成果总结呈现如下。

一、第一轮行动调研目的、方法、对象

本轮调研的主要目的是深入了解当前 S 职业技术学院校企合作产业学院在合作 3 年后完成第一届学生毕业时，其人才关键能力培养的情况。即校企合作产业学院是否完成了应尽的职责，是否按计划实施了各项措施，以及是否达成了既定目标。基于前文对 S 职业技术学院校企合作产业学院在人才培养各个维度的划分，从合作模式、师资队伍、培养方案制定、课程与教学、评价考核方式五个维度来对当前 S 职业技术学院校

企合作产业学院人才关键能力培养的情况进行客观分析。为了能够真正把握 S 职业技术学院校企合作、共同创办、委托管理的产业学院运行以及培养学生关键能力的情况，决定采取观察法和访谈法两种方法。访谈对象主要为校企合作企业方负责人，校企合作产业学院部分教师、部分学生、毕业生，观察对象主要集中于师生课堂教学学习的观察以及第二课堂的观察等。

二、第一轮行动出现的问题及其原因分析

（一）部分学生无法融入关键能力培养的学习环境和氛围

学生是课堂教学活动的重要主体之一，通常情况下，关键能力训练的课堂形式均较为活泼，大部分学生的积极性能被调动起来，但也有部分学生无法适应和融入其中，表现出仅仅敷衍应付教师的教学，而不是全身心投入的状态。这部分学生习惯于传统的应试教育课堂形式、习惯于教师填鸭式的灌输教学方式习惯于被动学习，这些学生不乐于发挥主观能动性去探求知识，也不善于发现、思考和解决问题。另外一些学生则缺乏对关键能力的正确理解，有的学生认为自己只要学好一项实实在在的技能就够了，有的学生压根不需为就业谋生发愁，而是家里已经为其解决了"后顾之忧"，所以缺乏学习动力。上述学生对社会发展缺乏清醒的认识，意识不到雇主企业对人才的需求早已从单一技能转向综合的职业素质，也意识不到职业生涯并非一帆风顺，想要实现可持续发展绝非一劳永逸，不但需要终身学习，更需要在进入职场前打下良好的基础，

因此，他们也就意识不到产业学院对其关键能力培养的意义所在。

（二）部分教师无力承担学生关键能力的培养责任

教师是课堂教学活动的另一个主体，引导学生学习什么、如何学习是教师的主要责任。然而，通过调研发现，在实践中部分教师根本无力承担学生的关键能力培养重任。一方面原因是这些教师本身是在应试教育模式下成长起来的，他们对高职教育的"类型"属性把握不准，仍然按照传统的学科、专业逻辑来教学，使得学生在传统课堂中无法习得关键能力。此类教师主要来自学校，他们不会以能力为本位来培养学生，且对关键能力的理解也不够深入，同时，其自身也缺乏企业实战经验，不懂得如何从关键能力培养的角度切入去建构课程。另一方面原因主要是课程与课程、模块与模块之间的教师交流还不够顺畅，沟通机制有待磨合，部分教师没有认识到关键能力培养是一个系统工程，与专业技能不同，关键能力的培养需要多渠道全方位的培养，单独点状的培养收效甚微，且不可持续。

（三）关键能力的考核评价实施过程存在不确定性

在考评进行中出现的主要问题包括：首先，学生的部分关键能力学习成效难以准确判定和量化评价。的确，关键能力属于社会能力和方法能力，不像专业技能的评价指标，较为明确且易于量化。相反，由于关键能力养成是持续内化的一个过程，且具有一定的表现滞后性，不易于单独就某项关键能力进行独立评价。其次，从整体的课程评价来看，多数课程仍旧依赖书面成绩判断学生的学习情况，其专业技能亦可通过实际操作来呈现，唯独关键能力的判定不仅需要考查学生最后的考核表现，更重要的是在平时观察留意学生过程性的变化。但由于关键能力考核不易量化，常需要做定性判定，部分老师对此存在先入为主的情况，对学生考核的表现评判无法做到完全公正合理，原因是他们对该学生日常表现形成了思维定式和刻板印象，影响了最终考核评价时的公正性。

除此之外，S 高职校内实训、校园生活等硬件条件的局限，校企合作双方的互信与合作机制的磨合，校企双方教师融合和相互理解的适应等问题都对学生关键能力的培养产生了不同程度的影响，这些问题也在观察和访谈调研中集中体现出来。

三、第二轮行动改进措施

第一轮行动后学生关键能力培养过程中所暴露出的问题多集中于思想理念层面，校企双方经过反复讨论研究，认为无论是教师还是学生均存在理念与实际错位的情况，即关键能力培养的理念以及企业在人才培养中的观念和做法比较超前，在原本较为传统的 S 职业技术学院内短时间无法被师生所完全理解消化，产业学院多数师生对关键能力的理解十分抽象，缺乏具体、准确的认识。产业学院的教师反映在授课过程中只是笼统地知道除对专业技能的教学以外，还要关注学生关键能力的培养，也因此而做了教学设计，但没有细分什么环节培养怎样的关键能力，或者哪些课程应该定向培养哪些关键能力，以及将相关关键能力培养到怎样的程度。总之，产业学院师生对关键能力的培养框架、指标认识模糊，进而导致培养结果的评价难度大、质量不稳定。

基于此，S 职业技术学院在与合作企业论证协商达成一致意见后，决定将学院"四有人才"培养指标体系提供给产业学院，嵌入其人才培养过程中，使得产业学院的学生关键能力培养拥有具体的指标参照，以期让产业学院人才关键能力培养从培养目标到培养过程，再到评价考核都更具象、更落地、更有的放矢。

S 高职院校经过多年来的理论和实践探索，基于自身的"理想素养有境界，知识技能有特点，创新创业有实践，终身发展有潜力"的"四有人才"办学理念，研发了一套"基于岗位核心素质能力的人才培养体系"。该项目以成果导向教育为理念，以职业生涯发展为导向，构建面向工作岗位要求、融入职业标准的核心素质和能力指标，科学设置专业课程体系，建立将知识传授、能力提升和人格塑造融为一体的形成性学习成效评价及反馈机制。项目本身包括以"四有人才"为基础的人才培养指标体系的构建以及相关信息化系统，致力于整个教育教学管理流程的再造，目标是将有的教育教学模式打破，利用系统平台，对培养目标、核心能力指标和课程规划进行设置。该平台一方面注重面向岗位工作任务和职能的分析，融入职业标准，根据市场和企业的要求，提出人才培养的专业技能和关键能力指标，科学设置课程、制定教学大纲、编写适用教材，学生的培养凸显关键能力，推进课程内容与行业标准对接、教学过程与工作流程对接；另一方面系统的运用能帮助学生更好地认识自己，了解自我兴趣、优势、特点和个人潜能，让高职学生树立自信、增强动力、培养自律，指导他们针对自身优势、就业环境、市场需求来制定以职业生涯发展为导向，且符合个人特点的学涯规划，提升个人综合素质，完善自身的核心竞争力，并对自己的成长历程有清晰的概念，以达到个人能力特长与岗位匹配度较高的目的。由于信息化系统的开发尚未完成，由"四有人才"衍生而来的职业能力培养指标体系虽已由企业行业专家，以及职业教育专家通过德尔菲法完成了，但尚未应用于S高职的教育教学实践。

校企合作产业学院将率先使用"四有人才"指标体系，依照具体指标来完善人才培养方案，重点使得关键能力具象化，让相关专业的师生了解每一门课程，甚至具体的教学环节、课堂设计，第二课堂等环节分别用于培养学生什么关键能力，培养的目标程度如何。

如图5-3所示，指标体系的出现带给了产业学院相关专业师生关于关键能力更直观、更具象的感受，对于逐步统一学生和教师的思想、贯彻高职学生关键能力人才培养理念、落实关键能力培养措施、提升培养质量来说，无疑指明了方向。

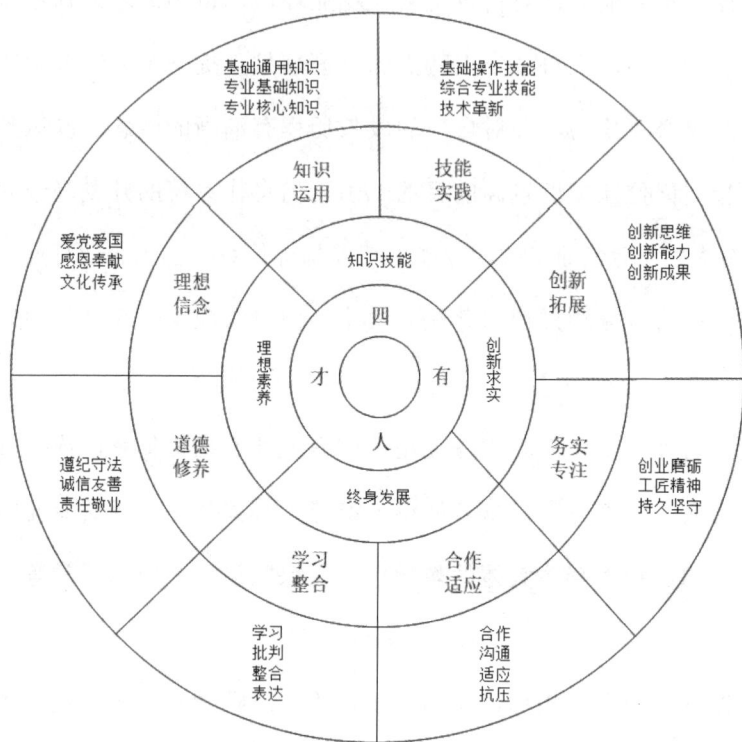

图 5-3 S 高职"四有"人才培养模式指标体系

不可否认，作为产业学院来说关键能力的培养一直处于不断摸索前进的阶段，但通过研究第一轮发现的问题以及第二轮的改进措施，可以肯定前进的方向是正确的。在第二阶段的行动过程中，虽然每年都有微调，但大方向始终坚持不变。相信在今后的关键能力培养之路上依然会出现新的问题，但通过两轮行动实践可以阶段性地总结出一定的成果和经验。

四、行动经验与成果总结

（一）探索了关键能力有效培养的高职产业学院建设模式

当前主流的高职产业学院建设模式多数偏向于与行业标杆性的头部企业进行合作，因为与头部企业合作在学生培养上具有一定的标杆作用，所培养出来的学生受到行业内大多数企业的认可，同时头部企业自身对人才的需求量也更大，有助于"消化"合作办学培养出来的学生。与之相比，S职业技术学院校企合作的产业学院在合作模式上有不小的区别。

首先，作为既有"单个企业"属性，又有"行业代表"属性的企业方显得身份特殊且体制灵活，其不会像头部企业把学校死死地绑定，因而在外部资源的引进上，企业不具有排他性，而是会像"行业代表"选择与学校站在一起，双元变一元，更积极主动地引进更多行业、产业资源，用于人才培养和自身建设。

其次，鉴于企业方既拥有教育行业背景，又具有服务行业属性，在校企双方合作关系的维系与办学目标的设定方面，产业学院的管理机制和架构方面等，都更容易相互理解对方的立场，形成共识。从当前来看，委托管理模式更多地运用于普通教育领域，职业教育要求被委托方既从行业中来，带有行业属性和资源，又要懂得和遵循教育的规律和逻辑，既要具备行业的相关技术技能，又要掌握育人的理念与方法，这一点无疑是企业方"独特"的优势和特质。

目前来看，该产业学院的建设模式具备可行性，从人才培养特点，尤其是学生关键能力的培养效果来看也是卓有成效的。在校企双方努力下探索了"校企合作、共同创办、委托管理"的"专业共建互助、资源共享互补、人才共育互荐、文化共建互融、师资共用互通、成果共赏互捧"的"六共六互"产业学院模式。

（二）构建了基于关键能力培养的"快成长""高起点"人才培养模式

通过毕业生情况的跟踪调研结果发现，S职业技术学院校企合作产业学院的实习生和毕业生一直受到上海市优质企业的青睐，从产业学院组建之前相关专业招聘单位中几乎没有行业高端企业的情况，到如今学生逐步走入诸如米其林或黑珍珠评定餐厅、高端豪华五星级酒店，也有的进入了供应链上不同类别的企业，产业学院育人效果不言而喻。

与此同时，越来越多的学生能够在实习期结束的前3年就业阶段中就步入基层管理岗位，甚至中层管理岗位。事实证明，校企合作产业学院的人才培养得到了企业与行业的认可，究其原因是在成果导向教育理论的指导下，所有人才培养方案的制定以及课程的设置都着眼于学生的"职场先发力"培养。校企双方在"为什么要进行产教融合"这个问题上，一直具有共识，就是为了让学生尽早、尽快了解行业、适应行业，成为企业、行业认可的职业人，根本目的就是让学生在职场中快速成长。"快"，即职场的先发优势，就是比其他人更迅速地适应职场和胜任岗位。比如，在其他人还处于初级阶段的时候，校企合作产业学院培养的学生已经进入了中级阶段。优质的校企合作产教融合，理应比没有校企合作、没有产业引领、没有行业导向、没有产教融合的教育模式培养出的学生成长得更快、起步得更早，时间的优势将会是学生进入行业竞争后的根本优势之一。

此外，通过校企合作共建产业学院能让学生更早地接触行业中的优质企业，并且能够获得相对更高的职业生涯起点。"快成长"与"高起点"便是 S 高职校企合作产业学院为学生职业生涯发展带来的先发力。一般意义上的关键能力着眼的是让学生的职业生涯具有后发优势，即掌握相关的可迁移社会能力和方法能力让学生足以应对生涯发展过程中的各种情况，但"快成长""高起点"的职场先发力人才培养模式对学生关键能力培养的另类目标却也有其内在逻辑与合理性，不失为一种创新。

（三）创新了融入"职业情境"的第二课堂课程化关键能力学习形式

在课堂教学、实习实训、学生管理的全过程中，通过引入行业标准和职业情境，兼顾专业技能与关键能力的培养，成为 S 职业技术学院校企合作产业学院的又一特色与成果。任何形式的教育教学对专业技能的教学与评价都相对容易，对关键能力的教学与评价则相对困难，但校企合作产业学院采取以专业技能培养带动关键能力锻炼的形式，以专业技能训练的名义在潜移默化中培养了学生的关键能力，对人才培养产生了积极作用。

以"管理能力合成实践课"为例，虽然最终的呈现方式是某个项目（Event），但课程本质上更关注项目实施过程中所犯的错误以及活动结束后的反思，容错机制是其特点。在整个课程过程中学生虽然通过分工得以确认自己负责的模块，培养的是其管理人、财、物的某一方面管理专业技能，但实际上通过实践，学生往往得到最大锻炼的是沟通、表达、团队协作、领导力等方面的关键能力。而指导老师对活动最终呈现的结果也并不是最在意的，反而更关注的是学生能否完成预算的编制和总结，能否形成有效的项目策划案，有没有实现有效的组织行为，能否形成人与人的协作，能力强的学生是否展现出领导力等方面的情况。

在评价方面，指导老师也会根据每名学生实践过程中的每个环节所对应的每个能力象限进行定性描述，以记录学生的表现及其某方面关键能力的展现或培养效果。融入行业标准和职场情境的第二课堂课程化实践为产业学院关键能力培养增添了一抹亮色。

（四）组建了一元模型下稳定与融合的关键能力培养双师队伍

在产业学院校企协同育人的过程中，引进有经验的行业师资是必然的，但行业专才向教育人的转型是极具挑战的，因为在行业的生态中他们习惯于行业的思维模式，当他们转型教育时，他们面临"会做不会教"抑或"会教不会育"的问题。同时也会存在身份认同上的问题，比如，来自业界的师资往往是专业人士或资深的管理人员，学历对其在行业中的继续发展已经没有很大作用，但当他跨入教育领域，学历或许就会成为其转型职业院校教师所面临的一个巨大门槛和天然壁垒，致使其心理上形成不被认同的不适感，当心理上产生了不被认同之感，工作、教学的效能也会相应受限。

另外，教育界的师资也面临同样的境况，他们理解教育的规律和逻辑，但并不理解行业的做法、标准和要求，因为他们缺乏感同身受，所以在育人的过程中，无法有效地把行业的价值观以及行业所需的关键能力、素质素养有效、全面地传递给学生。因此，教育人往往只能站在教育的角度，行业人只能站在行业的角度，在人才培养过程中二者均失之偏颇，只有实现彼此融合，达到身份认同方能缓解或解决这一矛盾。

通过调研发现，S职业技术学院校企合作产业学院中所聘用的师资在解决身份认同的问题上有其独到之处，究其原因主要归结于一元制合作模型和思维方式。如前所述，由于是校企双方在"双元合作一元思考"方面达成共识，在构建双师团队时，无论来自业界还是教育界，从选聘到日常教学工作任务，再到考核，整个流程都沿用一套标准，而这个标准既兼顾了教育界原有的特点，也考虑行业人可以适应的绩效考核方法。这套标准总的来说是刚性和柔性的结合体，企业的考核一贯比较刚性，目标导向较重，关键性成果的要求也较强，而教育的考核往往相对较为柔性，通过实施"六双"举措，让企业和学校的师资都按照统一标准接受双重考核，有利于团队在成长和执行工作的过程中始终坚持共同的目标导向。实践发现，如果对企业教师和学校教师采用不同的考核标准，对其团队融合以及形成一体化的工作流程会起到反作用，只有团队的稳定和融合方能保障关键能力培养的主体力量。

（五）建立了基于行业标准的人才关键能力多元评价体系

能力本位的多元评价体系的构建，使得S职业技术学院校企合作产业学院真正实现了教考分离，让未出校门的学生有机会提早接受来自行业真实情境的检验，以便更好地认清自身的优势与不足，倒逼教育教学进一步对标行业标准，促进人才培养质量，特别是关键能力培养质量的提升。

此外，在企业走入学校参与学生考评的过程中，无形当中亦为企业支撑学校进一步发展创造了一个平台和机会。与此同时，学校对企业的提前开放，也给企业预先选人、择优录取提供了可能性和便利性。可以说，多元评价体系构建的尝试不仅让校企合作双方在人才培养上实现了共赢，也为行业内更多的合作企业和学生本人带来了机会，可谓"四赢"。四赢局面是产业学院努力营造的真实情境考核评价倒逼学生关键能力养成的成果。

限于有限的时间和庞大的工作量，行动研究虽不完美，但从现有两轮的实践结果来看，经验值得总结，成果可见一斑。在现有的制度政策框架下，产业学院确实是较为理想的校企合作育人模式，它有效解决了校企合作中固有的矛盾和隔阂，在理顺体制机制的基础上，通过校企携手朝着共同的目标前进，可以取得 1+1>2 的融合效果，"安全感"和"信任感"使企业愿意毫无顾忌地将自身的资源倾囊相授，以最贴近产业、最还原现实的情境用于人才的培养，以至于不论在专业技能还是关键能力的培养都达到预期目标，助力学生的就业和终身发展，进而促进高职教育人才培养模式的变革和技能型社会的不断形成，满足社会经济转型发展的需要。现代服务产业学院十分年轻，未来前景值得憧憬。

本章小结

在前文高职学生关键能力培养模式变革的理论基础和经验借鉴论述的基础上，产业学院模式呼之欲出，其在人才培养模式上无论是培养目标、教育教学，抑或师资队伍、评价体系都符合关键能力培养的应然状态。基于此，笔者通过在 S 高职任职的岗位，采取行动研究法，对校企深度合作共建产业学院以培养高职学生关键能力的模式进行实践探索。通过 S 高职以产业学院培养学生关键能力的内外部环境进行 SWOT 分析，企业参与人才关键能力培养的心路历程回溯，以及产业学院关键能力培养的顶层设计，制定出以校企合作产业学院培养学生关键能力的行动方案；并基于此方案，进行行动实施，经过共两轮、每轮 3 年（一届学生）的行动实施过程，在校企双方破除体制机制障碍、贯彻创新理念的不懈努力下，6 年来的育人实践取得了较为显著的成效，尤其是学生关键能力培养方面成效明显。S 高职产业学院实践探索的行动实施举措可归纳为以下五个方面：其一，构建校企共同体，确保关键能力的培养机制；其二，构建成果导向理念，确保关键能力的培养方向；其三，构建产教融合体系，确保关键能力的培养过程；其四，构建双师绩效模式，确保关键能力的培养队伍；其五，构建能力本位机制，确保关键能力的培养质量。两轮行动实施效果的调研显示，产业学院模式对学生的关键能力培养带来了显著成效,学校和企业之间实现了紧密的利益契合,在人才培养方案制定、课程设置、课堂教学、学生管理、师资共建、评价体系等方面均获得了一定的成效。其成果和经验可以总结归纳:一是探索了高职"校企合作、共同创办、委托管理"的"六共六互"产业学院建设模式,能够有效培养学生关键能力;二是构建了"快成长""高起点"的职场先发力人才培养模式,虽有别于传统的关键能力培养标准,但该另类目标却亦有其自身内在逻辑与合理性;三是创新了融入"职业情境"的第二课堂课程化学习形式,成为关键能力培养新的主阵地;四是组建了一元模型下稳定与融合的双师队伍,确保了关键能力培养主力军的稳定;五是建立了基于行业标准的人才多元评价体系,从考核入手促使学生关键能力的养成,实现了"学校—企业—行业—学生"的四赢局面。

第六章

———

高职学生关键能力培养
的改进策略

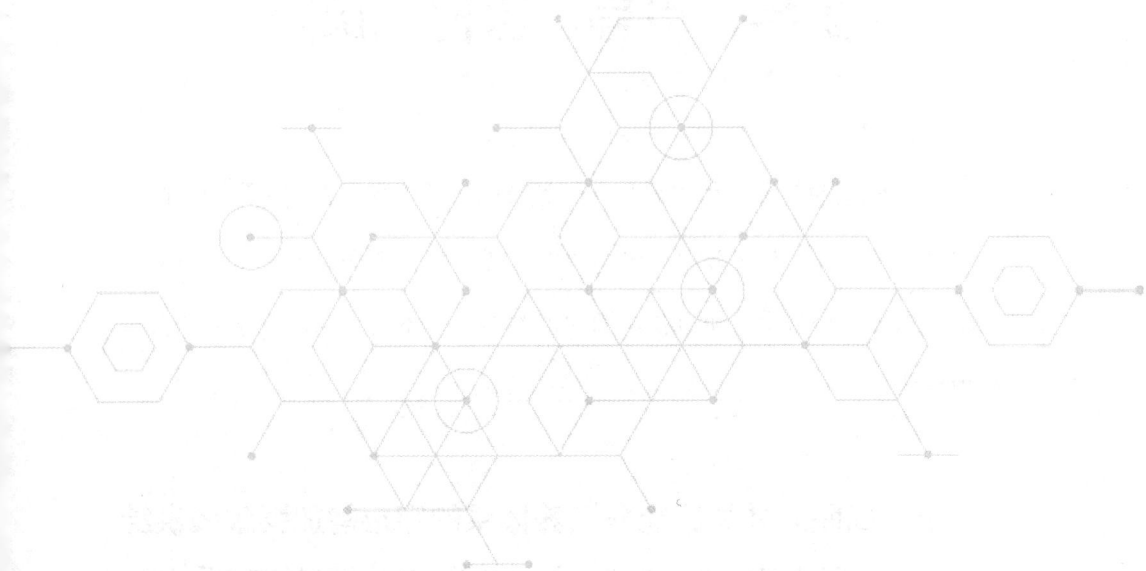

通过产业学院模式培养高职学生关键能力的具体行动研究，找到了一条切实可行、行之有效的高职学生关键能力培养模式变革创新之路。然而，高职学生关键能力的培养问题并非依靠成立产业学院便可一劳永逸地解决，无论在制度层面、组织层面还是个人层面，针对高职学生关键能力培养都还有持续的改善空间，可通过相应的对策与建议，促进不同层面的共同发展，进而保障高职学生的关键能力培养之路行稳致远。

第一节 制度层面：政府应加强政策支持、引导、监督、保障

高职学生的关键能力培养是高职教育的系统工程。在宏观层面，政府应根据我国国情，加强政策与制度供给，进一步强调关键能力培养对职教人才的重要性，鼓励校企合作、深化产教融合，推动我国高职学生的关键能力培养。

一、高职人才关键能力培养体系的完善需加强政策供给

（一）尽快建立并完善含关键能力考核的"职教高考"制度

当前，国家已明确高职教育的"类型"地位，高职教育应建立符合本类型特点的人才选拔模式，即在国家制度层面形成"职教高考"制度，

通过专业技能和关键能力的考核招收录取适合职业教育培养的生源。[1]
尽管当前"职教高考"制度的建立还有一些操作层面的问题无法简单解决，
比如，准确反映中职阶段教育成果的技能考核可操作性弱，又如不同专
业之间的教学内容缺乏可比性，等等。[2] 鉴于关键能力具有跨专业、跨
领域的属性，其考核结果对不同专业的考生录取具备一定的普遍借鉴价
值。当然，将关键能力纳入"职教高考"考核范畴，既是一种导向，促
使中职教育阶段除了相应的文化学习和技能训练以外，对学生的关键能
力培养也应更加重视，也为高职教育阶段打下基础，高职院校在设定人
才关键能力培养目标、实施教学、进行考核评价时将不会再因为学生关
键能力过于参差不齐而显得无所适从。把关键能力水平设为高职人才录
取的一道门槛，将会提升高职人才关键能力培养的实效性，继而促进高
职人才培养质量提高。

（二）将关键能力培养纳入高职教育人才培养标准要求

随着高职院校校企合作程度的深入和模式的发展，高职学生在毕业
踏上社会、进入用人单位之前就掌握一定的职业所需的关键能力成为可
能，这将大幅缩短毕业生适应社会、适应职业、适应用人单位的时间，
同时也在一定程度上缩减企业的员工培训成本。[3] 而要达到高职学生关

---

[1] 廖龙，王贝. 基于职业能力评价模型的"职教高考"体系构建 [J]. 职业技术教育，
2020，41（31）：24-28.

[2] 徐国庆. 确立职业教育的类型属性是现代职业教育体系建设的根本需要 [J]. 华东师范
大学学报（教育科学版），2020，38（1）：1-11.

[3] 张丹. 校企合作模式下畜牧兽医专业大学生职业关键能力培养的研究 [J]. 教育与教学，
2020（1）：146-148，153.

键能力的培养目标，从国家制度层面，应规定高职人才培养方案和课程建设标准中必须充分体现学生关键能力的培养，明确关键能力是高职人才培养的主要目标之一，确定其不仅是高职院校课程开发与设置的依据，也是课堂教学与实习实训的培养目标。[1] 只有在制度层面明确将关键能力培养纳入人才培养方案，要求高职院校依此系统而全面地进行专业课程设计并执行教学，才能确保高职学生关键能力的培养不会成为一纸空文。确保关键能力培养进入专业理论与实践课程的体系，等于在人才培养理念与具体的专业教学之间架起一座桥梁，不仅可以将关键能力的培养贯穿整个高职培养阶段，也可以通过校企合作、实践教学等形式，让学生提早储备和积淀能力，为就业和职业生涯发展做好相应准备。[2]

（三）营造高职教育有能力对关键能力进行有效培养的舆论环境

高职是我国教育事业的重要构成之一，也是我国培养经济社会发展所需的技术技能人才的重要阵地。然而，当前无论高职还是高职的人才培养均遭到了不应有的轻视和偏见。没有被正视的原因很多，概括来说，一方面是传统社会传承千年的老观念作祟，即"万般皆下品，唯有读书高"，自古以来中国人就崇尚理论知识学习，相对轻视技术技能训练，当代家长普遍认为高职教育不如普通高等教育，导致社会对高职培养人

---

[1] 崔景茂. 澳大利亚与中国职业教育关键能力培养比较研究 [J]. 职业技术教育，2013，34（7）：88-93.
[2] 蒋新萍. 高职生职业核心能力培养现状与对策分析 [J]. 职业技术教育，2015，36（11）：54-58.

才的轻视；另一方面，在现行高考制度下，高职院校的录取门槛普遍低于普通高校，生源质量自然也相对较低，这使得人们不自觉地认为高职教育无法胜任学生关键能力培养的任务。[1] 因此，政府应发挥舆论引导的职能，一方面是传统主流媒体，如电视、广播、报纸等，另一方面是新媒体，如网站、移动物联网、自媒体等，加大对高职教育的正面宣传，并在此基础上进一步强调诸如高职产业学院在人才培养的优势与作用，宣传其作为新时代高职校企合作产教融合的人才培养创新模式，及其通过对学生关键能力的有效培养而助力学生终身发展的示范效应，树立典型，从而尝试改变社会对高职教育原有的刻板错误印象。[2]

二、高职教师成长与培养体系的构建需要加强政策性引导

（一）建立科学合理的高职"双师"队伍标准

由于高职教育兼具高等教育和职业教育的特质，因此，国家应订立相应的标准制度，要求高职师资聘任和培养应以此为据。尤其是针对学生关键能力的培养，在选拔、聘用、晋升教师时，除考虑日常的性别、专业、教龄、职称、学历等因素外，必须同时考虑该教师的专业能力、职业背景、职场经验以及基本素养等各个层面，是否具备相应的能力既

[1] 郑琦. 产业学院：面向产业集群的高职教育模式——基于中山职业技术学院产业学院的分析 [J]. 职业技术教育，2013，34（35）：55-58.
[2] 朱跃东. 高职混合所有制二级产业学院建设的实践之惑与应对之策 [J]. 中国职业技术教育，2019（1）：61-67.

可以教授学生专业技能，又足以培养学生关键能力。[1]"双师"的内涵强调了知识与技能的统一，教育主管部门在制度规则上，应建立"双师型"教师的认定标准，标准应是科学、统一、合理、明晰、完整的，需要认定"双师型"教师的关键能力、理论功底、技术技能。特别是教师的关键能力，除自身具备能力能够培养学生相应的关键能力，更要强调个人素养，包括爱岗敬业、师德师风、社会责任感、民族自豪感等，这样才能通过自己的行为举止春风化雨般地引导学生求学、做人、从业，才能满足高职教育对学生关键能力的培养要求[2]。

（二）制定高职院校与企业行业师资双向流动政策

高职院校教师与企业行业技术人员的"双向流动"是一项复杂的工程，需要政府牵头，教育主管部门以及相关行业及其主管部门通力合作，方能推动政策制度的顶层设计。首先，政府应主导高职院校与合作企业双方师资"双向流动"的规则和实施办法的制定，明确政府、高职院校、行业企业在人才流动过程中相应的义务和权利，逐步形成规范化、程序化的长效机制。在制度和机制兼具的情况下，具体的行业企业与院校需要依此制定具体的实施细则和要求，具体包括人数、岗位、时间等，可将自主权留给院校与企业。其次，政府应主导订立相关的激励政策和原则，以鼓励双向流动的开展，涉及薪酬待遇、职称评定、岗位晋升、监管考核等方面，

[1]蒋新萍．高职生职业核心能力培养现状与对策分析[J]．职业技术教育，2015, 36（11）：54-58.
[2]卢立红，邓瑾．产教融合视域下高职院校"双师型"教师队伍建设现状及对策[J]．职业技术教育，2021, 42（26）：45-48.

不能因为流动而受到影响，而校企双方也应站在鼓励流动的角度最大限度地为双方人员开设"绿灯"。[1] 只有畅通校企师资的双向流动，才能让更多的行业专才愿意投身高职教育，才能为高职人才培养带来更多的业界知识和职场经验，才能更好地培养学生行业一线所需要的专业技能与关键能力。

（三）探索高职师资培养创新模式

在高职师资培养方面，教育主管部门除应该注重高职教师专业技能和关键能力并重的培养以外，在培养模式上也应该勇于创新。上海经验为模式创新提供了借鉴，上海市职业技术教师教育学院成立，该学院的主要职能是根据职业院校师资需求，定制化培养职业教育教师。参训教师们在职业性方面不仅本专业的知识得到巩固，而且对行业的认识和理解和面对真实业务问题的解决能力都得到了加强。同时，他们作为教师，在教育理论、教育技术和方法，以及教研与科研方面的能力均得到显著提升，成为新时代高素质的职业院校专业教师。该学院与行业头部企业共建"双师型"教师培养基地，为院校教师提供"下企业"的机会，也与职业院校共建职教师资培养基地，为企业教师提供"上讲台"的机会。此外，还与国外高校开展交流与合作，为教师提供"出国门"的契机，开阔国际化视野，培养国际化意识。为了高职学生关键能力培养的有效性，诸如此类的职教师资培养创新模式探索未来将成为职教师资成长与培养体系构建的重要形式。

---

[1] 吕玉曼. 校企人员"双向流动"的内涵、困境与实践路径 [J]. 教育与职业, 2021（24）: 28-33.

三、快推进高职院校采用多元评价体系测度学生关键能力

（一）深入推进"1+X"证书制度下的高职教育评价体系改革

《在院校实施"学历证书＋若干职业技能等级证书"制度试点方案》对"1+X"证书模式的启用做出了指引。目前，"1+X"证书制度尚处于试点阶段，要形成可复制、可推广的模式还需要实现进一步突破，首先是建立国家、省市、院校三级实施体系，然后是理顺职业技能等级证书和学生毕业证书的关系，提升高职教师承担职业技能等级证书培训的能力，等等。[1] 从评价角度来看，"1+X"通过加强学校评价与职业技能评价体系的对接，构建彰显职业教育特色的评价体系，并发挥评价在职业教育改革中的杠杆作用。从评价主体来看，"1+X"证书制度下，高职院校人才培养评价主体主要包括高职院校、合作企业、行业组织以及第三方专业评估机构，形成多元评价主体，协同提高人才培养水平；从评价内容来看，广度方面，"1+X"证书制度要求高职学生不但要掌握理论知识，也要掌握职业技能，并能够通过实践环节应用该技能；从内容深度来看，"1+X"在强调学历和技能等级的同时，也从学生个人长远发展角度出发，对学生掌握的职业综合素养，即关键能力进行评价，判断教学的效果。[2]

---

[1] 覃川 . 1+X 证书制度：促进类型教育内涵发展的重要保障 [J]. 中国高教研究，2020（1）：104-108.

[2] 林溪 . 基于 1+X 证书制度的高职院校增值评价体系构建 [J]. 教育与职业，2022（2）：29-35.

（二）创新高职校企合作评价模式的规范框架

建立和完善含高职学生关键能力培养的评价体系，需要跳出原有自上而下的评价体系，建立多元主体参与的评价标准、评价过程以及结果分析，需要教育主管部门以制度的形式设立一个规范框架。[1]确立企业的高职人才培养评价主体地位，由企业来评价高职人才培养的质量能够促使教学随市场变化而做出相应改变，也能让企业、行业、市场对人才能力的需求变化最直接地反馈到课程与教学中。企业的背后是整个行业的支撑，同时行业又是独立于企业和院校的第三方组织，能够更为客观地参照工作流程对学生进行评价，有利于专业课程实践教学的改进与优化。[2]除此之外，评价主体还应覆盖企业以外的专业教师、行业顾问专家、学校管理者、在校学生等。自我评价与同学互评，体现学生作为学习的主体性，并帮助学生反思，分析和解决问题，实现自我改进，增强团队合作能力。教师、学校管理者和企业方评价相结合，不但能对学生考核过程和效果进行监督，也增加了结果的客观性。虽然高职院校拥有自主权对评价体系进行构建，但其基本规范框架的设立须由教育主管部门主导完成，否则原本科学的多元评价，特别是需要以定性为主的关键能力的评价，反而会出现随意化、无序化等乱象。

---

[1] 蒋新萍. 高职生职业核心能力培养现状与对策分析 [J]. 职业技术教育, 2015, 36 (11): 54-58.

[2] 张龙. 基于企业主体的高职院校专业课程课堂教学评价机制研究 [J]. 教育与职业, 2021 (3): 53-56.

（三）探索开发适用于高职学生关键能力评价的评价方法

由于关键能力属于方法能力和社会能力，通过教学后，其培养质量往往难以准确衡量和评价，也因此高职学生关键能力培养的闭环往往容易被打破，所以，探索开发适用于高职学生关键能力评价的评价方法势在必行。比如，情境测试法就是一种可以供我国高职教育学习借鉴的用于学生关键能力评价的方法。该方法通过给处于一定情境中的学生布置一定的任务，观察其在完成任务过程中的表现和状态，以考核评价其团队协作、自我管理、问题解决、人际交流等方面关键能力的水平。[1] 情境测试包括真实情境与模拟情境两种。真实情境是将学生纳入企业真实的场景，或者职业技能测试的真实情境中，学生在不知情的情况下开展测试。模拟情境则多以角色扮演、模拟项目等方法来进行。教师只需负责设置学习与考核情境，很多活动集成各类问题，学生分组学习，培养和考查其沟通能力、组织协调能力、分工能力等。学生一开始沟通能力相对较弱，不少学生在协同学习的情境中，要面对竞争、分歧、协作等，老师只旁观不干预，让他们在冲突中获得解决问题的真实能力。适用于高职学生关键能力评价的方式需要教育主管部门牵头完成，方具备权威性和指导意义。

---

[1] 龙喜平. 高职学生关键能力评价理念及方法 [J]. 机械职业教育，2016（9）：43-44，62.

[2] 林溪. 基于 1+X 证书制度的高职院校增值评价体系构建 [J]. 教育与职业，2022（2）：29-35.

四、产业学院与关键能力培养的认识与研究均需持续加强

（一）构建高职学生关键能力指标体系的国家标准

由于当前对高职学生关键能力培养的指标体系研究可谓百花齐放，大多数指标体系的构建都是基于院校层面的实践探索，特别是多以专业（群）为基础来构建指标体系，而指标体系的构建又多以德尔菲法等研究方法凭企业、行业或教育界专家的意见来完成，虽然在一定领域和范围内有准确性，但也存在主观性和片面性，继而导致结果偏离实际的可能性。基于此，如何根据相关产业、行业的不同属性建立具有一定公信力的高职学生关键能力培养指标体系，应引起教育主管部门更多的关注。国家层面应该建立一套统一的标准和要求以规范高职学生关键能力的培养，高职学生可以通过官方的关键能力测评体系了解自己的关键能力现状，并通过相应的课程、实践或其他形式的活动以提升相关的关键能力，让关键能力与人才培养，特别是课程成绩挂钩，使得每个高职学生都能够更加重视自身关键能力的培养。[1] 对于高职院校而言，如何在人才培养方案中既体现原有的技术技能培养，又逐步将关键能力的培养科学有效地纳入考量，具备公信力的关键能力指标体系国家标准将是关键指引，教育主管部门须加强研究思考。

（二）加强对于"产业学院"与"关键能力"内涵的认识

学校与企业分属不同性质的社会组织，两者在管理体制、运行机制

---

[1] 张丹. 校企合作模式下畜牧兽医专业大学生职业关键能力培养的研究 [J]. 教育与教学，2020（1）：146-148，153.

等各方面均有所不同，进行诸如产业学院校企深度合作即使得到国家政策的推动、具体措施的激励以及相应的实施办法，在学校与企业中仍然有人存在顾虑，这种观念在短期内是难以消除的。特别是对于学校师生员工来说，如何改变对企业"逐利"的固有印象，如何鼓励教师走向行业企业，都需要政府、行业、学校、企业长期宣传，进行舆论引导，只有加强对产业学院的认识和理解，方能为校企合作、产教融合营造良好的氛围。传统的高职教育一贯重视知识和技能的学习，往往忽略以关键能力为代表的终身发展潜力的培养，强调学生对现有技术、技能的学习，忽视对技术、工艺、流程的创新革新。这与当前高职教育倡导为学生终身发展打下坚实基础的理念格格不入，而打基础的重要环节就是关键能力的培养。[1] 对于高职教育工作者来说，如何更加准确、深刻地认识关键能力的内涵及其重要性，对于高职学生关键能力的培养至关重要。

（三）加强对产业学院与关键能力的理论研究与实践

当前学界对关键能力的研究热度不断升温，其中又以关键能力的内涵及指标体系的构建最为热门。同时，对以产业学院为例的校企合作的研究也是方兴未艾，2006 年关于产业学院的研究起步，2014 年起关于职业教育混合所有制改革的研究亦逐步兴起，如今都逐渐进入了研究的发展和成熟期。然而，在本研究进行过程中发现，校企深度合作非常成功

---

[1] 杨岭. 职业教育融入终身教育体系的路径研究 [J]. 职业技术教育，2020, 41（4）：48-53.

且实现了具体育人目标的真实案例并不多，特别是关于高职教育人才关键能力培养的成功案例少之又少，多数仍处于探索阶段，且局限于表面，即使涉及人才培养也是泛泛而谈，对具体方法及成效鲜有涉及，因此，对理论发展和实践指导的意义也显得较为有限。教育界应引导更多研究针对校企合作人才培养的效果，特别是通过学生关键能力培养达到人才培养的成效，以理论研究指导更多的高职院校参与实践，同时也为教育主管部门制定政策和办法提供依据和参考。

第二节 组织层面：校企应构建基于产业学院的学生关键能力培养新模式

在学校与企业层面，高职学生关键能力的培养应在校企合作共建产业学院的基础上构建一套人才关键能力培养的新模式，包括创新的培养方案、教育教学模式、师资队伍以及评价体系，切实保障学生关键能力培养目标明确、过程顺畅、成效明显。

一、关键能力培养深化校企合作与产教融合

（一）选择适合学校自身发展的产业学院校企合作模式

深化教学改革、支持产业发展，推动高职院校与行业企业协同育人、共谋发展，鼓励校企共创产业学院的人才培养模式是高职院校当前发展的创新思路。[1] 从长远来看，随着国家发展职业教育的工作推进，政府会陆续出台相应的政策进一步支持校企合作、产教融合，鼓励建立产业学院的形式建立协同育人机制。届时，高职院校可进一步效仿德国双元

---

[1] 苏文文,王旭. 高职院校学生职业核心能力培养中存在问题及对策研究 [J]. 内江科技,2019,40（11）：56-57.

制模式，根据所处区域的经济结构、产业需求、企业目标等方面，以适当的形式将企业与学校、理论与实践紧密结合起来，共同承担人才培养的责任，为国家、行业、企业提供具备关键能力的人才储备。产业学院毕竟还是创新的产物，现阶段无论在理论研究还是在实践层面都存在不足，加之各所高职院校软硬件条件、办学定位、办学理念、文化传统、所处地区的产业形态等都各不相同。企业合作举办产业学院时不可能照搬同一套模式，而必须根据院校自身条件，企业资源禀赋及其目标，订立相应的规范，选择合适自身发展的合作模式。[1]合适的模式是关键能力培养的先决条件。

（二）整合共享校企双方资源促进产业学院发展

在良性循环的产业学院模式中，出于共同的育人目标，校企双方能够有效促进企业资源的整合与共享，首先是教育资源的共建，企业可以依托行业、市场信息方面的优势为专业建设、课程开发设置提供市场导向，突出专业技能和关键能力培养；其次是人才资源的流动，在产业学院模式下，企业为院校教师提供更多方便，使院校教师的挂职、培训、研修、下车间更容易，同时企业技术人员在校内兼课教学、带学生做项目也没有门槛；再次是技术资源的共享，行业先进的技术技能可通过产业学院平台进入学生课堂、实践教学，而高职院校在应用科研方面亦有一定的造诣可供企业参考[2]；最后，通过产业学院可以畅通行业、社会资源的

---

[1][2] 郭雪松，李胜祺．混合所有制高职产业学院人才培养共同体建设 [J]．教育与职业，2020（1）：20-27.

入校渠道，实现高职资源与社会资源的更优整合，当然这需要合作企业摒弃同行竞争思维，通过自身渠道为学校和人才培养引入更多来自业界的资源，包括实践资源、师资资源、发展资源等[1]。行业资源与社会资源对关键能力的有效培养将起到事半功倍的效果。

（三）融合校企文化助力关键能力培养

高职学生关键能力培养的又一重要渠道就是校园文化的熏陶，将企业文化引入校园，与传统的校园文化有机融合，可以有力促进学生体验职业、认知自我、适应社会、感知世界。高职院校应立足自身鲜明的办学特点，通过与合作企业的企业文化相融合，培育自身的校园文化精神，并以此为基础，开展校企文化融合建设活动，通过活动让学生对相关的关键能力有所感悟和提高。[2] 比如，环境方面，学生可以以企业或行业为主题，设计具有职业文化特色的板报，张贴职业活动、职业名人的海报等，使得校园内充满职业文化气息。[3]

有特色的校企融合文化，除整合校园内的物理文化、精神文化，还包括制度文化和职业文化，高职学生通过对企业职业文化的了解，确立职业目标、规划，无形中也促使其提升职业技能和关键能力[4]。比如，

---

[1] 宣蔡蔡，王洪才. 高校产业学院核心竞争力的基本要素与提升路径 [J]. 江苏高教，2018（9）：21-25.
[2] 杨金栓. 论职业院校校园职业文化与企业文化的深度融合 [J]. 教育与职业，2012（33）：45-47.
[3] 许倩倩，白苗. 高职院校学生职业能力培养问题及其对策探析 [J]. 新疆职业教育研究，2016（3）：81-83.
[4] 徐炜. 教育生态学视域下高职学生关键能力培养反思与重构 [J]. 教育与职业，2017（19）：107-111.

职场模拟活动，让学生通过对职业角色进行扮演，承担具体任务，在过程中学会沟通、理解、协作，懂得创新、诚信、敬业的职业精神。又如，通过校企技能大赛，让学生既能锻炼自身技能，也能锻炼自主学习、抗压能力、精益求精的工匠精神等。[1]这些形式的校园文化在一定程度上都可以弥补课堂教学的不足，促使学生被培养成一名具备关键能力的"准职业人"，让其走出校园时能够最快融入职场，力争实现学校人才培养和企业用人需求的无缝对接。

二、将关键能力培养纳入高职人才培养方案
（一）树立学生关键能力培养的高职人才培养理念

教育理念是任何一所学校的灵魂。新时代，高职院校想要实现学生关键能力的有效培养，首先应明确自身定位，转变教育理念，由专注"制器"变为注重"育人"，树立高职学生关键能力培养的人才培养理念。[2]政策文件已反复强调强化通识课与专业课的融合，注重知识与技能、专业技能与关键能力的培养，坚持知识、技能、素养相统一，把职业素养融入人才培养。可见，从宏观政策层面来看，高职学生关键能力培养政策的顶层设计正在逐步完善。[3]因此，目前各高职院校更应该进一步解放思想，转变作风，树立可持续发展的学生关键能力培养理念。无论是

[1] 陈琪. 高职教育培育工匠精神的路径探析 [J]. 中国高校科技，2018（5）：69-70.
[2] 李小元，刘敏. 职业素养教育的缺失与路径 [J]. 中国高校科技，2017（7）：58-60.
[3] 王云江，宋晓玲. 高职院校职业核心能力培养对策研究 [J]. 杨凌职业技术学院学报，2016，15（2）：5-8.

高职管理者、一线教师还是学生，都应该从思想上认识培养关键能力的重要性和必要性，并且能够做到较为全面、科学地理解和把握关键能力的内涵，以关键能力培养为导向，改革人才培养模式。[1]如此，才能培养出既掌握专业知识技能，又具有创新意识、家国情怀、工匠精神等较高职业素养的复合型技术技能人才。

（二）确立关键能力培养的高职产业学院人才培养目标

产业与市场的人才需求越来越趋于"复合"，要求高职院校将学生关键能力的培养设立为具体的人才培养目标，纳入人才培养方案，要求课程设置与课堂教学在融合专业知识、技术技能的同时，关注其关键能力的培养。[2]作为我国当代高职教育者，需要充分了解关键能力，懂得高职学生应该获得怎样的关键能力，遵循关键能力进行教学设计。[3]培养目标的设定除要详细描述不同专业和课程所要培养的相应关键能力，具体到每个专业乃至每门课程也需要根据相关关键能力的主要内容和行为表现，结合本专业或课程的特点，提出相关关键能力的培养目标、内容及方式，并且根据不同专业和课程的特点进行分阶段、分等级的培养，这样才能将关键能力培养贯穿于整个教学过程，最终达成培养目标。具体操作中可以设立总体教育目标和阶段教学目标，总体教育目标是培养学生的专

[1]许倩倩,白苗. 高职院校学生职业能力培养问题及其对策探析[J]. 新疆职业教育研究, 2016（3）：81-83.

[2]郑莉琨. 高职学生职业核心素养培育研究[J]. 西部素质教育, 2018, 4（10）：55-56.

[3]欧阳丽. 基于能力发展核心的高职课程建设研究[J]. 职教论坛, 2011（9）：12-15.

业技能和关键能力；阶段目标可以分为通识理论学习阶段、专业知识学习阶段、实践技能学习阶段，每一阶段前后衔接，不断提升学生专业技能和关键能力两个方面的能力，提升其就业竞争力、岗位适应力和职业生涯发展力。[1]

（三）将行业标准引入专业建设与课程设置

高职院校校企合作产业学院在推进学生关键能力培养时，课程是关键和重点。传统的高职教育要求学生掌握课本知识为主，致使一些学生因不具备相关的关键能力而错失工作机会。以产业学院为基础，由企业引入行业标准是高职学生关键能力培养的有效措施，以项目为基础，以任务为要求的跨专业、情境化课程可最大限度地还原真实企业岗位实际工作场景，学生将有机会调动自身多方面的能力和知识，实现理论与实践的联系，在过程中培养学生主动学习、团队协作、沟通表达、逻辑性和批判性思考等方面的关键能力。

当然，单独一门课程的内容引入行业标准无法完成人才关键能力培养的目标。因此，应根据关键能力的指标体系和对标相关行业岗位对学生能力的要求，对所在专业的所有课程进行统整和改革，系统性地修订课程体系与教学计划，即在个别专业核心课程内容改革尝试的基础上，相关专业可以以此为逻辑起点构建起新的课程体系。例如，通识教育课

程＋专业基础课程＋专业核心课程＋个性化发展课程等。[1]又如，思政课程负责可以帮助学生树立"理想信念"，专业课程可以培养学生的"职业品质"[2]，实践活动可以提升学生的"社会能力"[3]，课外学习任务可以使学生提高"方法能力"[4]。诸如此类以培养关键能力为目标的课程开发与设计不胜枚举。同时，在产业学院得天独厚的优势下，学生职前职后的衔接发展得到关注，在前述基础上，产业学院特别重视以项目化的"课程"训练学生的专业技能和关键能力。[5]如此，产业学院模式下的学生能获得完整的学习经验以获取相关的关键能力，适应岗位的要求。

三、将关键能力培养融入产业学院教育全过程

（一）丰富以学生为中心的多元课堂教学手段

第一课堂是高职教育教学的主阵地，第一课堂的教学情况则是完成关键能力培养的关键。在课堂教学中，应关注学生本身的差异化以及学生需求的差异化，不同的学生有不同的能力水平和潜力，因此，课堂教

[1]冷雪锋，任爱珍，蒋正炎．基于职业核心能力培养的高职课程理论实践一体化探索 [J]．中国职业技术教育，2016（14）：18-23.

[2]刘红英，汤海滨．浅谈高职学生关键能力的培养 [J]．山西财经大学学报，2010,32（2）：276-278.

[3]韩天学，张学龙．适合我国高职学生发展的核心素养研究 [J]．职业技术教育，2019,40（3）：19-25.

[4]毛良．缺失与构建：高职成人教育关键能力培养模式研究——以重庆三峡医药高等专科学校为例 [J]．成人教育，2016,36（5）：70-74.

[5]杨国强，朱炜，陆卫国．区域产业学院高技能人才培养模式探索 [J]．教育与职业，2021（11）：42-47.

学必须以学生为中心，从而尽量满足不同学生的差异化需求，尽量促使每位学生的关键能力都得到一定程度的发展。[1]在产业学院中，采取以学生为中心的课堂教学，校企双方教师作为学生学习的激励者、学习条件的创造者、学习活动的组织者，可以通过向学生提问或与其互动，激发学生的求知欲，启发学生主动思考，进而促使学生自主学习和深入探究，过程中培养学生学习、思考、协作、创新等关键能力。[2]

在课堂教学中，要根据不同关键能力的不同特征，选择适当的教学方法。比如，布鲁迪斯（Brundiers）通过观察学生现实生活中的学习活动后，提出了关键能力可持续培养的学习模型（A Progreesive & Functional Mode），强调无论是学习抑或实习都需要循序渐进，逐渐展开。[3]情境教学法要求校企双方教师通过创设真实的工作情境，培养学生面对真实工作场景的问题解决能力、管理能力、领导能力等关键能力。基于真实情境开展教学，有助于学生获取跨学科、跨专业的学习体验，也有助于学生培养知识迁移等方面的能力。[4]当然，适合高职学生关键能力培养的教学方法除情境教学法，还有项目教学、启发式教学、案例

[1] 朱智清. 核心素养理念下高职院校课程教改的创新路径探析 [J]. 太原城市职业技术学院学报，2021（8）：145-147.

[2] 毛良. 缺失与构建：高职成人教育关键能力培养模式研究——以重庆三峡医药高等专科学校为例 [J]. 成人教育，2016, 36（5）：70-74.

[3] Brundiers K., Wiek A. & Redman C. L. Real-World Learning Opportunities in Sustainability: From Classroom into the Real World[J]. International Journal of Sustainability in Higher Education, 2010, 11(11): 308-324.

[4] 袁辉，王丹. 高职学生核心素养培养的策略研究 [J]. 职业教育，2019, 18（10）：57-63.

教学、模拟教学、专题教学、角色扮演等方法，都属于行动导向教学方法体系。[1]在实际课堂教学中应根据需要培养的关键能力内涵与特征以及学生特点，合理选择和搭配具体的教学方法。[2]

（二）将第二课堂建成学生关键能力培养的又一阵地

关键能力的培养是一种浸润式（Immersional）的养成教育，应贯穿学生教育教学的全过程。高职学生关键能力的培养是一个长期积累的过程，需要相当一段时间的理论学习与实践历练，仅仅依靠传统的第一课堂中的课程教学，无论从时间上还是形式上都远远不够，第二课堂以活动或项目为载体的形式应成为高职学生关键能力培养的又一新的主阵地，成为第一课堂的有效补充。[3]学生社团不但可以营造校园氛围、培养学生兴趣、丰富课余生活，而且可以以活动为载体培养学生的关键能力，让学生通过参与、尝试、思考、碰撞、反思后将关键能力培养逐步提升为其自觉行为。[4]高职院校应为学生社团等第二课堂活动或项目的开展创造条件，更应鼓励学生积极参与第二课堂的活动以锻炼或补足其自身的关键能力。同时，学校应激励教师更多地参与第二课堂人才培养，并

[1] 樊艳君，夏全星．加强校企合作培养高职学生的职业关键能力 [J]．职教论坛，2011（13）：42-45.

[2] 刘红英，汤海滨．浅谈高职学生关键能力的培养 [J]．山西财经大学学报，2010，32（2）：276-278.

[3] 李雪莲．高职院校学生"关键能力"培养研究 [J]．教育与职业，2012（12）：176-177.

[4] 王云江，宋晓玲．高职院校职业核心能力培养对策研究 [J]．杨凌职业技术学院学报，2016，15（2）：5-8.

鼓励其开设各类非专业类或专业类的社团，有针对性地培养学生相关的关键能力，以及将学生德育、思想政治教育的理念润物细无声般地渗透第二课堂，以培养学生在社会活动、生活实践中磨炼意志，培养职业道德。

（三）建立融入真实情境的实习实训环境

高职阶段传统的人才培养课程除理论课程外，就是实习实训课程，建设和改善校内的实践教学环境无疑对于关键能力培养具有重要作用。产业学院模式一方面可以通过企业为学校引进最新的企业技术标准和实训设备，让学生感受越发真实的企业工作环境和真实情境的企业工作状态，有利于调动学生的学习积极性，让学生"足不出户"就可以与行业企业进行无缝对接；[1]另一方面，通过企业教师的授课指导，使学校师生更注重理实一体，教学过程与工作过程对接更加紧密的实践教学经验，使得学生能够更好地理解、掌握、运用所学的知识和技能，不断提升自己的知识储备和实操水平。同时，在企业要求的真实情境中，也有更多机会让学生强化自身的关键能力。此外，在学生实习方面，应从原先的强调顶岗实习改变为教学实习与顶岗实习并重，让学生有机会在企业实习之后带着经验和感悟回到校园参加后一阶段的学习，从而使经验与理论更好地结合。在顶岗实习方面应该引入师徒带教制度，学校应要求合作企业提供学生实习岗位的同时也要提供企业内的带教老师，更好地指

---

[1] 郑莉琨．高职学生职业核心素养培育研究 [J]．西部素质教育，2018，4（10）：55-56.

导和考评学生整个实习阶段的情况，让学生在实习阶段更有的放矢地投入工作、积累经验，更目标坚定地提升自身相关的关键能力。

四、为关键能力培养提供"双师"队伍保障

（一）优化"双师型"师资团队建设

优化师资队伍结构，建设一支优秀的双师素质师资队伍不仅是对高职师资队伍建设的要求，还是各院校强化专业建设、促进教学改革、培养关键能力、实现良性发展的内在需求。[1]这恰恰是诸多高职院校发展的瓶颈所在，产业学院为学校带来了企业教师、行业专家，为学生带来了企业、行业的最新技术、鲜活经验和行业标准，他们经历过市场的考验，懂得行业的规则，也善于现身说法，以市场的标准指导、考核学生，让学生在校学习期间即可了解市场真实而"残酷"的现实。同时，高职院校的专业教师拥有更厚实的理论基础、更丰富的授课经验和技巧，懂得如何扮演自身的职业角色，充分发挥教师在学生关键能力培养中的导向作用，带领学生确立正确的价值观。[2]在具体的教育教学过程中，不同背景的教师在培养学生的关键能力过程中发挥着不同的作用，他们彼此融合、互为补充，也相辅相成、互相成就。最终，构建起这样一支师德高尚、业务精湛、结构合理的"双师型"师资团队，才能更好地引导

[1] 王云江，宋晓玲. 高职院校职业核心能力培养对策研究 [J]. 杨凌职业技术学院学报，2016，15（2）：5-8.

[2] 许倩倩，白苗. 高职院校学生职业能力培养问题及其对策探析 [J]. 新疆职业教育研究，2016（3）：81-83.

高职学生形成社会、企业所需的良好品质与关键能力。[1]

（二）强化双师培训以提升师资自身素质

高职学生关键能力的培养任务要落实在教育教学中，教师是中坚力量，教师自身素质和能力的高低直接影响学生关键能力培养的效果。[2] 在提升教师素质的具体措施上，首先，校企双方教师都应对关键能力的概念、本质和内涵有所认知；其次，应针对学校教师行业经验少、技能水平相对薄弱的特点，加强其专业技能的培训，特别是可以利用校企合作平台，鼓励支持专任教师参加企业实践锻炼、参与职业资格鉴定，了解企业文化，积累行业经验，从而有效提升其实践教学能力，并使得专任教师对企业环境和企业教师产生同理心，更好地理解企业的发展和企业教师的工作环境，在课程教学中更好地渗透关键能力培养；再次，应针对企业教师开设课程教材编撰、教学方法研究等培训课程，让企业教师有意愿也有能力更好地向学生表达和输出自身的能力与经验，同时也让其能够更好地与学校教师、学生进行沟通和交流；最后，校企双方还应经常性地组织团队建设活动，让学校教师与企业教师有机会、有平台针对日常教学中的问题，进行充分的沟通、探讨和经验分享，并在过程中达到对彼此的认同和理解，逐步使得这支"双师型"师资队伍既有扎实的理论基础和教学方法，又有过硬的职业技能和行业经验。可见，师资素质水平与

[1] 刘红英,汤海滨. 浅谈高职学生关键能力的培养 [J]. 山西财经大学学报,2010,32（2）:276-278.
[2] 庄宗兰. 工业 4.0 时代高职学生核心素养研究——以泉州某高职院校在校生和相关企业为调查对象 [D]. 福建:福建师范大学,2018.

学生关键能力培养呈现一种水涨船高的态势。

（三）科学创新双师队伍绩效管理机制

科学、规范、合理的师资队伍管理机制是稳定师资队伍、促进师资队伍水平提升、激励教师追求卓越的重要手段。在产业学院校企合作过程中，高职院校可以根据自身情况和特点，学习借鉴企业优秀的人力资源管理理念与方法，如绩效管理模式。科学的绩效考核不仅有利于学校根据按劳分配、多劳多得、优劳优得的原则合理地订立教师的劳动报酬，也是教师职务评聘、业务水平、工作强度的重要依据，对教师的工作积极性和自身成长也会产生重要的激励作用。

针对产业学院合作模式下"双师型"教师团队的绩效管理，要提倡多元化的考核评价方法，重视教师专业技能和业务能力相结合的评价标准，促进教师关注学生关键能力的培养。[1]首先，应建立重师德、重能力、重业绩、重贡献的教师考核评价体系，结合校企双方教师不同的岗位要求科学制定评价指标，绩效考核指标应破"五唯"，不以学术水平、职称学历、校企双方教师不同的背景和关系所属为准，而是以其担任的具体岗位、教学、项目、应用科研、社会服务、竞赛指导等具体贡献而定。[2]同时，对分别来自学校和企业的老师，只要他们担任的教学岗位一致，工作任务相同，他们的考核标准就应一致。科学的绩效管理机制不仅有

_____

[1] 余红梅. 以关键能力教育模式为导向加强高职院校师资培养 [J]. 中国成人教育，2013（23）：100-102.

[2] 吴新燕，席海涛，顾正刚. 高职产业学院绩效考核体系的构建 [J]. 教育与职业，2020（3）：27-33.

利于教师个人的发展和工作活力的激发，更有利于"双师型"师资队伍的稳定与可持续发展，从而稳定高职学校师资队伍。

五、为关键能力培养创新校企考核评价体系
（一）构建校企协同的能力本位考核评价体系

建立基于高职学生关键能力的考核评价体系，是落实高职学生关键能力培养必不可少的重要环节。改变传统的"知识本位"模式，代之以"能力本位"的考核评价模式，能够帮助学生及时准确地了解自身关键能力培养发展状况，及时调整学习、活动的侧重点，弥补不足或扬长避短。对于教师而言，创新评价体系能够帮助其准确审视学生关键能力培养的实际情况，及时调整教学方向，引导学生做出改变，同时提升自身教学能力以适应学生关键能力的培养。[1]如期望较为理想的达到上述目标，"能力本位"考核与评价指标的精准设定是不可或缺的，高职学生关键能力是理论知识、基础技能、情感态度、价值取向等多维度的集合体，考核与评价指标的设定应尽量平衡知识与技能、显性能力与隐性能力的关系，也要体现职业教育特点，突出工匠精神、开拓创新精神等方面，以期构建一个如实、准确反映学生能力养成的客观、合理、全面的评价体系。在能力评价过程中，校企双方都作为评价主体通过全程多维度的评价，使得校企协同的评价始终贯穿关键能力培养的全过程。[1]

---

[1] 陈辉．基于能力本位的高职院校实践教学体系建设 [J]．中国成人教育，2019（23）：53-56.

（二）选择多元化的考核评价方式

传统的纸笔考核主要是考查学生在知识掌握、理解和运用方面的情况，对于高职学生而言，无法全面、客观地分析其关键能力的培养发展情况，因此，改变过去单一的考核方式势在必行。从考核的媒介方面来说，借助大数据、云计算等信息技术手段开展灵活多样的考核评价将成为趋势。[2] 信息技术的发展和运用为高职学生能力考核评价提供了更为真实和直观的评价过程。[3]

如何多元化考核评价方式方法，使得学生关键能力培养状况更为客观准确。产业学院应更加普及学生学业的过程性评价，这是由于关键能力的养成往往是伴随学生的学习与生活潜移默化而来，具有长期性的特点。在具体的评价工具方面可选用电子成长档案（E-Portfolio）来记录学生在不同时间段的表现及其关键能力的发展状况，电子成长档案的使用将依托学校信息技术的发展，在不明显增加评价者工作量的同时，做到及时收集、记录学生的作业、作品等成长轨迹，且能通过雷达图等图表展示学生在不同学习阶段各项关键能力指标的发展水平和层次，教师可以根据对比岗位标准指标图，调整教学侧重点，也可以为学生设定一

[1] 韩雪平. 职业能力目标导向下"双融合、多元化"高职学生职业素养培养 [J]. 教育与职业, 2020（9）: 66-71.
[2] 庄宗兰. 工业 4.0 时代高职学生核心素养研究——以泉州某高职院校在校生和相关企业为调查对象 [D]. 福建: 福建师范大学, 2018.
[3] 张广传, 王海英. 新时代技术技能人才职业核心素养的内涵与培育路径——基于山东省"齐鲁工匠后备人才"培育工程的探索 [J]. 职业技术教育, 2021, 42（29）: 19-23.

些个性化的成长路径。同时，学生可以根据现状反馈，反思自身学习的不足，通过参加活动、社会实践、选修课等形式补齐自身关键能力的短板。通过坚持过程性评价和结果性评价相结合，推动多种形式学习成果的认定、积累和转换，能够更好地展示学生关键能力培养的情况。[1]

（三）实践教考分离的真实情境考核评价机制

教考分离在基础教育领域中已经习以为常，而它同样适用于职业教育。由于教考分离的存在，教师必须更主动地遵循课程与教学的要求和标准有序规范地实施教学。同时，教师需要强化自身教研能力，提高教学水平，提升人才培养质量。从学生角度来看，教考分离能够使其明确学习目标、端正学习态度，促使优良的学风形成。教考分离是人才培养考核与评价体系建设、创新与发展的重要手段。教考分离的考核评价体系，有利于发挥考核评价在人才培养中的正面作用，倒逼课程设置与教育教学工作规范平稳地进行。对于高职教育而言，从实践层面来看，各专业各课程实现教考分离的难度不一，但从关键能力培养的角度来看，通过教考分离，可以尝试通过校企合作资源，引进业界专家参与命题或考核，让学生真正接受行业标准和职场情境的考查和检验。比如，尝试让学生关键能力的考核处于由来自行业的专家为学生设置的真实"情境"，由专家在真实情境中创设一个现实性任务，以考验学生专业的知识和技能

---

[1] 龚方红，刘法虎．彰显类型特征的职业教育评价新蓝图——《深化新时代教育评价改革总体方案》解读 [J]．国家教育行政学院学报，2020（11）：26-33.

的整合，以及临场的反应、信息的探索，甚至是彼此的沟通等关键能力的展示。[1] 这样的尝试更符合职业教育的特征和属性，对于高职学生关键能力评价机制创新更具有现实意义。

[1] 庄宗兰. 工业 4.0 时代高职学生核心素养研究——以泉州某高职院校在校生和相关企业为调查对象 [D]. 福建：福建师范大学，2018.

第三节 个人层面：高职学生应立足终身发展的角度，做好职业生涯准备

制度、组织等外部因素都齐备的情况下，高职学生还应增强自身努力认识、学习关键能力的内驱力，从就业观念转变为职业终身发展的观念，确立职业目标，制定职业规划，努力学习掌握更多的关键能力，为生涯发展做好准备、奠定基础。

一、正确认识和理解关键能力培养的意义

（一）认识高职学生关键能力是提升自身素质和就业竞争力的客观要求

从高职学生个体的角度出发，若希望自身的关键能力在高职阶段得到较好的培养，自身也要做出相应的改变和努力。首当其冲的便是学生必须正确认识和理解关键能力培养的深刻意义和价值。高职学生须充分认识关键能力是提升自身素质和就业竞争力的客观需要。如前所述，迈入新时代，新技术不断发起对传统行业的一轮轮冲击，新兴职业和岗位不断涌现，这些职业和岗位智能化程度高、技术技能更新快、复合能力

要求高，若希望妥善完成工作，单纯依靠过去的专业技能恐已无法胜任，必须拥有善于自主学习、解决实际问题的能力，并且具备一定的创新精神和团队协作能力。上述能力就是关键能力的缩影，证明关键能力客观上已经深入影响了高职学生的就业竞争力。

（二）理解高职学生关键能力是实现自身职业生涯可持续发展的必要条件

高职学生必须充分理解关键能力是实现自身职业生涯可持续发展的必要条件。新时代，产业经济转型发展后的社会是高科技水平与高能力素质并重的社会，高职学生必须看到职业的演变跟着产业结构和劳动力结构的变化，可谓日新月异，"变化"对劳动者提出了更高的能力要求。因此，劳动者必须具备相应的素质：第一，拥有较强的灵活应变能力，具备适用于不同工作场域的可迁移能力，具备一定的创造性解决问题的能力，可以适应岗位变化和职业异动；第二，具有团队精神，懂得与人交流、合作，具有一定的管理能力和组织领导力；第三，爱岗敬业，积极主动参与生产，并能够及时发现并解决问题。[1] 劳动力的分工随着知识创新加速和职业结构深层次变化而变化，由单一工种变为复合工种，过去简单纯粹的职业也逐渐发展为综合职业，这就需要高职培养的学生既会操作、通晓生产，又具备创新和知识迁移能力，能有效应对职业生涯发展过程中不断出现的问题，做到可持续发展。

---

[1] 岳金方，王庭俊，武智. 高职学生职业核心能力内涵辨析 [J]. 教育与职业，2014（35）：124-125.

（三）感悟高职学生关键能力是实现民族复兴的内在要求

新时代，我国要全面建设社会主义现代化国家，进一步发展经济科技文化，从而提高综合国力，则必须重视劳动力的素质提升，劳动力关键能力的提升是实现经济社会快速转型发展的支撑。我国要走出一条拥有中国特色的，拥有现代化产业体系和经济结构，资源节约、环境友好的和谐发展之路，培养高素质复合型的劳动者就成为重中之重。"中国制造2025"国家战略加速了多学科、多专业的交叉融合，学科专业的综合性日益增强，对高职人才培养提出新的更高的要求，"一技在手，终身无忧"的观念已一去不复返。因此，高职学生应努力学习关键能力，对于实现中华民族伟大复兴应具有高度的使命感和责任感。

二、树立终身发展意识培养职业自我认知
（一）正确评估与认识自我发掘个人特质

客观、准确且全面地评估与认识自我是高职学生做出职业规划的前提条件，需要采用科学的方式方法才能正确实现自我认知，对自己的职业兴趣、性格、价值观和现有能力都要进行剖析。如何正视自身优缺点，对职业有什么偏好，适合怎样的职业都是该环节的核心，也是正确评估自我特质的关键。[1]首先，应了解自己的职业兴趣。职业兴趣是个体针对某项职业活动存在较为稳定而持久的心理倾向，是个体探究某种职业

---

[1] 高建波，刘燕鸣. 基于职业生涯规划背景下的高职新生适应力培养研究 [J]. 职教论坛，2016（23）：33-36.

或从事某种职业活动所表现出的个性倾向，受该倾向影响，个体对某种职业会报以优先的关注，并表现出向往的情感。[1] 只有明确自身的职业兴趣，才能做出合理的职业规划。其次，要了解自己的性格。性格是人对现实的态度和行为所表现出的稳定心理特征。人与人的性格迥异，是构成个体差异的重要因素。再次，高职学生应确立自身的价值观，简单而言，价值观是个体对周边事物意义的评价与感受。高职学生应立足可持续发展角度，结合自身实际，确立科学、正面的价值观。最后，高职学生应了解自身已经具备的能力。从心理学角度来看，能力是一种心理特征，是顺利完成活动的必要心理条件，无论从事什么职业，都需要相应的能力作为保障。准确地评估自身已具备的能力，有利于其后续在学习实践中更有针对性地进行补强。

（二）加强沟通交流完善自我认知

准确自我认知的过程绝不是靠学生自我摸索、思考就够的，也不是仅仅通过教师单向灌输和说教就可以完成的，学生自我认知的过程也是人格发展的过程，需要学生通过参与一定的交流活动、测试、情境化的职业展示等，逐渐领悟的。首先，学生需要完成科学的职业兴趣及职业性格测试，使学生对自己的性格特点、兴趣爱好以及现有的职业能力形成直观印象。[2] 同时，该类测试也让学生了解自身的职业倾向性和个人

[1] 张国华，刘康声. 可持续发展视野下高职学生职业生涯规划的基本步骤 [J]. 教育与职业，2012（17）：84-85.
[2] 李成才. 高职院校职业生涯规划教育的现状及对策 [J]. 继续教育研究，2016（1）：82-84.

特质，引导其选择与自身性格、兴趣较为匹配的职业[1]。其次，学生个人应多与辅导员、教师与同学交流，通过交流，可从对方口中了解更多自身的性格特点，也可以得到较为客观的评价和择业建议。教师的引导与同学的互动都是高职学生完善自我认识的重要途径。[2]最后，学生应多参与社团活动和社会实践，通过真实情境的交流、学习、实践，不但有利于学生完善自我认知，也有利于相关关键能力的培养[3]。

（三）确立终身发展意识调整自身择业心态

随着政策导向和高职院校教育观念改变，越来越多的高职院校已从原有的就业为导向的培养目标转变为学生终身发展为导向的人才培养目标。然而，每个学生在高职就读阶段，是否从思想上逐步了解、建立、明确终身发展的教育目标，恐怕还要打个问号。从当前高职学生的择业心理就反映出诸多问题，特别是当面对社会、企业给予学生足够多的机会时，高职毕业生却不知如何选择。由于"慢就业"的思潮盛行，不少学生"等、靠、要"的依赖心理严重，在择业中十分被动；有的学生还有攀比和从众的心理，随大溜或盲目追逐热门职业；更有甚者，在择业时出现了焦虑、困惑甚至抑郁。[4]这些心态的产生往往源于最初自我认

[1] 林栋. 新就业形态下高职学生以职业胜任力为核心的就业能力培养 [J]. 教育与职业, 2020（15）: 75-80.

[2] 李成才. 高职院校职业生涯规划教育的现状及对策 [J]. 继续教育研究, 2016（1）: 82-84.

[3] 林栋. 新就业形态下高职学生以职业胜任力为核心的就业能力培养 [J]. 教育与职业, 2020（15）: 75-80.

[4] 孙志新,孙鹏. 高职大学生职业生涯规划存在的问题及对策 [J]. 教育与职业,2015(13): 88-90.

知的不准确，也没有在学习过程中好好锻炼自身的关键能力，最终导致择业不顺利，或在职场中受挫，影响高职学生的自信心。

三、设立职业生涯目标制定职业生涯规划

（一）认识职业并定位职业

在认识自我的基础上，认识职业亦至关重要。高职学生要准确认识职业，首先应正确认识自己所学的专业，厘清专业学习所需的技能和关键能力。通常，企业偏向于录用专业对口且技能和能力都较为突出的学生，所以认识专业是认识职业的前提。高职学生需要主动了解本专业的培养目标、特点及其发展前景和就业形势。认识职业的重要性在于，人是通过职业进行社会劳动，利用本专业知识技能为社会创造物质和精神财富，继而取得报酬以满足自身物质与精神生活的。[1] 高职学生只有认识职业的分类、性质、条件，才能确立目标做出合适的选择。美国学者埃德加·施恩教授提出了职业锚的概念，他主张学生个体随着对自身了解程度的提高，内心就会逐渐明显地形成一个占主要地位的职业锚，它是学生个体内心深处的职业倾向，是个体在面临人生重要职业选择时，最核心最不会被放弃的价值观，也是个人在职业发展过程中所围绕的核心。高职学生在认识职业后可遵循职业锚理论，开阔视野、畅想将来，为将来的职业方向找准定位。[2]

---

[1] 高建波，刘燕鸣．基于职业生涯规划背景下的高职新生适应力培养研究 [J]．职教论坛，2016（23）：33-36.

[2] 张国华，刘康声．可持续发展视野下高职学生职业生涯规划的基本步骤 [J]．教育与职业，2012（17）：84-85.

（二）评估机会确立职业生涯目标

众所周知，当今社会的发展变化之快之大，比以往任何时候都明显，而社会的变化最直接的影响就是对个人工作和职业发展的影响。高职学生要懂得职业机会的评估，就是要学会对内部、外部各种环境因素进行了解和分析，从而找到适合自己职业发展的机会和路径。美国学者唐娜·叶纳指出，个人职业生涯是否能够理想发展与个人对经济社会、科技发展、全球化和多元文化等发生的变化是否具备预判和应对的能力休戚相关。[1]对于高职学生而言，懂得环境因素的分析才能有效进行职业机会的评估，进而才能准确地确立职业生涯目标。在确立生涯目标的时候必须做到三个结合，即自我确立目标与接受指导相结合、兴趣爱好与社会需求相结合、现实能力与长期发展相结合。[2]只有这样才能尽可能定立适合自己整个人生职业生涯发展的目标，包括符合自身兴趣、价值观，符合自身专业和能力，也符合社会发展需要与趋势。当然，学生在漫长的职业生涯中，对其长期目标也可以进行分解，分解成若干个中短期目标，长期目标可以是原则性的、较为笼统的，中短期目标则应该更为详尽且具备可行性，应包括具体的任务、明确的时间节点等。[3]

---

[1][美]唐娜·叶纳. 职业生涯规划 [M]. 刘红霞，杨伟国，译. 北京：机械工业出版社，2011.

[2]李成才. 高职院校职业生涯规划教育的现状及对策 [J]. 继续教育研究，2016（1）：82-84.

[3]张国华，刘康声. 可持续发展视野下高职学生职业生涯规划的基本步骤 [J]. 教育与职业，2012（17）：84-85.

（三）参与生涯指导制定职业规划

对于高职学生而言，确立积极的职业规划观念可以更好地引导其做出适合的职业生涯规划。然而，并非所有高职学生靠自身的理解就能够不偏不倚、准确合理地制定自己的职业生涯规划。因此，高职院校都开设了职业生涯规划教育相关课程以及以职业生涯工作室的形式为学生开设个别咨询与指导。作为高职学生应积极学习职规课程，参与生涯指导。通过生涯规划课程教学，高职院校会帮助学生制定科学的生涯规划，提升生涯适应力水平，促进生涯持续与稳定发展。而通过生涯个别咨询与指导，高职学生能够保持积极的就业心态，建立起对自身所具备的技能和能力的充分自信，同时也通过教师提供的信息更好地了解社会经济和行业现状，准确认清现实，也认准自身的优缺点，既不妄自菲薄，也不妄自尊大。[1] 在个案的咨询分析中，教师往往也会帮助学生个体进行分析选择，对学生个体进行自我肯定训练、决策训练，以及培养其社会责任感、自我约束管理方法等，通过态度、信念、能力的引导和激励，增强学生个体职业生涯控制感，激发其对未来职业生涯探索的积极性，帮助学生做好符合实际的职业生涯规划。[2]

---

[1] 孙志新，孙鹏. 高职大学生职业生涯规划存在的问题及对策 [J]. 教育与职业，2015（13）：88-90.

[2] 高建波，刘燕鸣. 基于职业生涯规划背景下的高职新生适应力培养研究 [J]. 职教论坛，2016（23）：33-36.

四、善用真实学习情境提升个人关键能力

（一）积极参与高职校企合作课程学习

在明确了生涯目标、制定了职业规划后，付诸行动最关键，如何向目标迈进，高职学生自身应该有所举措，为自己制定一份详细的行动方案，包括专业学习、技能训练、实习实训、社会实践、第二课堂，等等。方案的目的在于约束个人行为，使得个人能够更精准地在规划好的道路上前行。作为关键能力的"承载者"和即将踏入社会的"准职业人"，首要的任务，也是最直接的培养技能、锻炼能力的形式就是参与专业课程的学习。鉴于高职院校通过校企合作产教融合在传统课堂教学方面已经逐步做出改革，以适应学生终身发展的需要，越来越多的传统课堂变成了情境化、参与式、讨论式的课堂，如前所述，不但有利于专业技能的传授，更有利于关键能力的培养。[1] 作为高职学生则应主动地参与课堂讨论，积极思考，用心动脑，参照关键能力标准，逐步增强自主学习能力，使自己的各项能力在课程学习、课堂教学、课后练习的过程中得到潜移默化的提升。

（二）参与校企合作开展的各类实践活动与技能竞赛

关键能力的形成与发展是学生对职业意识自我理解、自我消化以及职业行为逐步发展的过程，对于高职学生来说，关键能力是通过不断学习、

---

[1] 林栋. 新就业形态下高职学生以职业胜任力为核心的就业能力培养 [J]. 教育与职业，2020（15）：75-80.

内化、实践、巩固的过程来实现的。[1] 当前高职院校除了注重专业理论课程和实训技能课程的教学外，更注重通过第二课堂、学生活动、社会实践、技能竞赛等各种学生喜闻乐见的形式鼓励学生参与，从而引导学生思考，培养学生关键能力，为未来职业发展打下基础。通过各种形式的校企合作，为高职学生带来了丰富的、真实的校外资源，高职学生应利用好这些资源，积极参与各类社会实践实习、讲座报告、职场模拟、创新创业大赛等，让自己保持对社会真实情境和市场真实情况的敏锐性。[2] 同时，随着校企合作的深入，特别是产业学院深度融合模式的建立，企业文化的融合、企业师资的进入、企业管理模式和用人机制的引入，让学校与企业进一步无缝对接，也使学生有机会足不出户感受企业文化、进入真实工作场域，接受项目制教学等。

[1] 郑冬梅，马子雯. 新时代高职院校学生职业核心素养培养探析 [J]. 陕西青年职业学院学报，2021（1）：27-30.

[2] 孙志新，孙鹏. 高职大学生职业生涯规划存在的问题及对策 [J]. 教育与职业，2015（13）：88-90.

本章小结

本章在上一章高职学生关键能力培养的产业模式行动研究的基础上，从高职学生关键能力培养的制度层面、组织层面和个人层面出发，探讨如何进一步改进高职学生关键能力培养。制度层面，总体上政府应加强政策支持、引导、监督和保障。具体落实在对高职人才培养体系的健全与完善加强政策供给，对高职教师成长与培养体系的构建加强政策导向，对高职多元评价体系构建加快推进，以及对产业学院与关键能力培养的认识与研究持续加强。组织层面，校企双方应构建和推广基于产业学院的关键能力培养新模式。具体包括为关键能力培养深化校企合作与产教融合，将关键能力纳入高职人才培养方案，继而融入高职产业学院教育教学全过程。同时，提供"双师"队伍保障，以及创新校企考核评价体系。个人层面，高职学生应立足自身终身发展为职业生涯发展做好充足的准备。首先要正确认识和理解关键能力培养的意义，其次要树立终身发展意识培养职业自我认知，再次要设立职业生涯目标并依此目标制定职业生涯规划，最后要善于利用真实学习情境提升个人关键能力。制度、组织、个人三个层面相互影响、相互制约、相互成就，通过以上改进策略的实施，将对高职学生关键能力培养的完善，特别是产业学院模式的继续探索和推广起到举足轻重的作用。

第七章

结论与反思

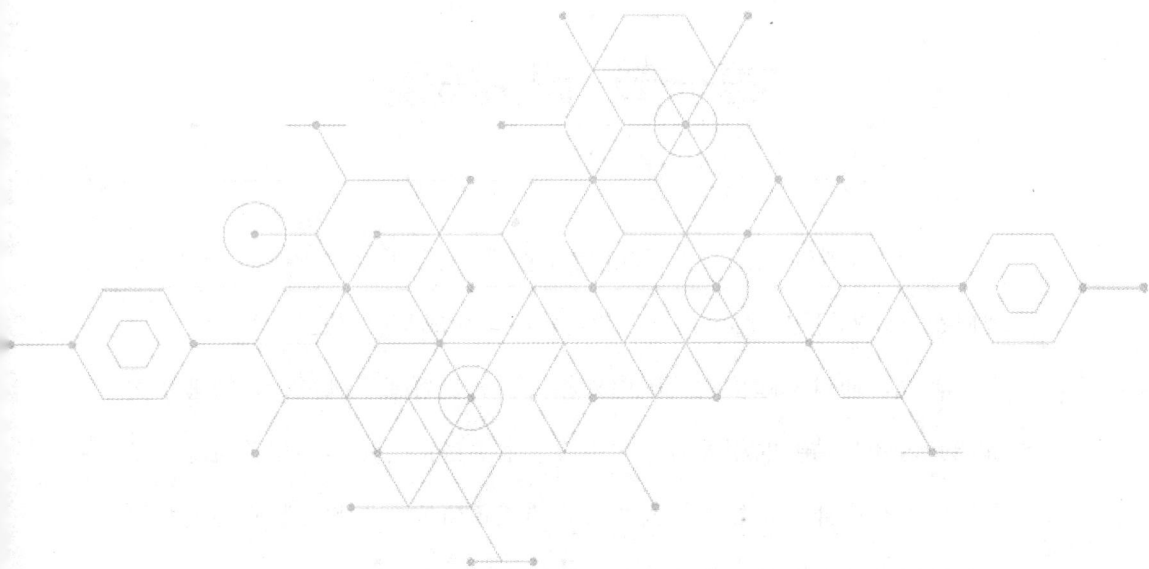

本研究关注高职学生关键能力的培养问题，旨在找到当前高职学生关键能力培养模式的问题根源所在，并就高职学生关键能力培养模式的创新变革寻求理论基础与实践依据，通过校企合作共建产业学院的模式，进行行动研究，以探索高职学生关键能力培养模式变革的正确方向和路径，通过提出制度、组织和个人层面不同的改进策略，进一步补充实践之不足，最终寻求高职学生关键能力培养的正解。本章首先就本选题所主要进行的研究过程进行归纳概括，再就研究结论进行提炼总结，最后就研究的不足之处做出反思与展望。

第一节　研究总结

本研究围绕提出的三大研究问题，按照"先破后立"的思路，以及"发现问题—分析问题—解决问题"的逻辑线索完成整个研究。

首先，通过文献检索就国内外相关研究进行了文献分析，梳理了关键能力内涵与结构的相关研究，高职学生关键能力培养的相关研究，以及高职院校产业学院建设与人才培养的相关研究，以此为基础为高职学生关键能力培养模式的现状调研和变革探索奠定基础。

其次，依据国际主流职业教育人才关键能力结构标准的共同点，设计问卷与访谈提纲，通过问卷调研和深度访谈定量、定性相结合的方式调研当前我国高职学生关键能力培养的基本现状及其问题。调研发现，"以学校为中心"的现行模式无法满足高职学生关键能力培养的需求，着重分析了"以学校为中心"的关键能力培养模式的实践困境及存在问题，这表明高职学生关键能力的模式变革势在必行。

再次，通过理论研究，阐释了高职学生关键能力培养模式变革的三重发展逻辑，以及高职人才培养模式发展的趋势与基本取向，为高职学生关键能力培养模式的变革寻求理论依据，并基于此理论依据，提出了技能形成理论、情境学习理论、职业能力理论与本研究问题的关系，在此基础上形成了本研究的理论分析框架，为高职学生关键能力培养模式变革探索奠定了理论基础。

又次，在高职学生关键能力培养模式变革探索的理论基础之上，通过国内职教学生关键能力培养的成功案例分析，进一步为高职学生关键能力培养模式的变革提供了实践经验借鉴。

从次，在理论基础和经验借鉴的基础上，本研究提出了高职学生关键能力培养的校企合作产业学院模式，并采取行动研究法，以S高职校企深度合作共建的产业学院为研究对象，进行产业学院培养高职学生关键能力的实践探索。在产业学院下通过组成校企共同体，树立成果导向理念，构建产教融合体系，采用双师绩效模式，确立能力本位机制，确保了学生关键能力培养的机制、方向、过程、队伍和质量。

最后，为了更好地完善高职学生关键能力的培养并推广产业学院模式，本研究分别从制度、组织和个人层面对高职学生关键能力的培养模式提出了改进对策。包括政府应如何强化支持、引导、监督、保障职能，高职院校和企业应从哪些维度更好地构建诸如产业学院模式的校企紧密合作下的高职学生关键能力培养的新模式，学生个人如何站在终身发展角度做好职业生涯准备。

第二节 研究结论

本研究始终围绕高职学生关键能力培养这一核心议题,探讨了高职学生关键能力培养模式的变革原因、方向及具体实践,现将研究结论归纳概括如下。

一、"以学校为中心"的高职学生关键能力培养模式缺乏成效

通过问卷调研和深度访谈可以发现,虽然高职院校、雇主企业、高职在校生对高职学生关键能力的重要性都有所认可,但对于高职学生关键能力的内涵认知均显不足,尤其是对高职学生关键能力的结构、体系、指标等缺乏足够的理解,这也直接导致在实际教育教学中对高职学生关键能力培养上的模糊,甚至忽视。同时,在实际的人才培养过程中,各方主体对高职学生"关键能力"培养现状的满意度亦不高。究其原因主要是现阶段的培养模式呈现出明显的"以学校为中心"的培养特征,在该模式下,人才培养过程与职业场域、工作过程、真实情境缺乏真实有效的联系,从而导致高职学生关键能力培养的成效不佳。改革现行培养模式,寻求模式创新变革成为高职学生关键能力培养成功与否亟须解决

和突破的核心环节。

二、校企合作成为高职学生关键能力培养模式变革的正确方向具备理论依据

科学探索高职学生关键能力培养模式的变革。首先，要从理论上厘清高职学生关键能力培养模式变革的内在逻辑，本研究从个人发展、教育发展、社会发展三重发展逻辑分别诠释了高职学生关键能力培养模式变革的必要性与重要性。其次，通过分析高职教育人才培养模式的发展趋势与特征，包括由"专业性"向"复合性"过渡，"迁移性"与"融合性"并存，"封闭性"向"开放化"转变，为高职学生关键能力培养模式变革方向提供了进一步的理论参考。最后，通过阐述技能形成理论、情境学习理论与职业能力理论，以及理论彼此之间的关联及其与本研究的关系，为高职学生关键能力变革探索设计了理论分析框架，奠定了理论基础。上述理论研究，统一指向高职学生关键能力培养模式变革的正确方向为校企合作。

三、实践证明高职学生关键能力培养模式的变革需选择合适的校企合作模式

从国内职业教育人才关键能力培养的成功实践案例经验中，不难发现，学生的关键能力培养是职业教育人才培养的重中之重，而校企合作的育人机制是关键能力进行有效培养的重要举措之一。三个不同类型、

不同视角的案例，从不同的切入点阐释高职教育人才关键能力的有效培养与校企合作协同育人关系密不可分，虽然学校的类型和层次有所不同，适用的校企合作模式亦不同，但在关键能力培养的理念和方法上，仍有许多共同点值得总结、借鉴和推广，其关键所在便是选择契合院校和企业实际需求、特点和实力的合作模式。

四、基于产业学院的"融入职场"式的高职学生关键能力培养模式成为正解

当前高职学生关键能力培养的问题主要是仍然以学校为中心，与产业和真实职场情境缺乏联结，人才的培养以学校教育体系为主，关键能力以传统课程与课堂教学为中心，师资队伍以学校专职教师为主，考评机制以学业成绩分数为主。无论是理论研究还是实践经验，都已证明以学校为中心的关键能力培养模式并不足以培养高职生的关键能力，而必须通过某种紧密且深层次的校企合作，在制度、政策允许的框架下，使人才培养目标、课程与教学、师资队伍、评价体系各方面齐齐发力进行变革，使学生树立职业生涯终身发展理念，并且有机会通过与行业、企业情境的亲密接触而培养自身的关键能力，获得终身发展的潜力。校企合作、产教融合下的产业学院恰是破题之正解。

五、基于产业学院的高职学生关键能力培养模式变革行动研究总体成功

通过行动研究，以 S 职业技术学院校企合作产业学院为研究对象，构建校企共同体，确保关键能力培养机制；构建成果导向理念，确保关键能力培养方向；构建产教融合体系，确保关键能力培养过程；构建双师绩效模式，确保关键能力培养队伍；构建能力本位机制，确保关键能力培养质量。通过两轮行动，得出成果和经验可总结归纳为：第一，探索了关键能力有效培养的"校企合作、共同创办、委托管理"的"专业共建互助、资源共享互补、人才共育互荐、文化共建互融、师资共用互通、成果共赏互捧""六共六互"产业学院模式；第二，构建了基于关键能力培养的"快成长""高起点"职场先发力人才培养模式；第三，创新了融入"职业情境"的第二课堂课程化关键能力学习形式；第四，组建了一元模型下稳定与融合的关键能力培养双师队伍；第五，建立了基于行业标准的人才关键能力多元评价体系。通过行动研究，总结出一套基于产业学院的高职学生关键能力有效培养的模式，该行动研究总体成功。

六、高职学生关键能力培养在制度、组织与个人层面仍有完善空间

通过本研究发现，当前有效推进以产业学院为例的校企合作与产教融合，培养高职学生的关键能力，在制度、组织和学生个人层面仍需进一步改善。制度层面，政府应加强政策的供给、指导、监督、保障，才

能为校企合作培养高职学生关键能力提供优良的土壤。首先，在高职人才培养体系的健全与完善方面需要加强政策供给；其次，高职办学体制需要进一步开放化引导与发展；再次，高职教师成长与培养体系的构建亦需要加强政策导向；又次，高职教育多元评价体系构建应加快进程；最后，对于产业学院与关键能力培养的认识和研究需要持续加强。而在组织层面，校企双方应构建基于产业学院的学生关键能力培养新模式，包括为关键能力培养深化校企合作与产教融合，提供"双师"队伍保障，以及创新校企考核评价体系，同时将关键能力纳入高职人才培养方案，继而融入高职产业学院教育教学全过程。在个人层面，高职学生应立足自身终身发展，首先要正确认识和理解关键能力培养的含义与意义，其次要树立终身发展意识培养职业自我认知，再次要设立职业生涯目标并依此目标制定职业生涯规划，最后也要善于利用真实学习情境提升个人关键能力。

第三节　研究不足与展望

本节总结归纳了本研究的不足之处，提出了对高职学生关键能力培养未来研究的展望。

一、研究不足

通过产业学院等校企深度合作，企业成为高职学生关键能力培养的另一个主体，改变了陈旧的人才培养目标和课程内容，改变了高职院校较为单一的传统课堂教学方式方法，补充了"双师型"教师队伍，也嵌入了行业标准的人才培养质量评价体系。同时，这种模式也弥补了"以学校为中心"的高职学生关键能力现有培养模式的不足，将学生培养成既具有功底厚实的专业技能，又拥有适应社会的关键能力，为学生职业生涯发展注入更多的可能性。

校企合作存在互利共赢的基础和利益共同点，即人才。以关键能力为培养目标的高职人才培养方案体现在校企共建课程体系、共商教学计划、共筑师资队伍，从而改变教学模式、丰富教学手段、创新活动形式、改革评价体系,这是高职院校与企业共育复合型技术技能人才的必经之路。就本研究而言,受限于笔者自身学术水平、实践阅历、时间精力等方面的不足,该选题仍有很大的研究空间。

1. 从问卷调查和深度访谈的研究对象来说,受疫情等客观因素影响,本选题的研究对象多选择上海市相关高职院校的师生、管理者代表,以及上海市相关校企合作企业方管理者代表,虽然就经济发展、产业升级等因素来看,上海最具代表性,但就高职院校自身发展水平而言,与江浙等邻省的院校相比还存在差距,因此,不排除在研究对象的认识上存在一定的偏差而导致研究受到一定限制。

2. 从行动研究来看,受限于整个行动的长周期性等因素,确实在行动研究的体例方面显得不够完整。另外,就是对于定量分析工具使用不够熟练,对数据的处理、解读不够充分和深入,今后需要加强对研究方法和工具的学习,提升研究水平与质量。

二、研究展望

本研究本着投石问路的心态,希望得到更多高职教育工作者和职业教育专家学者对关键能力培养与研究的重视和关注。一方面,随着我国进入新时代,社会经济变革、产业转型升级将会进行得越发猛烈,对高职教育复合型技术技能人才的渴求与呼唤也将越发强烈,而人才的关键能力水平显然也将越发受到关注。另一方面,随着职业教育"类型"地位的确立,职业教育类型内的不同层次也将陆续铺开,特别是随着职教本科的诞生与推广，职教研究生，包括专业硕士、专业博士也会在不久的将来陆续普及，在区分高等职业教育不同层次之间培养标准的众多指标中，培养什么程度的关键能力将是重要的指标之一。除此之外，就学生个体而言，就业、择业的理念与观念在不断地发生变化，高职学生需要的不再是为了就业而学习的知识技能，而是希望教育能为他们终身发展埋下潜力，让其能够面对职业生涯发展过程中的种种"不确定性"而处变不惊。因此，对于高职教育工作者而言，关键能力的培养自从登上历史舞台，就是一个"永恒"的话题，将永远具有理论与实践研究的价值。

作为一名高职教育工作者，希望未来对关键能力培养的研究拥有更广阔的空间和更显著的进展：

1. 希望在今后的研究中进一步扩大研究范围，以期在全国范围内寻找更多、更典型、更优秀的校企合作培养高职学生关键能力的案例，为本选题后续的研究进一步夯实基础。

2. 希望进一步完善和丰富以混合所有制为例的校企深度合作育人模式的理论框架和高职学生关键能力培养的指标体系，特别是对于 S 职业技术学院校企合作产业学院培养高职学生关键能力的实践模式在过程中不断积累的实践经验进行阶段性的总结，并通过不断反思改进，对合作模式、育人举措加以完善，以期赋予该合作办学项目可持续的生命力及更丰富而深刻的内涵。

参考文献

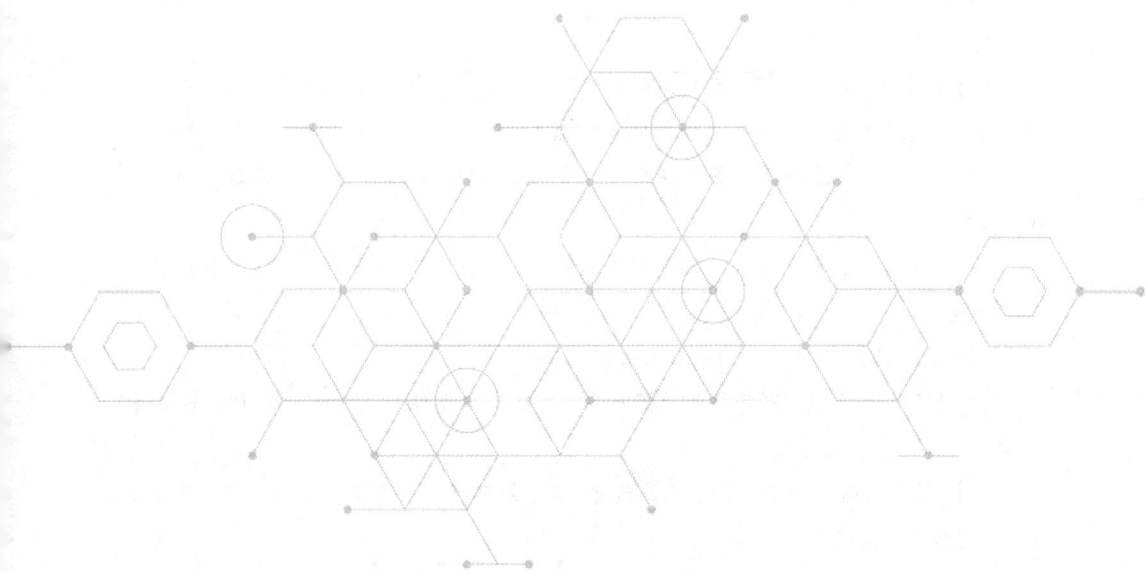

著作类

[1] 李凤伟，常桦．就业力－赢在起跑线的七种能力 [M]．北京：中国纺织出版社，2004.

[2] 赵志群．职业教育与培训学习新概念 [M]．北京：科学出版社，2003.

[3] 姜大源．职业教育学研究新论 [M]．北京：北京教育科学出版社，2007.

[4] 徐国庆．职业教育课程论 [M]．上海：华东师范大学出版社，2015.

[5] 姜大源．当代德国职业教育主流教学思想研究——理论、实践与创新 [M]．北京：清华大学出版社，2007.

[6] 劳动和社会保障部职业技能鉴定中心．职业核心能力培训测评标准（试行）[M].北京：人民出版社，2007.

[7] 董翠香，田来，杨清风．核心素养导向的体育与健康教学设计 [M]．上海：上海教育出版社，2020.

[8]［美］弗兰克•道宾．新经济社会学读本 [M]．上海：上海人民出版社，2013.

[9]［美］马斯洛著．李文湉译．存在心理学探索 [M]．昆明：云南出版社，1987.

[10]［美］马斯洛等著．林方主编．人的潜能与价值 [M]．北京：华夏出版社，1987.

[11] 顾月琴．比较与借鉴：国外四大职教模式研究 [M]．苏州：苏州大学出版社，2016.

[12] 辞海 [M]．上海：上海辞书出版社．1980.

[13] 杨国祥，丁钢．高等职业教育发展的战略与实践 [M]．北京：机械工业出版社，2006.

[14]［美］唐娜•叶纳．职业生涯规划 [M]．刘红霞，杨伟国，译．北京：机械工业出版社，2011.

期刊论文类

[15] 徐朔."关键能力"培养理念在德国的起源和发展 [J]. 外国教育研究，2006（6）:66-69.

[16] 关晶. 关键能力在英国职业教育中的演变 [J]. 外国教育研究，2003（1）:32-35.

[17] 邓泽民，李欣. 职业教育产业学院基本内涵及界定要求探究 [J]. 职教论坛，2021，37（4）: 44-50.

[18] 周继良. 现代产业学院的组织属性与制度创新 [J]. 内蒙古社会科学，2021，42（3）: 197-204.

[19] 王艳，李宇红. 高职院校产业学院办学模式类型研究 [J].2022（4）: 101-105.

[20] 黄彬，姚宇华. 新工科现代产业学院：逻辑与路径 [J]. 高等工程教育研究，2019（6）: 38.

[21] 殷勤. 依托产业学院全面推进现代学徒制人才培养模式改革——以中山职业技术学院为例 [J]. 职业教育研究，2019（10）: 18.

[22] 聂梓欣，石伟平. 高职产业学院建构的组织战略分析：理念、模式与路径 [J]. 教育与职业，2021（15）: 41-47.

[23] 邓泽民，陈庆合，刘文卿. 职业能力的概念、特征及其形成规律的研究 [J]. 煤炭高等教育，2002（2）: 104-107.

[24] 陈宇. 职业能力及其核心技能 [J]. 职业技术教育，2003（33）: 26.

[25] 李怀康. 职业核心能力开发报告 [J]. 高等职业教育（天津职业大学学报），2007（2）: 4-8.

[26] 杨黎明. 关于学生职业能力的发展 [J]. 职教论坛，2011（3）: 4-15.

[27] 郭广军，刘兰明，龙伟等. 新形势下我国职业院校学生关键能力定位与培养体系研究 [J]. 中国职业技术教育，2017（5）: 3.

[28] 张娜.DeSeCo 项目关于核心素养的研究及启示 [J]. 教育科学研究，2013（10）:39-45.

[29] 刘坚，魏锐，刘晟，等.《面向未来：21 世纪核心素养教育的全球经验》研

究设计 [J]. 华东师范大学学报（教育科学版），2016, 34（3）：17-21.

[30] 施久铭. 核心素养：为了培养"全面发展的人"[J]. 人民教育，2014（10）：13-15.

[31] 辛涛，姜宇，刘霞. 我国义务教育阶段学生核心素养模型的构建 [J]. 北京师范大学学报（社会科学版），2013（1）：5-11.

[32] 沈章明，许营营. "核心素养"的生成逻辑与发展方向：基于相关政策文本的分析 [J]. 外国教育研究，2019, 46（11）：3-28.

[33] 庞世俊. 美、英、德、澳四国综合职业能力内涵的比较 [J]. 中国职业技术教育，2009（4）：67-69.

[34] 徐中意. 澳大利亚培训包的优势及其对我国高职课程改革的启示 [J]. 比较教育研究，2009（6）：83-85.

[35] 黄日强，黄永明. 核心技能——英国职业教育的新热点 [J]. 比较教育研究，2004（2）：82-85.

[36] 蒋乃平. 对综合职业能力内涵的再思考 [J]. 职业技术教育，2001（10）：18-20.

[37] 陈宇. 职业能力及其核心技能 [J]. 职业技术教育，2003（33）：26.

[38] 张弛. 职业能力概念框架的构建 [J]. 职教论坛，2015（25）：12-16.

[39] 王烨晖，辛涛. 基于核心素养的课程改革之关键问题 [J]. 人民教育，2017（Z1）：37-40.

[40] 蔡清田. 领域/科目核心素养的课程发展 [J]. 上海教育科研，2017（2）：5-8.

[41] 张建桥. 培养学生核心素养亟待教学转型 [J]. 中国教育学刊，2017（2）：6-12.

[42] 唐小俊. 职业核心素养：内涵分析及培养路径 [J]. 江苏教育研究，2017（27）：70-73.

[43] 韩天学，张辉，齐大鹏. 高职学生核心素养培养的探索与实践——以上海思博职业技术学院为例 [J]. 高教论坛，2018（10）：104-107.

[44] 乔为. 核心素养的本质与培育：基于职业教育的视角 [J]. 职业技术教育，2018, 39（13）：20-27.

[45] 姚长佳，张聪慧. 高等职业教育经管类专业核心素养与课程改革路径探究 [J]. 中国职业技术教育，2019（8）：52-57.

[46] 曾旭华, 皮洪琴, 李福东. 高职学生职业能力指标体系构建综合评价方法探讨 [J]. 职业技术教育, 2012, 33 (17): 9-13.

[47] 张小娟. 基于灰色关联度的职业院校学生核心素养评价模型及应用 [J]. 南方职业教育学刊, 2018, 8 (6): 65-69.

[48] 彭冲, 仲文丹. 基于"生活德育理念"下中职生职业核心素养的调查研究 [J]. 职业, 2019 (11): 101-102.

[49] 罗欢. 高职教育学生关键能力评价指标体系窥探 [J]. 劳动保障研究, 2019 (1): 58-59.

[50] 石伟平. 职业能力与职业标准 [J]. 外国教育资料, 1997 (3): 59-64.

[51] 邓泽民, 陈庆合, 刘文卿. 职业能力的概念、特征及其形成规律的研究 [J]. 煤炭高等教育, 2002 (2): 104-107.

[52] 姜大源. 基于全面发展的能力观 [J]. 中国职业技术教育, 2005 (22): 1.

[53] 徐国庆. 职业能力现实化视野中的我国职教课程改革基本命题 [J]. 职教论坛, 2010 (12): 4-9.

[54] 陈智慧. 基于职业能力发展的高职教育文化基础课的改革——以"应用写作"课程为例 [J]. 中国高教研究, 2010 (10): 92-93.

[55] 卢晓春, 胡昌送. 突出发展高职学生关键能力的教学设计理论与实践 [J]. 广东技术师范学院学报, 2008 (2): 94-98.

[56] 高玉萍. 德国职业教育关键能力的培养及对我们的启示 [J]. 常州工程职业技术学院学报, 2010, 10 (1): 15-17.

[57] 陈向阳. 让"核心素养"成为江苏职业教育课程标准的灵魂 [J]. 江苏教育, 2016 (7-8): 20-24.

[58] 岳振海. 高职"两课"与学生关键能力的培养 [J]. 中州大学学报, 2006, 23 (1): 103-105.

[59] 张志军, 郭莹. 高职学生职业核心素养培育路径探究 [J]. 中国职业技术教育, 2017 (4): 52-56, 65.

[60] 周兵. 教育三要素视角下的中职生职业核心素养培育研究 [J]. 中国农村教育, 2019 (7): 34-37.

[61] 陈丽如. 高职院校学生职业核心素养培育探析 [J]. 教育与职业, 2019 (6):

56-58.

[62]曹媛.高职学生职业核心素养培育路径探究[J].广西民族师范学院学报，2019，36（1）：138-140.

[63]樊艳君，夏全星.加强校企合作培养高职学生的职业关键能力[J].职教论坛，2011（13）：42-45.

[64]李村，葛超.构建校企合作模式提升学生职业能力[J].职教论坛，2010（2）：73-74

[65]陈楚瑞，戴馥心.校企合作背景下高职学校学生职业核心能力培育与职业素养提升策略[J].肇庆学院学报，2018，39（6）：81-85.

[66]杨欣.校企合作模式下学生职业关键能力培养模式构建[J].黑河学院学报，2018（11）：116-118.

[67]孟皎.校企合作背景下高职学生核心素养培育路径研究[J].济南职业学院学报，2022（1）：13-15.

[68]刘红英，汤海滨.浅谈高职学生关键能力的培养[J].山西财经大学学报，2010，32（2）：276-278.

[69]保慧，孙兵.依托产教融合型企业提升高职学生职业素养的路径研究[J].教育与职业，2022（6）：84-89.

[70]关庆，李英丽，吕雨梅等.基于职业能力培养的校企合作育人模式探索[J].卫生职业教育，2021，39（18）：69-71.

[71]周继良.现代产业学院的组织属性与制度创新[J].内蒙古社会科学，2021，42（3）：197-204.

[72]李艳，王继水.我国产业学院研究：进程与趋势——基于CNKI近10年核心期刊的文献研究[J].中国职业技术教育，2020（3）：22-27.

[73]吴显嵘.基于产教融合的高职产业学院建设机理及路径研究[J].中国职业技术教育，2018（29）：5-11.

[74]许文静.整体性视域下产业学院内部结构的治理逻辑研究[J]，中国职业技术教育，2018（29）：12-16.

[75]曹元军，李曙生，朱健.以"五融合"构建高职产业学院"五业贯通"人才培养模式[J].教育与职业，2022（2）：36-40.

[76] 刘育峰. 产业学院背景下人才培养模式研究 [J]. 成人教育, 2010,30 (3):
56.

[77] 沈洁, 徐明华, 徐守坤. 现代产业学院创新型人才培养探索 [J]. 中国高等教
育, 2021 (12): 56-58.

[78] 杨欣斌. 基于特色产业学院的校企双元育人模式探索 [J]. 中国职业技术教育,
2019 (31): 10-13.

[79] 高鸿, 赵昕. 基于产业链与人才链深度融合的高职产业学院建设研究 [J]. 职
教论坛, 2021,37 (4): 33-38.

[80] 成宝芝, 徐权, 张国发. 产教深度融合的产业学院人才培养机制探究 [J]. 中
国高校科技, 2021 (Z1): 98-102.

[81] 楼平, 赵远远, 吴湘莲. 企业学院视角下"三阶段螺旋递进式"人才培养模
式构建——以嘉兴职业技术学院自动化类专业为例 [J]. 职业技术教育, 2015 (32):
23-25.

[82] 刘海明. 高职学生参加产业学院意愿及影响因素分析——基于学生视角的实
证研究 [J]. 教育发展研究, 2021, 41 (19): 77-84.

[83] 黄艾, 祝志勇. 构建产业学院提升高职人才培养质量的专业建设机制研究与
实践 [J]. 职教论坛, 2015 (18): 65-69.

[84] 郭湘宇, 周海燕, 廖海. 产教融合视角下"双主体、深融合"产业学院建设 [J].
教育与职业, 2021 (8): 62-65.

[85] 徐锦佳, 左强, 陈平等. 德国双元制职业教育的历史、现状、未来 [J]. 现代
职业教育, 2018 (21): 20-21.

[86] 孙伟, 李树波, 高建等. 德国双元制职业教育双元育人培养过程探析 [J]. 辽
宁高职学报, 2019, 21 (4): 17-20.

[87] 彭正梅. 德国职业教育改革和发展趋势 [J]. 全球教育展望, 2002 (3): 77-
80.

[88] 凌红. 德国关键能力培养理念及对职业教育的启示 [J]. 中国成人教育, 2011
(12): 111-113.

[89] 余望根. 德国职业教育关键能力的培养及对我国技工教育的启示 [J]. 就业与
保障, 2020 (20): 79-80.

[90] 楼飞燕，王曼，杜学文．德国职业教育核心素养的探究及启示 [J]．黑龙江高教研究，2018（1）：55-58.

[91] 熊伟，李玉鹰．关键能力培养：德国职教发展密钥 [J]．教育与职业，2010（07）：96-98.

[92] 石伟平．能力本位职业教育的历史与国际背景研究 [J]．外国教育资料，1998（3）：19-24.

[93] 尹江艳，张国华．加拿大职业教育的"能力本位"及对中国职业核心能力培养的启示 [J]．科技经济市场，2014（10）：195-196.

[94] 李春梅，杨阳，加拿大 CBE 职教模式及对我国职业教育的启示 [J]．河北职业技术学院学报，2007（3）：10.

[95] 罗荣丰．职业教育发达国家的关键能力培养及策略的启迪 [J]．职业教育研究，2009，11(11)：156-157.

[96] 崔景茂．澳大利亚与中国职业教育关键能力培养比较研究 [J]．职业技术教育，2013，34（7）：88-93.

[97] 任梦，蔡晓棠，槐福乐．澳大利亚 TAFE 发展历程、特点及启示 [J]．职教通讯，2021（1）：122-127.

[98] 余慧娟．中英关键能力培养现状的分析与比较 [J]．职教通讯，2014（22）：30-35.

[99] 王慧．现代学徒制中关键能力的培养——借鉴英国职教经验 [J]．现代职业教育，2021（31）：144-145.

[100] 吉小炜．英国职业教育倡导的核心能力及其实践过程 [J]．中国成人教育，2010（13）：122-123.

[101] 钟伟．高职教育应走出"制器"时代：第二届全国高职教育文化育人高端论坛综合述评 [J]．江苏教育研究（C 版），2013（6）：77-78.

[102] 戴勇，张铮，郭琼．职业院校实施 1+X 证书制度的思路与举措 [J]．中国职业技术教育，2019（10）：29-32.

[103] 王资，李庆芹，郑建萍，等．高职生专业核心技能的确定和培养 [J]．职业技术教育，2006，27（22）：43.

[104] 李志雄．高职毕业生职业关键能力培养的社会动因及阻力探究 [J]．广东技

术师范学院学报（职业教育），2011（1）：13-16.

[105] 科林·鲍尔. 21世纪的技术与职业教育 [J]. 教育展望（中文版），2000（1）：30.

[106] 菲利普·休斯. 为什么人人可接受 TVET 对达到全民教育目标是必需的 [J]. 教育展望（中文版），2005（3）：11-13.

[107] 王烨晖，辛涛. 国际学生核心素养构建模式的启示 [J]. 中小学管理，2015（9）：22-25.

[108] 李光，秦可越. 职业教育核心素养培育研究 [J]. 河北大学成人教育学院学报，2019，21（2）：70-74.

[109] 童山东. 职业核心能力培养探索 [J]. 深圳信息职业技术学院学报，2006，4（3）：60-68.

[110] 李雪莲. 高职院校学生"关键能力"培养研究 [J]. 教育与职业，2012（12）：176-177.

[111] 陈琪. 高职教育培育工匠精神的路径探析 [J]. 中国高校科技，2018（5）：69-70.

[112] 李小元，刘敏. 职业素养教育的缺失与路径 [J]. 中国高校科技，2017（7）：58-60.

[113] 张继明. "双元制"与"三明治"德、英高等职业教育模式的比较 [J]. 职业技术教育，2006，27（12）：54-57.

[114] 王志红. 公安院校复合型人才培养策略 [J]. 教育与职业，2015（7）：116-118.

[115] 周建强，许海园，雷莱. 新常态下职业教育关键能力的培养 [J]. 职业技术，2019，18（1）：25-28.

[116] 宁云涛. 协调与转型：新时期高等职业教育开放化的路径研究 [J]. 职教论坛，2017（2）：84-87.

[117] 李玉静. 技能形成：内涵与目标 [J]. 职业技术教育，2019，40（7）：1.

[118] 吴刚，胡斌，黄健，等. 新时期产业工人技能形成体系的国际比较研究 [J]. 现代远距离教育，2019（2）：52-63.

[119] 张弛，赵良伟，张磊. 技能社会：技能形成体系的社会化建构路径 [J]. 职

业技术教育，2021，42（13）：6-11.

[120] 吴刚，邵程林，王书静，等 . 产业工人技能形成体系研究范式的新思考 [J]. 现代远距离教育，2020（2）：23-31.

[121] 许竞 . 试论国家的技能形成体系——政治经济学视角 [J]. 清华大学教育研究，2010，31（4）：29-33.

[122] 王星 . 技能形成、技能形成体制及其经济社会学的研究展望 [J]. 学术月刊，2021，53（7）：132-143.

[123] 王星 . 技能形成的多元议题及其跨学科研究 [J]. 职业教育研究，2018（5）：1.

[124] 张学英，朱轩，康璐 . 中国劳动者技能形成的历史逻辑及演进趋势 [J]. 职业技术教育，2020，41（1）：59-66.

[125] 崔铭香，曾浩 . 论情境学习与教师蝶化发展 [J]. 教育发展研究，2021，41（20）：39-44，79.

[126] 张振新，吴庆麟 . 情境学习理论研究综述 [J]. 心理科学，2005，28（1）：125-127.

[127] 高文 . 情境学习与情境认知 [J]. 教育发展研究，2001（8）：30-35.

[128] 周志辉 . 合法的边缘性参与：情境学习理论视角下的大学新生学习 [J]. 宁波大学学报（教育科学版），2019，41（3）：107-111.

[129] 赵志群 . 职业能力研究的新进展 [J]. 职业技术教育，2013，34（10）：5-11.

[130] 匡瑛 . 究竟什么是职业能力——基于比较分析的角度 [J]. 江苏高教，2010（1）：131-133，136.

[131] 张弛 . 技术技能人才职业能力形成机理分析——兼论职业能力对职业发展的作用域 [J]. 职业技术教育，2015，36（13）：8-14.

[132] 孔垂谦，穆学玲 . 情境认知学习理论与高职人才培养模式的变革 [J]. 教育与职业，2004（26）：65.

[133] 江平 . 国际比较视角下高职生职业核心素养培养路径 [J]. 岳阳职业技术学院学报，2020，35（4）：27-30.

[134] 张晶晶，郭晨，朱钊 . 关键能力研究的国际经验与启示 [J]. 当代职业教育，2020（1）：78-86.

[135] 李瑶 . 德、美、英、澳职教师资培养特点的聚焦与启示 [J]. 职教通讯，

2021（6）：112-117.

[136] 朱金兰. 德、美、澳、英职教师资在职培训的特点及启示 [J]. 苏州教育学院学报，2015,32（6）：93-96.

[137] 张宏亮,杨理连. 国外职业教育质量评价"第三方"参与状况对我国的启示——以美、英、德、澳四国为例 [J]. 职教论坛，2016（18）：86-92.

[138] 张丽华，卫泽. 澳大利亚 TAFE 学院实践教学体系的构建及其启示 [J]. 教育理论与实践，2017,37（15）：47-49.

[139] 唐瓷. 高职学生关键能力培养的实践与思考 [J]. 四川教育学院学报，2011,27（5）：1-5.

[140] 首珩. 借鉴国外实践教学模式深化工学结合教学改革 [J]. 苏州教育学院学报，2011,28（1）：52-55.

[141] 陈仲敏. 德国关键能力理念与高校人才培养模式 [J]. 中国高校科技，2017（03）：62-64.

[142] 徐朔. 职业教育与关键能力培养 [J]. 教育与职业，2009（28）：23.

[143] 史娜，张茂刚. 人工智能时代高职专业现代化建设 [J]. 教育与职业，2021（8）：52-57.

[144] 周金容，孙诚. 人工智能时代的职业冲击与高职人才培养升级 [J]. 职业技术教育，2019,40（28）：18-24.

[145] 徐国庆. 确立职业教育的类型属性是现代职业教育体系建设的根本需要 [J]. 华东师范大学学报（教育科学版），2020,38（1）：1-11.

[146] 孔巧丽. 新时代高职教师队伍建设的成效、问题与出路 [J]. 教育与职业，2021（6）：70-76.

[147] 魏影. 基于双师素质导向的高职院校教师资格准入及培育机制研究 [J]. 职业技术教育，2021,42（26）：37-40.

[148] 王雪琴. 职业教育1+X证书制度的缘起、逻辑及其实施 [J]. 职教论坛，2019（7）：148-151.

[149] 廖龙，王贝. 基于职业能力评价模型的"职教高考"体系构建 [J]. 职业技术教育，2020,41（31）：24-28.

[150] 张丹. 校企合作模式下畜牧兽医专业大学生职业关键能力培养的研究 [J].

教育与教学，2020（1）：146-148,153.

[151] 蒋新萍．高职生职业核心能力培养现状与对策分析 [J]．职业技术教育，2015，36（11）：54-58.

[152] 郑琦．产业学院：面向产业集群的高职教育模式——基于中山职业技术学院产业学院的分析 [J]．职业技术教育，2013,34（35）：55-58.

[153] 朱跃东．高职混合所有制二级产业学院建设的实践之惑与应对之策 [J]．中国职业技术教育，2019（1）：61-67.

[154] 卢立红，邓瑾．产教融合视域下高职院校"双师型"教师队伍建设现状及对策 [J]．职业技术教育，2021,42（26）：45-48.

[155] 吕玉曼．校企人员"双向流动"的内涵、困境与实践路径 [J]．教育与职业，2021（24）：28-33.

[156] 覃川.1+X 证书制度：促进类型教育内涵发展的重要保障 [J]．中国高教研究，2020（1）：104-108.

[157] 林溪．基于 1+X 证书制度的高职院校增值评价体系构建 [J]．教育与职业，2022（2）：29-35.

[158] 张龙．基于企业主体的高职院校专业课程课堂教学评价机制研究 [J]．教育与职业，2021（3）：53-56.

[159] 龙喜平．高职学生关键能力评价理念及方法 [J]．机械职业教育，2016（9）：43-44，62.

[160] 苏文文，王旭．高职院校学生职业核心能力培养中存在问题及对策研究 [J]．内江科技，2019，40（11）：56-57.

[161] 郭雪松，李胜祺．混合所有制高职产业学院人才培养共同体建设 [J]．教育与职业，2020（1）：20-27.

[162] 宣葵葵，王洪才．高校产业学院核心竞争力的基本要素与提升路径 [J]．江苏高教，2018（9）：21-25.

[163] 杨金栓．论职业院校校园职业文化与企业文化的深度融合 [J]．教育与职业，2012（33）：45-47.

[164] 许倩倩，白苗．高职院校学生职业能力培养问题及其对策探析 [J]．新疆职业教育研究，2016（3）：81-83.

[165] 徐炜 . 教育生态学视域下高职学生关键能力培养反思与重构 [J]. 教育与职业，2017（19）：107-111.

[166] 王云江，宋晓玲 . 高职院校职业核心能力培养对策研究 [J]. 杨凌职业技术学院学报，2016，15（2）：5-8.

[167] 郑莉琨 . 高职学生职业核心素养培育研究 [J]. 西部素质教育，2018，4（10）：55-56.

[168] 欧阳丽 . 基于能力发展核心的高职课程建设研究 [J]. 职教论坛，2011（9）：12-15.

[169] 陈辉 . 基于能力本位的高职院校实践教学体系建设 [J]. 中国成人教育，2019（23）：53-56.

[170] 冷雪锋，任爱珍，蒋正炎 . 基于职业核心能力培养的高职课程理论实践一体化探索 [J]. 中国职业技术教育，2016（14）：18-23.

[171] 韩天学，张学龙 . 适合我国高职学生发展的核心素养研究 [J]. 职业技术教育，2019，40（3）：19-25.

[172] 毛良 . 缺失与构建：高职成人教育关键能力培养模式研究——以重庆三峡医药高等专科学校为例 [J]. 成人教育，2016，36（5）：70-74.

[173] 杨国强，朱炜，陆卫国 . 区域产业学院高技能人才培养模式探索 [J]. 教育与职业，2021（11）：42-47.

[174] 朱智清 . 核心素养理念下高职院校课程教改的创新路径探析 [J]. 太原城市职业技术学院学报，2021（8）：145-147.

[175] 袁辉，王丹 . 高职学生核心素养培养的策略研究 [J]. 职业教育，2019，18（10）：57-63.

[176] 余红梅 . 以关键能力教育模式为导向加强高职院校师资培养 [J]. 中国成人教育，2013（23）：100-102.

[177] 吴新燕，席海涛，顾正刚 . 高职产业学院绩效考核体系的构建 [J]. 教育与职业，2020（3）：27-33.

[178] 韩雪平 . 职业能力目标导向下"双融合、多元化"高职学生职业素养培养 [J]. 教育与职业，2020（9）：66-71.

[179] 张广传，王海英 . 新时代技术技能人才职业核心素养的内涵与培育路径——

基于山东省"齐鲁工匠后备人才"培育工程的探索 [J]. 职业技术教育，2021，42（29）：19-23.

[180] 龚方红，刘法虎. 彰显类型特征的职业教育评价新蓝图——《深化新时代教育评价改革总体方案》解读 [J]. 国家教育行政学院学报，2020（11）：26-33.

[181] 岳金方，王庭俊，武智. 高职学生职业核心能力内涵辨析 [J]. 教育与职业，2014（35）：124-125.

[182] 高建波，刘燕鸣. 基于职业生涯规划背景下的高职新生适应力培养研究 [J]. 职教论坛，2016（23）：33-36.

[183] 张国华，刘康声. 可持续发展视野下高职学生职业生涯规划的基本步骤 [J]. 教育与职业，2012（17）：84-85.

[184] 李成才. 高职院校职业生涯规划教育的现状及对策 [J]. 继续教育研究，2016（1）：82-84.

[185] 林栋. 新就业形态下高职学生以职业胜任力为核心的就业能力培养 [J]. 教育与职业，2020（15）：75-80.

[186] 孙志新，孙鹏. 高职大学生职业生涯规划存在的问题及对策 [J]. 教育与职业，2015（13）：88-90.

[187] 郑冬梅，马子雯. 新时代高职院校学生职业核心素养培养探析 [J]. 陕西青年职业学院学报，2021（1）：27-30.

学位论文类

[188] 邓莉. 美国 21 世纪技能教育改革研究 [D]. 上海：华东师范大学，2018.

[189] 桑雷. 高职学生职业核心素养及其培养研究 [D]. 江苏：南京师范大学，2020.

[190] 何冬妮. 校企合作模式下高职学生职业关键能力培养的研究 [D]. 广西：广西师范大学，2017.

[191] 罗怡. 高职院校校企合作人才培养模式的问题与对策 [D]. 广西：广西师范大学，2016.

[192] 刘鹏岳. 中德中等职业教育人才培养模式比较研究 [D]. 辽宁：沈阳师范大学，

2021.

[193] 童晓燕. 职业教育中关键能力的培养研究 [D]. 江苏：苏州大学，2010.

[194] 沈漪文. 基于能力框架的 HRST 能力建设研究——以 ICT 专业为例 [D]. 浙江：浙江大学，2009.

[195] 庞世俊. 职业教育视域中的职业能力研究 [D]. 天津：天津大学，2010.

[196] 方健华. 中职学生职业核心素养评价及其标准体系建构研究 [D]. 南京：南京师范大学，2014.

[197] 张弛. 基于企业视角的高技能人才职业能力培养研究 [D]. 天津：天津大学，2015.

[198] 李玉珠. 技能形成视角下职业教育产教合作制度的比较研究 [D]. 北京：北京师范大学，2015.

[199] 刘婉昆. 企业新型学徒制视角下产业工人技能形成的制度变迁及启示——基于 H 省 Z 企业 20 名产业工人的口述史研究 [D]. 浙江：浙江工业大学，2020.

[200] 夏永梅. 基于情境学习理论的高中化学教学设计研究 [D]. 重庆：西南大学，2020.

[201] 岑艺璇. 国外新职业主义教育的理论与实践研究——以核心技能形成的职业教育机制为中心 [D]. 吉林：东北师范大学，2015.

[202] 吴晓义. "情境—达标"式职业能力开发模型研究 [D]. 吉林：东北师范大学，2006.

[203] 王文静. 基于情境认知与学习的教学模式研究 [D]. 上海：华东师范大学，2002.

[204] 杨娣. 德国职业教育"关键能力"及其践行的研究 [D]. 江苏：苏州大学，2017.

[205] 莫奇. 澳大利亚职业教育中通用技能的发展及其培养研究 [D]. 天津：天津大学，2017.

[206] 高宏. 英国职业教育中的核心技能及其培养研究 [D]. 河北：河北大学，2004.

[207] 舒慧. 终身学习关键能力构成的研究 [D]. 江西：江西师范大学，2015.

[208] 庄宗兰. 工业 4.0 时代高职学生核心素养研究——以泉州某高职院校在校生

和相关企业为调查对象 [D]. 福建：福建师范大学，2018.

其他类

[209] 赵婀娜，张烁，丁雅诵 . 我国职业教育为高质量发展提供人力资源支撑 [N].
人民日报，2021-4-12（1）.

[210] 匡瑛，李琪 . 适应劳动技能迭代需要发展职业本科 [N]. 中国教育报，2021-
9-14（5）.

[211] 中华人民共和国教育部，人力资源社会保障部，工业和信息化部 . 制造业人
才发展规划指南 [Z].2016-12-27.

[212] 梁国胜，刘言 . 中国职业教育的八个关键词 [N]. 中国青年报，2014-12-29
（11）.

外文文献

[213]Arnold R.Weiterbildung-notwendige Utopie oder Stiefkind der
Gesellschaft?[A]. Dieckmann H. Lernkonzepte im Wandel- Die Zukunft der
Bildung[C]. Stuttgart, 1998: 208-234.

[214]Arocena P., Nunez I., Villanueva M. The Effect of Enhancing
Workers' Employability on small and medium enterprises: Evidence from
Spain[J]. Small Business Economics, 2007, 29(1-2):191-201.

[215]Ashton D.N. The Skill Formation Process: a paradigm shift?[J].
Journal of Education and Work, 1999, 12(3):347-350.

[216]Ashton D.N., Sung J., Turbin J. Towards A Framework for the
Comparative Analysis of National Systems of Skill Formation.[J].
International Journal of Training and Development. 2000, 4(1):8-25.

[217]Australian National Training Authority. Guidelines for Course Development, A guide to developing VET course for accreditation under the Australian Quality Training Framework, 2002:4.

[218]Barab S. A. & Duffy T. From Practice Fields to Communities of Practice. Edited by Jonassen, D. & Land, M. Theoretical Foundations of Learning Environments[M]. Lawrence Erlbaum Associate, Inc., 2000: 28.

[219]Brown J. S., Collins A., Duguid P. Situated Cognition and The Culture of Learning[J]. Educational Researcher, 1989(1):32-42.

[220]Brown P. Globalization and The Political Economy of High Skills[J]. Journal of Education and Work, 1999(3):233-251.

[221]Brundiers K., Wiek A. & Redman C. L. Real-World Learning Opportunities in Sustainability: From Classroom into the Real World[J]. International Journal of Sustainability in Higher Education, 2010, 11(11): 308-324.

[222]Driscoll M. Psychology for Learning Instruction (2nd edition)[M]. Boston: Allyn and Bacon, 2000:58.

[223]Gordon J., Halasz G., Krawczyk M., et al. Key competences in Europe: Opening Doors for Lifelong Learners across the School Curriculum and Teacher Education[R]. Social Science Electronic Publishing, 2009:4.

[224]Grant C. D., Dickson B. R. Personal skills in Chemical engineering graduates the development of skills with degree programmer to meet the needs of employers [J]. Education for chemical engineers, 2006(10):23-29.

[225]Hager P. Competency Standards[J]. The Vocational Aspect of Education, 1995, 47(2):141-151.

[226]Kathleen T. How Institutions Evolve: The Political Economy of Skills in Germany Britain the United States and Japan[M]. Cambridge University Press, 2004:124.

[227]Lave J. & Wenger E. Situated Learning: Legitimate Peripheral

Participation[M]. Cambridge, United Kingdom: Cambridge University Press, 1991:68.

[228]Maclean R., Ordonez V. Work, Skills development for employability and education for sustainable development[J]. Educ Res Policy Prac, 2007(6):123-140.

[229]Maclean R., Wilson D. International Handbook of Education for the Changing World of Work[M]. Dordrecht: Springer Netherlands, 2009: 2572.

[230]Martin T. Policy to Practice: TAFE Teachers' Unofficial Code of Professional Conduct - Insights from Western Australia[J]. International Journal of Training Research, 2012, 10(2):118-131.

[231]Mertens D. Schlüsselqualifikation, Thesen zur Schulung fü eine modern Gesellchaft[J]. Mitteilungen aus der Arbeitsmarkt-und Berufsforschung, 1974, 7(1):36-43.

[232]Mulder M. Competence-based Education and Training - About Frequently Asked Questions[J]. The Journal of Agricultural Education and Extension, 2012, 18(4):319-327.

[233]Pierre C. The Introduction of Competence-based Education into the Compulsory School Curriculum in France(2002-2017): Hybridity and Polysemy as Conditions for Change[J]. Comparative Education, 2021, 57(1):35-50.

[234]Pleshakova A.Y. Germany's Dual Education System: The Assessment by its Subjects[J]. Education and Science, 2019, 21(5):130-156.

[235]Polanyi, M. Personal Knowledge[M]. Routledge, London, 1958:58.

[236]Reetz L. Wissen und handeln - Zur Bedeutung konstruk - tivistischer Lernbedingungen in der kaufmannischen Berufsbildung[A]. Beck K. Berufserziehung im Umbruch. Didaktische Herausforderungen und Ansatze zu ihrer Bewaltigung[C]. Weinheim, 1996: 173-188.

[237]Rieckmann M. Future-oriented Higher Education: Which Key Competencies Should be Fostered Through University Teaching and

Learning[J]. Futures, 2011, 44(2):127-135.

[238]Rychen D. S. & Salganik L. H. Definition and Selection of Competences (DeSeCo): Theoretical and Comceptual Foundations: Strategy Paper[M]. Swiss Federal Statistical Office, 2002:15-16.

[239]Schaap H., Brujin E. D., & Van der Schaaf M. F. et. al. Students' Personal Professional Theories in Competence-based Vocational Education: the Construction of Personal Knowledge through Internalisation and Socialisation[J]. Journal of Vocational Education and Training, 2009, 61(4):481-494.

[240]Seezink A., Poell R. F. & Kirschner P. A. Teachers' Individual Action Theories about Competence-based Education: the Value of the Cognitive Apprenticeship Model[J]. Journal of Vocational Education and Training, 2009, 61(2):203-215.

[241]Southern M. Working with a Competency-based Training Package: a Contextual Investigation from the Perspective of a Group of TAFE Teachers[J]. International Journal of Training Research, 2015, 13(3):194-213.

[242]Turner D. Employability Skills Development in the United Kingdom[J]. Australian National Training Authority, 2002(03):21.

[243]Voogt J. & Roblin N. P. A Comparative Analysis of International Frameworks for 21st Century Competences: Implications for National Curriculum Policies[J]. Journal of Curriculum Studies, 2012, 44(3):299-321.

[244]Weinert F. E. Concept of Competence[M]//In: Rychen, D. S. & Salganik, L. H. eds. Defining and Selecting Key Competencies. Seattle, Bern: Hogrefe & Huber, 2001:45-65.

[245]Wiek A., Withycombe L. & Redman C. L. Key Competencies in Sustainability: A Reference Framework for Academic Program Development[J]. Sustainability Science, 2011, 6(2):203-218.

[246]Zabeck J. Shlusselqualifikationen, ein Schlussel fur eine antizipative Berufsbildung[A]. Achtenhangen F. Duales System zwischen Tradition und Innovation[C]. Koln, 1991: 47-64.

附 录

附录一
调查问卷

高职学生关键能力培养调查问卷

以下共有 10 道题目，每道题目的答案依据您对高职学生关键能力培养过程中真实情况的认知和体会从"非常符合""符合""一般""不符合"到"非常不符合"依次划分为 5 个等级，请仔细阅读题目后，在最符合您感受的方框内打"√"。

1 = 非常符合、2 = 符合、3 = 一般、4 = 不符合、5 = 非常不符合

题项	1	2	3	4	5
1. 对当前基础能力的培养现状总体感到不满意(K1)					
2. 对当前人际交往与团队合作能力的培养现状总体感到不满意（K2）					
3. 对当前理性思考与判断能力的培养现状总体感到不满意（K3）					
4. 对当前个人品格能力的培养现状总体感到不满意（K4）					
5. 当前高职学生关键能力培养的主阵地在学校(P1)					
6. 相较于用人单位、学生本人和社会技能培训机构，					

学校最应担负起高职学生关键能力培养的职责（P2）					
7. 当前高职学生关键能力培养的核心环节是校园文化熏陶和实习实训训练（P3）					
8. 对于高职学生而言，关键能力中最重要的要素是基础能力，其次是人际交往与团队合作能力，再次是个人品格能力，最后是理性思考与判断能力（U2）					
9. 高职学生关键能力不同于学术型、研究型高校学生关键能力（U2）					
10. 关键能力对高职学生而言是重要的（U3）					

第一部分：基本信息

1. 性别：

2. 年龄：18 至 22 岁（大学在读）、23 至 28 岁（入职 5 年以内）、29 至 44 岁（入职 6 至 15 年）、45 岁以上

3. 专业：按高职专业大类划分

4. 职位：学生、教师、学校管理者、企业管理者

第二部分：高职生"关键能力"培养现状的满意度

（在校学生填写自身情况，教师填写所任课专业的学生情况，企业管理者填写所合作的高职院校的学生情况）

5. 你认为高职学生的"基础能力"——一般的办公能力和普通技术

使用能力，是否达标和满意？

达到学校人才培养目标（是／否）、达到企业用人标准（是／否）、能够为未来发展奠定良好基础（是／否）、是否满意（是／否）

如果未达标或不满意，请简要写明原因 _____

6. 你认为高职学生的"人际交往与团队合作能力"——服务、沟通、小组讨论与合作等能力，是否达标和满意？

达到学校人才培养目标（是／否）、达到企业用人标准（是／否）、能够为未来发展奠定良好基础（是／否）、是否满意（是／否）

如果未达标或不满意，请简要写明原因 _____

7. 你认为高职学生的"理性思考与判断能力"——活动策划与组织、创意创新、信息搜集与分析、问题解决等，是否达标和满意？

达到学校人才培养目标（是／否）、达到企业用人标准（是／否）、能够为未来发展奠定良好基础（是／否）、是否满意（是／否）

如果未达标或不满意，请简要写明原因 _____

8. 你认为高职学生的"个人品格能力"，包括诚信、爱岗、自信、敬业、自我约束等能力是否达标和满意？

达到学校人才培养目标（是／否）、达到企业用人标准（是／否）、能够为未来发展奠定良好基础（是／否）、是否满意（是／否）

如果未达标或不满意，请简要写明原因 _____

第三部分 高职学生"关键能力"的培养模式

9. 你认为，高职生的关键能力培养，主场是学校还是工作单位？

学校、单位、校企合作

10. 你认为高职生"关键能力"培养的核心环节是什么？（单选多选皆可，请排序）

①校园文化熏陶②课程教学讲授③走入企业感悟④实习实训训练⑤顶岗实习检验⑥步入职场训练

11. 你认为，谁该担负起培养高职生"关键能力"的职责？（如多选，请按重要性排序）

学校、用人单位、自身、社会职业技能培训机构

其他 _____

12. 你对目前高职生"关键能力"培养的路径是否满意？

非常满意、满意、一般、不满意、非常不满意

如不满意，请提出改进建议 _____

13. 你的专业领域，有没有校企合作育人的探索？

有，无

14. 你的专业领域中，校企合作育人的方式有哪些？

①订单班②专业课程由企业技师进校面授③专家课程进企业面授④校企合作组织参加技能比赛⑤行业大咖进校讲座⑥混合所有制产业学院办学等

其他 _____

15. 以上校企合作育人的模式中，你认为哪些方式对于培养高职生"关键能力"最有效？（请排序）

①订单班②专业课程由企业技师进校面授③专家课程进企业面授④校企合作组织参加技能比赛⑤行业大咖进校讲座⑥混合所有制产业学院办学等

16. 你认为当下校企合作培养高职生"关键能力"存在哪些问题？（请排序）

①对高职生"关键能力"培养问题未形成共识②企业缺位③合作不够深入④合作方式单一⑤校企合作机制局限

第四部分：高职学生"关键能力"培养的影响因素

17. 请您就高职生的"关键能力"各要素的重要性排序。

基础能力，包括一般的办公能力和普通技术使用能力；

人际交往与团队合作能力，包括服务、沟通、小组讨论与合作等能力等；

理性思考与判断能力，包括活动策划与组织、创意创新、信息搜集与分析、问题解决等；

个人品格能力，包括诚信、爱岗、自信、敬业、自我约束等。

其他 _____

_____

_____

18. 你认为，高职生的"关键能力"与学术型高校学生的"关键能力"是否相同？

相同、不同、说不清楚

19. 你认为对于高职学生而言，"关键能力"的培养是否重要？

非常重要、重要、一般、不重要、无意义

附录二

访 谈 提 纲

以"校企共同体"模式推进高职生关键能力培养的访谈提纲

1. 您的身份。

2. 您认为，近10年以来，职业教育发展面临的最大机遇与挑战是什么？

3. 您认为，对于当下高职学生来说，最主要的能力是什么？请结合专业背景展开。

4. 追问：您认为当前高职学生最欠缺的关键能力是什么？请举例说明。

5. 您认为，导致高职学生这些关键能力欠缺的原因有哪些？

6. 当前您身处其中的校企合作育人模式中，有哪些好的经验和做法？

7. 您认为，当前校企合作培养高职学生关键能力过程中，有哪些瓶颈问题？

8. 具体来说，从校企共同体的构建来说，在当前混合所有制办学存在法律法规和相关政策不健全、思想观念不统一、法人治理结构不完善、产权不明晰、流通不顺畅等问题的前提下，目前的合作可称为"具有混合所有制特征的校企合作、共同举办、委托管理"模式。您如何看待？

9. 从治理结构角度来看，目前多数校企共同体成立了校企合作的二级学院理事会，由总校和企业双方人员共同担任理事，在该理事会的决策领导下，实现"资源共享、人才共育、校企共管"的校企紧密合作管理。日常运营执行企业化运作，教学与学生管理在总校教务处、学工部等业务部门指导下开展，财务管理执行独立核算，单独编制预算，人事管理方面具有一定自主权，入职人员可选择企业编制，也可选择学校编制（须符合学校用人标准）。您这里情况如何？

10. 从师资队伍建设角度，目前校企共同体面临编制、能力培养、工作量与薪酬共计共享等，有哪些瓶颈问题？如何破解？

11. 从课程研发角度看，校企合作双方应该根据学生职业能力发展的规律和企业岗位设置的要求和特点，进行一体化课程体系设计与开发。注重理实一体、工学交替。当前是否存在校企双方目的不一致、方法不一致、规则不一致所产生的相互牵制影响学生的人才培养品质问题？请举例说明。

12. 课堂教学角度，按照理实一体化教学的思路，围绕行业标准与职业岗位实际要求，确定课程与教学的内容和目标，设计相应的教学环节，规划合理的教学安排，将学生关键能力培养纳入教学内容。在实践中，是否坚持教中学、学中做，教学做一体化，理论学习秉持实用、够用原则？瓶颈问题与建议有哪些？

13. 评价体系角度，构建校企共同参与的学生考核评价机制，考核评价的主体是否包括学生、学校、行业组织、合作企业或第三方机构等？目前多方的主体性有没有缺失？瓶颈问题是什么？

14. 产教融合的角度：理想状态下的校企共同体，不再是单向、暂时、易变的校企合作，而是把职业教育内化于经济增长和产业链发展的过程，具有较高的交融性和稳定性。产教融合的本质是生产和教育培训的一体化，在生产实境中教学，在教学中生产，生产和教学密不可分。但当前的现实是，在政策层面，缺乏保障完整、系统的产教融合实施、激励等政策举措，政府、社会、行业、企业、学校的观念意识想法尚未统一，各司其职、协同育人的格局尚未成型。请问瓶颈与建议有哪些？

后 记

当这部凝聚了无数心血与汗水的 17 万字专著即将付梓之际，我的心中充满了感激与感慨，涌动着难以言表的情感。本专著是在我的博士论文基础上修改而成的，也是我的第一部专著，无论在我的求学历程还是职业生涯中都有着重要的意义。回首过往，从最初的选题构思到最终的成稿修订，每一个字、每一句话都承载着我对职业教育的热爱与执着，以及在我求学与写作过程中给予无私帮助与支持的师长、挚友、亲人们深深的感激。

一、感激师恩，铭记教诲

回首我的博士求学生涯，我深感自己是幸运的。这份幸运，首先源于我能够进入职业教育这一充满希望的领域，并有机会在华东师范大学这样一所享有盛誉的高等学府深造。而更为幸运的是，我遇到了我的恩师——石伟平教授。作为华东师范大学终身教授、职业教育与成人教育研究所名誉所长，石老师不仅在学术上造诣深厚，更在为人处世上为我树立了榜样。他对待学生的真诚与耐心，让我深受感动；他在学术上的严谨与执着，激励我不断前行。

从报名时的鼓励与支持，到学习过程中的悉心指导与答疑解惑，再到论文写作时的多番叮嘱与循循善诱，石老师始终是我求学路上的引路人。

他宛如一盏明灯，以言传身教为我照亮了前行的方向，让我懂得了什么是真正的学术精神与人格魅力。尤其是在论文选题阶段，导师以其深邃的学术洞察力，引导我关注高职学生关键能力培养这一重要议题。他耐心倾听我的想法，与我反复讨论，帮助我明确研究方向，使我从最初的迷茫逐渐走向清晰。在研究过程中，导师的谆谆教导让我受益匪浅，每当我在研究中遇到困难，导师总是能及时给予我宝贵的建议和指导，帮助我突破重重难关。他严谨的治学态度、精益求精的学术精神，激励着我不断追求卓越。无论是研究方法的选择，还是数据分析的解读，导师都给予了细致入微的指导，让我在书稿撰写的过程中不至于偏离轨道。

导师不仅在学术上给予我悉心指导，还在生活中给予我关心与支持。他理解我在工作、家庭和学习之间的艰难平衡，总是鼓励我坚持下去，他的教诲让我明白了一名优秀的教育工作者应具备的品质和担当。导师的不离不弃，是我在这段艰难求学路上最坚强的后盾，给予我不断前进的勇气和信心。我深知，没有石老师的指导与帮助，我无法顺利完成本专著的写作。因此，我要向石老师表达我最诚挚的感谢与敬意。

同时，还要感谢在我的求学之路，特别是专著撰写过程中给予我帮助和指导的匡瑛教授、徐国庆教授、吴刚教授、李鹏老师、刘红梅老师等师长。

二、感恩伯乐，言传身教

在我的职业生涯发展之路上，幸运地遇到了许多伯乐，尤其是原同济大学常务副校长周箴教授。当时退休后的他来到原上海新侨职业技术学院

（现上海工商职业技术学院）担任校长。2013年回国后的我，"误打误撞"结识了周校长，也是在他的真诚与热情感召下，我坚定地迈入了职业教育这一领域，开启了我高职教育的职业生涯。他为学校改革发展身先士卒的工作精神，以及平易近人的人格魅力深深打动了我，成为激励我不断前行的动力源泉。正是在这样言传身教的人格感召下，我坚定了自己在职业教育领域发展的决心和考博读博的信心。在求学的道路上，我的事业也不断发展，八年时间从学校国际交流处处长到校长助理再到副校长，别人总说我前途大好，年纪轻轻就来到校级管理层，但我始终认为自己是幸运的，并为之心怀感激，因为"千里马常有，而伯乐不常有"。

当然，我的幸运远不止遇到周箴教授一位伯乐，而是在这些年的成长过程中，得到了包括陈英南校长、金伟国书记、朱莉莉副校长在内的诸多领导与前辈的支持、鼓励与包容。在工作中，他们给予了我充分的信任和支持，为我提供了广阔的发展空间。他们的鼓励与包容，让我能够在工作中大胆尝试、勇于创新，积极探索高职教育的新模式与新方法。在我为了兼顾工作与学业而忙碌奔波时，领导们总是给予理解和体谅，帮助我合理安排工作任务，使我能够在完成工作的同时，有更多精力投入学术研究中。他们对高职教育事业的热情与执着，也深深感染着我，激励我在教育领域不断努力前行，他们都是我人生道路上的良师益友。

三、感念友情，携手同行

在专著的撰写过程中，得到了上海工商职业技术学院PICH现代服务学院两位院长孙云立与唐威的大力支持，他们于我是亦师亦友般的存在，我的深度访谈调研以及行动研究都得到了他们的大力支持。在专著撰写过程中，石门师兄弟姐妹们给予了我不可或缺的支持与协助，我们共同探讨学术问题，分享研究心得，彼此启发，共同进步，在写作遇到瓶颈时，他们的鼓励和帮助让我重拾信心，我们一起经历了无数个挑灯夜战的日子，共同为了学术梦想而努力奋斗。在华东师范大学2016级教育博士全体同学中，我的年龄最小，在整个读博过程中一直得到同学们的帮助、照顾与督促。犹记得大家一起顶着严寒与酷暑坚持上课的日子，也怀念大家聚餐时的欢声笑语，特别是专程为我庆祝生日的惊喜与感动。无论是同门之情抑或同届之谊，都是我生命中宝贵的财富，我将时刻感念友情，铭记在心。感谢郝天聪、徐峰、朱建柳、刘伟杰、王昕、齐砚奎、林家钦、唐金良、王会莉等师兄弟姐妹。感谢黄岳辉、顾霁昀、钱维存、王邦永、郑世良、张孝辉、花艳、黄小灵、叶颖、吴敏、吴文斌、杨光辉等同学。

四、感谢家人，默默奉献

最后，特别要感激父母对我的言传身教，他们是我人生道路的启蒙老师。从小到大，母亲一直激励我奋发图强、勇攀高峰，特别是在职业教育的道路上，她凭借自身的坚韧不拔，闯出了一片天地，一路走来，我都在追赶她的脚步，却难以望其项背。父亲则始终关心我的身心健康成长，咬着牙送我去上海读书，含着泪送我出国留学，他深知好男儿志在四方的道理，但我也理解他儿孙绕膝、尽享天伦的期许。感谢岳父母对外孙无微不至的照顾和对我边工作边求学的理解与包容，每天回到家就有一桌热菜，让我没有后顾之忧。最重要的是感恩妻子的付出，在我投身抗疫一线，忙于工作和学业的日子里，妻子默默承担起家庭的重担。她不仅要照顾儿子的生活起居，还要关注儿子的学习成长，用她的爱与耐心营造了一个温暖的家。面对家庭的琐事和压力，她从未有过怨言，始终给予我无条件的支持和鼓励。她的坚韧和奉献精神让我感动而温暖，也让我更加坚定了在困难中前行的决心。

家人的默默奉献，如同温暖的阳光，照亮了我前行的道路，给予我无尽的力量。没有你们的默默付出与无私奉献，我无法安心的完成书稿的写作。家是我最坚实的后盾与最温暖的港湾。

五、感悟人生，砥砺前行

回首专著写作的过程，在抗疫的紧张氛围中，我努力平衡着工作与写作。每一个白天，我奔波于校园的各个角落，处理各种防疫相关的工作；每一个夜晚，当校园终于安静下来，我便坐在书桌前，沉浸于论文的研究与撰写中。这段经历虽然充满艰辛，但也让我深刻体会到了坚持与担当的意义，让我在压力中不断成长，学会了在混乱中寻找秩序，在忙碌中保持专注。

这本专著的完成，是我职业生涯道路上的一个重要里程碑，也是我人生中的一次宝贵经历。在这个过程中，我不仅在学术上取得了一定的成果，更在个人成长方面有了诸多收获。通过对高职学生关键能力培养的深入研究，我对职业教育的理解更加深刻，也更加明确了自己在教育领域的责任与使命。

我深知，职业教育对于培养适应社会经济发展需求的高素质技术技能人才具有至关重要的作用，我将继续为之奋斗。在未来的日子里，我将带着这份感恩，继续在高职教育领域深耕。我会将研究成果应用于实际工作中，努力提升高职学生的关键能力，为他们的未来发展奠定坚实基础。同时，我也希望能够继续在学术道路上前行，不断探索职业教育的新模式与新方法，为高职教育的发展贡献自己的一份力量。

最后，再次向所有给予我帮助和支持的人致以最崇高的敬意和最衷心的感谢。这段经历将永远铭刻在我的心中，激励我不断砥砺前行，为实现教育梦想而努力奋斗。